Theology and Ethics
of the Holiness Code in Leviticus

레위기

성결법전의 신학과 윤리

김선종 지음

기독교문서선교회

기독교문서선교회(Christian Literature Center: 약칭 CLC)는 1941년 영국 콜체스터에서 켄 아담스에 의해 시작되었으며 국제 본부는 미국 필라델피아에 있습니다.

국제 CLC는 59개 나라에서 180개의 본부를 두고, 약 650여 명의 선교사들이 이동도서차량 40대를 이용하여 문서 보급에 힘쓰고 있으며 이메일 주문을 통해 130여 국으로 책을 공급하고 있습니다.

한국 CLC는 청교도적 복음주의 신학과 신앙서적을 출판하는 문서선교 기관으로서, 한 영혼이라도 구원되길 소망하면서 주님이 오시는 그날까지 최선을 다할 것입니다.

Theology and Ethics of the Holiness Code in Leviticus

Written by
Sun-Jong Kim

Korean Edition
Copyright © 2018 by Christian Literature Center
Seoul, Korea

추천사

박동현 박사
대한성서공회 성경원문연구소장
전 장로회신학대학교 구약학 교수

  이 책에서는 김선종 박사가 어떻게 성서를 공부하는지, 또 그렇게 공부한 열매를 어떻게 다른 사람들에게 알리는지를 엿볼 수 있습니다.
  성서학자는 성경본문을 통해서 하나님이 본디 이 세상에 알려 주시려고 한 뜻이 무엇인지를 듣는 마음으로 연구합니다. 따라서 그동안 성서학계에서 인정해 온 해석의 타당성을 거듭거듭 새롭게 따져봅니다. 성서 연구는 될 수 있는 대로 선입견 없이 성경본문을 자세히 읽고 살피는 데서 출발합니다. 본문을 읽으면서 그 본문이 신구약의 여러 다른 본문과 어떤 관계인지를 알아봅니다. 각 본문의 배경을 이루거나 각 본문과 관련성이 있는 역사, 문화, 종교 등의 자료를 찾아보고, 본문의 특성을 밝혀보려고 애씁니다. 그동안 학자들이 어떻게 연구했으며 그 결과가 어떠한지도 꼼꼼히 살핍니다.

김선종 박사도 이렇게 레위기를 연구해 왔습니다. 그러는 동안 저자는 재미없고 이해하기 어려운 책이라고 생각하는 레위기가 알고 보면 옛 이스라엘 사람들의 삶에 아주 중요했던 여러 모습의 신앙과 신학을 생동감 있게 드러내 보여주면서 오늘날 그리스도인들의 삶에서도 매우 중요하다는 사실을 깨달았습니다. 그리하여 자신이 받은 감동과 기쁨을 함께 나누고 싶어 합니다.

이 책은 레위기 가운데서도 17-26장에 집중합니다. 그러면서 거기서 말하는 '거룩함'이 실제로 무엇을 뜻하는지, 오늘날 우리에게 어떤 가르침이 되는지를 몇 가지 주제를 중심으로 다룹니다.

제1부에서는 수사학과 신학, 민간신앙, 가족 구조, 땅, 안식년과 희년, 율법서의 성격, 들짐승, 계약이라는 주제를 차례대로 새롭게 펼쳐내 보입니다. 이 여덟 가지 주제는 각각 나름대로 중요하고 독특합니다.

제2부에서는 레위기에서 깨달은 가르침을 오늘의 삶에서 어떻게 실천할 수 있을지 제안합니다. 짐승, 성, 혼인, 가정, 교육, 공동체, 노동, 복수, 경제·사회 정의 문제와 관련하여 오늘의 세계가 직면한 여러 가지 위기에 어떻게 대처해야 할지를 함께 생각해 보도록 합니다. 이를 위해 제1부에서 와는 달리 사진과 그림과 시도 가끔 활용합니다. 읽다 보면 설교를 듣고 있는 듯한 느낌을 받습니다.

김선종 박사는 한국인으로서는 드물게, 이미 국내에서 시작한 구약학 공부를 프랑스에 가서 여러 해 더 깊고도 넓게 한 분으로 여러 국제 학술지에 비교적 자주 소논문을 투고해 온 학자입니다. 그동안 영어권과 독어권에 견주어 볼 때 국내 구약학계에서는 비교적 덜 소개된 불어권의 구약 연구 동향을 제대로 소개합니다. 그리함으로써 우리의 구약 이해를 풍성하게 해 줍니다. 또한 한국 성서학자들의 높은 수준을 세계 구약학계에 드러내 보여주기도 합니다.

저는 김선종 박사가 장로회신학대학교 신학대학원에서 신학 공부를 시작할 때부터 사제지간으로 알고 지내 온 사이입니다. 그 세월이 25년이나 됩니다. 공부하여 깨달은 대로 말하고 살아가는 학자를 만나기가 매우 어려운 이 시대에 김선종 박사는 한결같이 참되고 올곧게 성서를 공부하며 성서의 가르침을 따르려고 애써온 분입니다. 그래서 김선종 박사의 글에서는 사람의 마음을 움직이는 힘을 느낄 수 있습니다.

아무쪼록 이 책을 통해서 한국의 독자들이 레위기를 새롭게 이해하여, 오늘의 세계에 하나님이 레위기를 통해 들려주시는 말씀을 잘 알아듣고 실천할 수 있기를 간절히 바라면서 추천의 글을 맺습니다.

2018년 3월

저자 서문

김선종 박사
호남신학대학교 구약학 교수

성경 전체를 통틀어 레위기는 가장 어렵고 재미없는 책으로 알려져 있다. 레위기의 스물일곱 개의 장이 실제로 대부분 율법으로 이루어져 있어서, 가장 율법적이고 가장 유대교적인 책으로 보인다. 성경을 통독하려고 마음먹고 창세기부터 구약성경을 읽기 시작하면, 레위기에서 막히게 되는 경우가 많다. 이것은 단지 평신도만의 문제가 아니다.

구약의 신학과 종교 연구에서 역사비평의 아버지로 알려져 있는 율리우스 벨하우젠(Julius Wellhausen, 1844-1918)이 레위기를 비롯한 제사장 문서를 바벨론 포로기 이후에 기록된 것으로 주장한다. 이것은 다름 아니라 그가 개신교 신학자로서 유대 종교에 반기를 든 반셈족주의의 입장에서 비롯된 것으로 기독교 신학자나 평신도들이 레위기에 대해 가지고 있는 부정적인 태도를 반영하여 레위기는 고루한 율법주의 종교인 유대교를 지탱하는 이념을 제공하고 있다는 입장이다.

그러나 레위기에 대한 이러한 비관적인 태도를 가지고 나머지 성경을 읽는다면, 단지 구약성경의 메시지뿐 아니라, 예수님과 바울의 신학과 구원의 역사 또한 바르게 이해할 수 없다. 일단 레위기는 오경의 신명기와 함께 유대 종교와 사상의 기반을 이룬다. 구약 사상, 특히 오경의 핵심을 이스라엘 민족의 역사와 법으로 본다면, 레위기야말로 이스라엘의 신앙 공동체를 이루는 원리인 법을 다루고 있다. 이것은 단지 구약 시대 이스라엘 종교에만 해당하지 않고, 신약과 기독교 공동체와 관련에서도 결코 무시해서는 안 된다. 일단 구약은 예수님의 성경이다. 바울은 구약성경이 하나님의 영감에 따라 기록되었다고 말한다(딤후 3:16).

예수님의 삶은 죄와 고통에 빠져 있는 백성에게 참된 구원을 베푸시는 것이었고, 이러한 사명은 곧 잘못된 율법 해석과의 투쟁을 필연적으로 내포하고 있다. 예수님은 오경의 한가운데 위치한 레위기에서 구약의 가장 중요한 가르침 가운데 하나인 '이웃 사랑'(레 19:18)의 가르침을 뽑아내셨다. 예수님이 나사렛 회당에서 안식일에 가장 먼저 베푸신 설교의 주제 또한 레위기 25장에 근거하고 있는 이사야 61장의 희년이었다(눅 4:16-19). 회당장 야이로의 죽은 딸의 손목을 잡으시며 "소녀야! 일어나라!"고 명령하신 '달리다굼'(막 5:41)은 레위기의 정결법의 관점에서 보면 범법 행위에 해당한다. 죽은 사람의 시체를 만지는 것은 그야말로 유대 정결법(레 11-15장)에 정면으로 도전하는 행위로 보일 수 있기 때문이다. 레위기의 신학과 종교를 이해하지 않고, 예수님의 구속사를 바르게 이해하고 있다고 말할 수 없다.

이 연구는 삶의 현실이 가지고 있는 문제를 구약성경에서 가장 종교적인 책 가운데 하나인 레위기의 성결법전(레 17-26장)이 가지고 있는 신학의 이상에 비추어 해석하려는 시도에서 비롯한다. 위대한 종교와 위대한 사상은 현실과 동떨어져 있는 고귀하고 고결한 사변이 아니라, 가장 구체적인 변혁의 힘을 가지고 있다. 가장 종교적인 책이 가장 현실적인 문제에 대해 어떠한 해답을 주고 현실을 어떻게 이해하고 있는가, 이상과 현실 사이에 있는 괴리의 문제를 어떻게 극복할 수 있는가의 원초적인 문제의식과 관심에서 이 연구는 출발한다. 세밀하고 정교하게 이론이 극대화된 신학은 가장 현실에 적합한 실천신학이어야 한다는 것이 이 책이 견지하는 지론이다.

따라서 훌륭한 신학은 신학 전문가들만의 전유물이 되어서는 안 되고, 신학의 울타리를 벗어나 평신도뿐 아니라 기독교 신앙의 울타리 밖에 있는 사람과도 소통하여 세상이 가지고 있는 여러 문제에 대한 대안을 제시하는 신학이다.

첫째, 이러한 관점에서 이 책은 레위기의 성결법전이 가지고 있는 신학과 윤리의 차원을 다룬다. 신학의 차원에서 이 책은 신앙 공동체로서의 가족, 정치 현실에서 비롯된 정치 조약과 이스라엘의 계약신학, 또한 오늘날 지구 공동체의 존속을 위협하고 있는 지진, 원자력발전소, 메르스, 조류독감 등의 생태계 문제, 빚의 탕감을 비롯한 인간 평등의 문제, 사회 정의와 경제 정의의 문제 등에 대해서 성결법전이 어떻게 말하고 있는가의 문제를 신학의 차원에서 다룬다.

둘째, 윤리의 차원은 화석화되어 현대 사회에 별 의미를 주지 못하는 것으로 여겨지는 레위기가 오늘날 이른바 4차 산업혁명 시대의 삶에 어떠한 의미를 주는지 살펴볼 것이다. 여기에서 말하는 윤리란 단지 사람이 행해야 할 도리라는 뜻의 좁은 의미가 아니라, 사람이 하나님과 이웃과 생태계와의 관계에서 어떻게 살아야 하는가의 넓은 신학적 윤리의 차원을 말한다. 이것은 레위기가 단지 행위를 규정하는 율법을 단순하게 나열하지 않고, 본래 백성들에게 삶을 변화시키려고 의도하는 설교의 형식으로 전달되었다는 수사학적 차원을 가지고 있는 것과 흐름을 같이 한다. 이러한 차원에서 레위기 안에 여러 수사 기법이 나타나는 것은 레위기가 이스라엘 백성의 삶의 현장, 이스라엘 백성의 윤리적 삶에 대한 관심을 반영한다고 볼 수 있다. 이론이 참되다면, 그 이론은 삶의 구체적인 영역도 변혁할 수 있으리라!

제1부 '성결법전의 신학'에는 필자가 학회에서 발표하고 학술지에 출판한 글을 수정하고 보완하여 한데 모았다. 이외에도 국외 학술지에 출판한 레위기 관련 논문들이 있지만, 현실적으로 제한된 분량에 다 포함시킬 수 없어서, 신학의 주제에 가까운 글들을 우선적으로 선택하게 되었다.

제2부 '성결법전의 윤리'에서는 레위기 17-25장에서 찾을 수 있는 현대의 여러 윤리적 문제들을 신학적으로 살펴볼 것이다. 수많은 삶의 문제가 오늘날 산적해 있지만, 현대인의 삶과 우주 생명 공동체와 관련된 윤리의 문제를 선별적으로 다룰 것이다.

레위기를 공부하고 말씀을 묵상하는 가운데, 가벼운 세속의 현실에 대항하는 진중한 진리를 찾기 위해 고민하는 레위기 독자들에게 사랑의 인사를 드린다. 또한 부족한 제자를 위해 추천사를 써 주신 박동현 교수님과 책을 기꺼이 출판해 주신 기독교문서선교회(CLC)의 박영호 목사님과 여러모로 도움을 주신 직원들에게 감사의 인사를 드린다.

2018년 3월

목차

◆ 추천사 / **박동현** 박사(대한성서공회 성경원문연구소장)   4
◆ 저자 서문   7

제1부 성결법전의 신학

제1장 성결법전의 수사학과 신학   15
제2장 성결법전의 민간신앙   37
제3장 레위기의 가족 구조   59
제4장 성결법전의 땅   79
제5장 레위기 25장의 형성:
       안식년과 희년의 연속성과 불연속성   102
제6장 토라! 율법인가, 이야기인가?:
       레위기 25장의 안식년 규정을 중심으로   125
제7장 성결법전의 들짐승   147
제8장 성결법전의 계약신학   170

제2부 성결법전의 윤리

제1장 제물 도살법과 짐승윤리(레 17:1-9)	194
제2장 근친상간법과 성윤리, 가정윤리(레 18:1-6, 24-30)	204
제3장 십계명과 사회윤리(레 19:1-10, 32-37)	214
제4장 몰렉 제사와 교육(레 20:1-8)	224
제5장 제사장의 가정생활과 이혼의 문제(레 21:1-8)	235
제6장 제사 공동체와 타자의 윤리(레 22:10-16, 31-33)	244
제7장 야웨의 명절과 호모 라보란스(레 23:23-25, 33-44)	253
제8장 눈에는 눈, 이에는 이: 복수의 윤리학(레 24:15-23)	263
제9장 희년과 경제·사회윤리(레 25:8-55)	270

◆ 참고문헌　　279

레위기
성결법전의 신학과 윤리

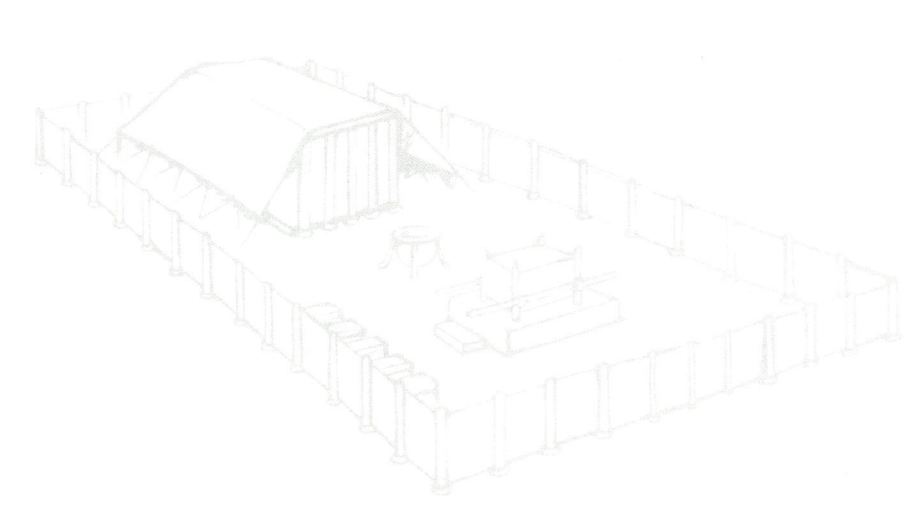

제1부

성결법전의 신학

제1장 성결법전의 수사학과 신학
제2장 성결법전의 민간신앙
제3장 레위기의 가족 구조
제4장 성결법전의 땅
제5장 레위기 25장의 형성:
　　　안식년과 희년의 연속성과 불연속성
제6장 토라! 율법인가, 이야기인가?:
　　　레위기 25장의 안식년 규정을 중심으로
제7장 성결법전의 들짐승
제8장 성결법전의 계약신학

제1장

성결법전의 수사학과 신학

1. 머리말

성결법전(Holiness Code; H)은 레위기 17-26장에 있는 법의 모음집을 가리키는 데 쓰는 낱말로, 1877년에 클로스터만(Klostermann)이 처음으로 이름을 붙였다.[1] 지금까지도 학자들은 성결법전(H)의 존재 유무, 성결법전과 제사장 문서(P)의 연대 문제 등에 대하여 여러 가설을 제기하고 있다.[2] 레위기의 내용을 단순화시켜 살펴보면 레위기 1-16장이 주로 성소 안에서의 거룩함을 규정하고, 17-26장은 일상생활에서의 거룩함, 성소 밖에서의 거룩함에 관심을 기울이

---

[1] 이 글은 「구약논단」 62 (2016), 192-217에도 실려 있다. A. Klostermann, "Beiträge zur Entstehungsgeschichte des Pentateuch," *ZLThK* 38 (1877), 401-445.

[2] H가 P의 후기(後記)로서 P의 사상을 발전시켰다는 견해를 위해서는 K. Elliger, *Leviticus*, HAT 4 (Tübingen: J. C. B. Mohr, 1966)를, H가 처음부터 P의 일부분이라고 주장하는 입장을 위해서는 A. Ruwe, *"Heiligkeitsgesetz" und "Priesterschrift": Literaturgeschichtliche und rechtssystematische Untersuchungen zu Leviticus 17,1-26,2*, FAT 26 (Tübingen: Mohr Siebeck, 1999)을 보라. 우리말 연구를 위해서는 채홍식, "성결법전(레 17-26장)의 형성에 관한 고찰 - 레 19:3-18을 중심으로," 「구약논단」 8 (2000), 59-82를 보라.

고 있다.³ 레위기의 전체 27장 가운데 단지 두 본문만이 이야기(narrative)의 양식을 띠고 있고(10:1-7; 24:10-16), 나머지는 모두 제사법, 정결법 등의 율법에 해당하는 점에서, 구약성경 가운데 법이 가장 큰 비율을 차지하는 책은 레위기라고 말할 수 있다. 그야말로 레위기는 시내산 단락(출 19장-민 10장)의 한가운데 위치하여, 이집트에서 탈출한 이스라엘 백성을 하나님의 거룩한 백성으로 만들고자 하는 율법 모음집이다.⁴

그렇다면 율법으로서 성결법전은 어떠한 성격을 가지고 있고, 이스라엘 백성에게 구체적으로 무엇을 규정(規定)하고 있는가?

일반적으로 법은 그 법을 만든 제정자의 성격을 드러낸다. 예를 들어, 십계명 서문에서 십계명을 제정하신 하나님은 이스라엘을 해방하신 해방의 하나님으로 묘사된다(출 20:2; 신 5:6). 또한 법은 단지 어느 사회의 현실을 드러낼 뿐만 아니라 이상적인 사회의 모습을 제시한다.⁵ 그래서 때로 법에는 현실에서 실제적으로 지킬 수 없는 것으로 보이는 안식년법(출 23:10-11; 레 25:1-7; 신 15:1-11)과 같은 규정이 나타나기도 한다. 이처럼 고대 이스라엘과 하나님을 이해하기 위해서는 법을 제정한 주체와 법이 규제하는 내용을 필수적으로 살펴보아야 한다. 그런데 이러한 법의 내용을 아는 것만으로는 충분하지 않다. 법의 내용과 함께 법을 진술하는 방식을 보면, 그 법과 법을 규정한 주체의 성격을 더 구체적으로 알 수 있다.

---

3   I. Knohl, *The Sanctuary of Silence: the Priestly Torah and the Holiness School* (Winona Lake: Eisenbrauns, 2007).

4   Th. Römer, "De la périphérie au centre : Les livres du Lévitique et des Nombres dans le débat actuel sur le Pentateuque," Th. Römer (ed.), *The Books of Leviticus and Numbers*, BETL 215 (Leuven – Paris – Dudley: Peeters, 2008), 14-22.

5   F. R. Kraus, "Ein zentrales Problem des altmesopotamischen Rechts: was ist der Codex Hammurabi?," *Genava* 8 (1960), 283-296.

모세나 아론을 통해 주어지는 방식으로 이루어진 성결법전은 이스라엘 백성을 거룩하게 만들기 위한 하나님의 의도를 어떠한 방법으로 드러내는가?

하나님이 백성에게 마치 제왕 군주처럼 권위적으로 명령하시는가, 아니면 백성이 자발적으로 법을 지키도록 백성을 설득하시는가?

그런데 성결법전의 문체를 자세하게 살펴보면, 이 법전은 제정된 법을 단순하게 나열하지 않고 설득하는 방식으로 기술하고 여러 법 규정을 미학적으로 배치하는 것을 볼 수 있다.

만약 성결법전 안에 청중을 설득하기 위한 설득의 기술(art of persuasion)로서 수사학 기법이 작동하고 있다면, 그러한 기법을 사용한 저자의 의도는 무엇인가?

또한 독자는 이러한 성결법전의 수사학을 통하여 성결법전의 어떤 신학을 간파할 수 있는가?

이 글에서는 성결법전을 고전수사학의 수사법에 근거하여 살펴봄으로써 성결법전의 수사학과 신학을 살펴보고자 한다.[6]

2. 고전수사학과 성서율법

성서해석에 수사학의 방법을 본격적으로 적용하게 된 것은 양식사의 한계를 극복하려는 시도에서이다. 마일렌버그(Muilenberg)가

---

[6] 이 글은 고전수사학이 현대 사회의 상황에 가지고 있는 한계성에 대해서는 다루지 않는다. 이 문제를 위해서는 D. J. Fogarty, *Roots for a New Rhetoric* (New York: Columbia University Press, 1959)을 참조하라.

1968년 12월에 미국성서학회의 회장에 취임하면서 양식사의 한계와 그 극복에 대해 기조연설하며, 수사비평의 방법을 사용할 것을 제안했다.[7] 양식사의 한계는 성경본문을 낳은 사람의 삶과 사회 현실을 몇몇 '삶의 정황'(Sitz im Leben)에 제한시키고, 양식사가 제안하는 소수의 문학 양식은 본문을 정독(close reading)하는 데에서 오는 세밀한 문학 표현을 밝히지 못한다는 데에 있다는 것이다. 수사비평은 흔히 설득의 기술과 구성의 기술(art of composition)로 나뉘는데, 이 글에서 관심을 기울이는 것은 고전수사학이 발전시킨 설득의 기술이다.

이미 고대 그리스의 플라톤(Platon)과 아리스토텔레스(Aristoteles) 이전 소피스트들은 자신들의 세속적인 목적과 이해관계에 따라 사람들을 설득하기 위해 여러 논리를 발전시켰다. 이들이 사람들에게 비난을 받은 이유는 옳고 그름의 문제와 상관없이 자신의 이익을 위해 궤변을 늘어놓은 모습을 보였기 때문이다. 그러나 이들이 사람들을 논리적으로 설득하기 위해 사용한 추론 방식의 발견을 무시할 수는 없다. 이전 시대로부터 내려온 이러한 설득화법을 정리한 것이 아리스토텔레스이고 그는 그야말로 고전수사학의 아버지라고 말할 수 있다. 그리고 이러한 방식을 로마 정치에 실제적으로 적용한 인물이 키케로(Cicero)이다.[8]

아리스토텔레스는 대중을 설득하는 연사가 가져야 할 자질로 로고스(logos)와 에토스(ethos)와 파토스(pathos)를 들었다. 연설의 내용은

---

[7] J. Muilenburg, "Form Criticism and Beyond," *JBL* 88 (1969), 1-18. 우리말 번역을 위해서는 제임스 마일렌버그, "양식비평학과 그 극복,"「신학사상」84 (1994), 177-205를 보라.

[8] 수사학의 개략적인 역사를 위해서는 필리스 트리블,『수사비평: 역사, 방법론, 요나서』, 유연희 옮김 (고양: 한국기독교연구소, 2007), 19-133을 보라. 원제는 P. Trible, *Rhetorical Criticism: Context, Method, and the Book of Jonah* (Minneapolis: Fortress Press, 1994).

논리적이어야 하고, 연설가는 윤리적이어야 하며, 열정을 가지고 청중에게 감동을 주어야 한다는 것이다. 그리고 설득하는 규준으로 인벤티오(inventio, 발견 또는 소재 또는 주제설정), 디스포지티오(dispositio, 배열 또는 배치 또는 짜임새), 엘로쿠티오(elocutio, 문체), 메모리아(memoria, 기억), 악티오(actio, 연기 또는 낭독)의 다섯 가지를 제시했다.[9] 이러한 다섯 가지의 규준 가운데 글로 기록된 본문을 다루는 현대적 의미의 수사비평의 관점에서는 앞의 세 가지가 실제로 본문 분석의 방식이 된다.

그리스-로마 문명에서 발전된 수사학 기술을 히브리 문학에 적용하는 것에 반감을 가지고 문제시 할 수 있다. 특별히 이러한 문제를 레위기의 성결법전에 적용할 때, 더욱 그러하다. 성결법전의 저자가 고대 그리스의 수사학에 직접 접촉하지 않았다면, 이러한 수사학의 접근 방식으로 고대의 율법 본문을 분석하는 것에 거부감을 갖는 것도 일부 타당성이 있다. 그러나 만약 실제로 성경본문 안에서 고전수사학의 규준들이 나타난다면 경우는 다르다. 히브리 사고와 헬라 사고를 단순하게 대립적으로 이해하는 전통적인 사고[10]는 그야말로 인간 사고의 보편성을 거부하는 시대착오적인 발상이라고 말할 수 있다.[11]

따라서 히브리 성경과 그리스 수사학의 연관성을 사변적으로 논하기에 앞서 히브리 성경에 고전수사학이 제기하는 방법이 실제적

---

9 더 자세한 내용을 위해서는 아리스토텔레스, 『수사학 1, 2, 3』, 이종오 옮김 (서울: 리젠, 2007); 키케로, 『수사학』, 안재원 편역 (서울: 길, 2006); R. Barthes, "L'ancienne rhétorique: Aide-mémoire," *L'aventure sémiologique* (Paris: Seuil, 1985), 85-165를 보라.
10 토를라이프 보만, 『히브리적 사유와 그리스적 사유의 비교』, 허혁 옮김 (왜관: 분도출판사, 1998).
11 김선종, "칠십인역 잠언 18:8; 19:15의 안드로귀노스: 헤브라이즘과 헬레니즘의 인간 이해," 『성경원문연구』 31 (2012), 47-65.

으로 나타나고 있는가를 살펴보는 것이 효율적이다. 아래에서는 고전수사학의 다섯 가지 규준 가운데, 첫 세 가지인 소재, 배열, 문체가 성결법전의 율법에 어떻게 나타나고 있는지 살펴보도록 하겠다.

1) 발견/소재/주제설정(inventio)

먼저 문자적으로 '발견'을 뜻하는 인벤티오(inventio)는 연설자와 청중 사이의 원활한 커뮤니케이션을 위해 연설자가 논거를 발견하기 위한 소재 또는 주제설정에 해당한다. 연설자가 청중을 설득하기 위해서는 연설자의 관심사와 청중의 관심사가 일치해야 하는 것은 누구나 쉽게 납득할 수 있다. 따라서 수사학에서 소재와 주제설정은 무엇보다 중요하다.

성결법전에서 연설자 또는 법 제정자가 관심을 기울이는 것은 하나님의 거룩함을 그의 백성에게 실천하도록 하는 것이다. 이스라엘 백성은 거룩함을 실천함으로써 하나님을 닮아갈(imitatio Dei) 수 있기 때문이다(레 11:45; 19:2). 그런데 거룩함은 단지 윤리와 도덕의 차원에서만 이스라엘을 규제하는 덕목이 아니다. 제사장 문서는 공간과 시간과 사람이 거룩함과 세속, 정결함과 부정함의 차원으로 구분된다는 세계상을 이스라엘 백성에게 제시했다(레 10:10).

세상은 지성소, 성소, 성소 뜰, 진영, 진영 밖 등으로 구분되고, 이들은 가장 거룩한 지성소에서 멀어질수록 거룩함의 정도가 낮아진다. 그리고 반대로 가장 속된 진영 밖에서 가장 거룩한 지성소를 향하여 갈수록 동, 은, 금의 더 값진 물질 순서로 장식된다.[12] 제사

---

[12] P. P. Jenson, *Graded Holiness: a Key to the Priestly Conception of the World*, JSOTS 106 (Sheffield: JSOT Press, 1992).

장이 제시하는 이러한 세계상이 청중에게 설득력이 있다면 제사장 문서의 저자는 성공한 것이고, 만일 이스라엘 백성이 그러한 세계상을 받아들이지 않아서 거룩한 삶을 살지 않는다면 법 제정자는 청중을 설득하는 것에 실패한 것으로 볼 수 있다. 제사장들은 이처럼 거룩한 장소와 속된 장소, 정결한 장소와 부정한 장소로 공간을 구분한다. 그런데 성결법전은 단지 성소나 지성소뿐 아니라 이스라엘 온 땅을 거룩한 땅으로 이해한다. 이스라엘을 확장된 성소로 본 것이다.

하나님은 단지 성소 안에 계신 것이 아니라, 이스라엘 온 땅에 계신다.[13] 그래서 이스라엘 땅에 사는 이스라엘 백성과 이방인은 절기법과 정결법을 지켜야 한다(출 12:19, 48-49; 레 16:29; 17:15; 18:26 등). 더 나아가 희년서에서는 하나님이 창조한 모든 세상이 거룩하다는 사상이 나타난다. 단지 지성소, 이스라엘 땅뿐만 아니라 하나님이 만드신 피조세계 전체가 하나님이 머물러 계시는 거룩한 장소라는 신학 성찰을 하게 되기 때문이다.[14]

또한 성결법전은 평면적이고 일반적인 시간 가운데 거룩한 시간, 곧 안식일과 안식년과 희년(레 25-26장), 또한 거룩한 절기들(레 23장)을 구분한다. 특별히 그동안 자연주기에 따른 농사절기를 종교절기와 일치시킨다.[15] 제사장 문서의 정결법(레 11-15장)은 사람과 짐승, 또한 집의 상태까지도 정결함과 부정함으로 구분한다. 여기에서의

---

13 I. Knohl, *The Sanctuary of Silence: the Priestly Torah and the Holiness School*, 168-198.

14 C. Werman, "The Concept of Holiness and the Requirements of Purity in Second Temple and Tannaic Literature," M. J. H. M. Poorthuis and J. Schwartz (eds.), *Purity and Holiness. The Heritage of Leviticus*, Jewish and Christian Perspectives Series II (Leiden - Boston - Köln: Brill, 2000), 163-179.

15 I. Knohl, *The Sanctuary of Silence: the Priestly Torah and the Holiness School*, 8-45.

정결함과 부정함은 죄와 관련된 것이 아니라, 성(性) 또는 죽음의 문제와 관련되어 있다.[16] 그런데 성결법전은 부정함을 단지 정적으로 이해하는 것이 아니라, 사람이 저지르는 죄의 문제와 역동적으로 관련시킨다.[17]

또한 성결법전에서는 신명기와 달리 사람에게 거룩함이 본질적, 태생적으로 부여된 것(신 7:6)이 아니라, 거룩해야 한다(레 19:2)는 당위적이고 역동적인 것으로 규정한다. 다시 말해 거룩함을 사람이 성취할 수 있지만, 다시 빼앗길 수도 있는 성질의 것으로 묘사한다. 성결법전의 저자가 제시한 주제는 거룩함이고, 거룩함의 신학에 따라 이스라엘 사회를 운행하려고 했다. 또한 오경 전체의 뿌리 경험(root experience)인 출애굽의 목적 역시 단지 이집트에서의 탈출이나 해방이 아니라, 하나님의 백성이 되는 삶의 양태로서 거룩함의 완성에 있다.[18]

그런데 문제는 과연 성결법전은 제사장들이 제시한 소재 또는 주제로서의 거룩함을 어떠한 방식으로 이스라엘 사회에 적용하려고 시도했느냐는 것이다.

거룩함을 위한 율법을 신의 권위에 근거하여 강압적으로 제시했는가?

---

16 A. Marx, "L'impureté selon P. Une lecture théologique," *Bib* 82 (2001), 363–384.
17 J. Klawans, *Impurity and Sin in Ancient Judaism* (Oxford: Oxford University Press, 2000), 21–42; 노세영, "레위기의 제의적 및 윤리적 거룩,"「구약논단」38 (2010), 10–32.
18 F. Crüsemann, "Der Exodus als Heiligung. Zur rechtsgeschichtlichen Bedeutung des Heiligkeitsgesetzes," E. Blum, C. Macholz, E. W. Stegemann (eds.), *Die Hebräische Bibel und ihre zweifache Nachgeschichte, FS für R. Rendtorff zum 65. Geburtstag* (Neukirchen-VIuyn: Neukirchener Verlag, 1990), 117–129. '뿌리 경험'은 E. L. Fackenheim, *God's Presence in History: Jewish Affirmation and Philosophical Reflections* (New York: Harper & Row, 1970)가 처음으로 사용한 표현이다.

끌레브노(Clévenot)는 마르크시스트(Marxist)의 유물론의 입장에서, 포로기 이후에 제사장들은 왕이 없는 시대에 왕 노릇을 하면서 거룩함의 정신에 근거한 제사 제도를 이용하여 자신의 권력과 부를 누린 사람들이라고 주장한다. 그는 성경을 정치 이데올로기의 산물로 본 것이다.[19]

그러나 이러한 입장은 성결법전에 나타나는 설득화법의 관점에서 다시 생각해 보아야 한다. 만약 끌레브노가 주장하듯이 성결법전의 저자인 제사장이 포로기를 겪으면서 왕의 지위와 권한을 가지게 되었고, 율법이 포로기 이후에 약자를 억누르고 강자에 헌신하게 되었으며, 율법이 지배계급의 이데올로기로서 관철된 것이 사실이라면,[20] 성결법전의 저자가 법을 지켜야 할 의무를 가진 민중들을 굳이 설득할 필요가 없기 때문이다. 일반적으로 절대 힘을 가진 사람은 설득이라는 방법을 선호하지 않는다. 그는 명령하고 절대 복종을 요구할 따름이다.

이러한 점에서 오늘날 독자는 법의 이념과 사회에서 실제로 적용된 현실을 구분하여 이해할 필요가 있다. 이러한 설득화법의 핵심은 아래에서 살펴볼 배열과 문체에서 분명하게 드러난다.

2) 배열/배치/짜임새(dispositio)

디스포지티오(dispositio)란 연설자가 청중에게 연설의 내용을 효과적으로 전달하기 위해 크게는 문단, 작게는 문장을 적절하게 배열

---

[19] 미셸 끌레브노, 『새로운 성서읽기』, 김명수 옮김 (서울: 한국기독교장로회신학연구소, 1997), 18-30.
[20] 미셸 끌레브노, 『새로운 성서읽기』, 67-68.

하고 배치하는 방식을 말한다. 이러한 배열과 배치는 주로 본문의 짜임새를 통해 발현된다. 그동안 성서학자들은 이러한 배열이 주로 이야기 양식이나 예언 양식의 본문, 또는 시문에서 이루어질 뿐, 모든 성경본문에 적용할 수 있다고 생각하지 않았다.[21] 그러나 최근에 학자들은 단지 이야기 단락이 아니라 율법에서도 이러한 정교한 배열이 나타난다는 사실을 발견했다.[22]

그 대표적인 예가 레위기 24장 15-23절에 있는 복수동태법(lex talionis)이다. 이 본문은 아래와 같이 X를 중심으로 ABCDEX-E′D′C′B′A′의 짜임새를 이루며, 문장을 정교하게 배열하고 있는 사실을 보여준다.[23] 법의 내용은 야웨의 이름을 모독하는 사람과 사람을 죽인 사람에게 사형을 명하는 것으로 끔찍하지만, 그 형식은 역설적으로 매우 정교하게 미학적으로 이루어져 있다는 사실이 매우 흥미롭다.

---

21 예를 들어, Y. Gitay, "A Study of Amos's Art of Speech: A Rhetorical Analysis of Amos 3:1-15," *CBQ* 42 (1980), 293-309.
22 최근에 D. Luciani, *Sainteté et pardon, vol. 1 : Structure littéraire du Lévitique*, BETL 185A (Leuven – Paris – Dudley: Peeters, 2005)는 레위기에 나타난 율법의 대부분을 교차대구 짜임새로 분석한다.
23 이 글에서는 특별한 언급이 없으면, 성경을 인용할 때 개역개정을 사용한다.

A   15 너는 <u>이스라엘 자손에게 말하여</u> 이르라 누구든지 그의 하나님을 저주하면 죄를 담당할 것이요

B   16 <u>여호와의 이름을 모독하면 그를 반드시 죽일지니</u>(מוֹת יוּמָת) 온 회중이 돌로 그를 칠 것이니라 <u>거류민이든지 본토인이든지</u> 여호와의 이름을 모독하면 그를 죽일지니라

C   17 <u>사람을 쳐죽인 자</u>는 반드시 죽일 것이요(מוֹת יוּמָת)

D   18 <u>짐승을 쳐죽인 자</u>는 짐승으로 짐승을 갚을 것이며

E   19 사람이 만일 그의 <u>이웃에게 상해를 입혔으면</u> 그가 행한 대로 그에게 행할 것이니

X   20 상처에는 상처로, 눈에는 눈으로, 이에는 이로 갚을지라

E´   남에게 상해를 입힌 그대로 그에게 그렇게 할 것이며

D´   21 <u>짐승을 죽인 자</u>는 그것을 물어 줄 것이요

C´   <u>사람을 죽인 자</u>는 죽일지니

B´   22 <u>거류민에게든지 본토인에게든지</u> 그 법을 동일하게 할 것은 나는 너희의 하나님 여호와임이니라

A´   23 모세가 <u>이스라엘 자손에게 말하니</u> 그들이 그 저주한 자를 진영 밖으로 끌어내어 돌로 쳤더라 이스라엘 자손이 여호와께서 모세에게 명령하신 대로 행하였더라

그런데 위에서 보듯이 복수동태법의 결론 X '상처에는 상처, 눈에는 눈, 이에는 이'를 기준으로 하여 뒤따르는 부분은 아무런 새로운 정보도 제공하지 않는다. 16절에서 20절 상반절까지의 내용으로 복수동태법의 모든 규정은 완벽하게 서술된다. 다만 교차대구 짜임새를 이루기 위해 B에서 E까지 언급된 내용을 X를 중심으로 다시 한 번 E´에서 B´에서 똑같이 반복할 따름이다. 이것은 성결법전 저자가 가지고 있는 독특한 기교라고 말할 수 있는데, 그 근거는 계약법전과 신명기법전도 복수동태법을 규정하고 있지만 이러한 교차대구의 짜임새로 이루어지지 않는다는 점에 있다(출 21:18-25; 신 19:14-21).

이들 두 법전에서는 '눈에는 눈, 이에는 이'라는 결론이 본문의 마지막에 미괄식으로 배치되어 있다(출 21:24-25; 신 19:21). 계약법전, 신명기법전과 달리 성결법전이 복수동태법의 핵심을 본문의 한가운데 배치하는 것은 성결법전이 가지고 있는 설득화법의 면모라고 결론지을 수 있다.

이처럼 성결법전의 저자가 법 규정을 단순하게 나열하지 않고 심미적인 짜임새로 문장을 배열하는 것은 청중으로 하여금 법에 대한 선포를 쉽게 기억하고 이해하도록 기능하는 것으로 생각할 수 있다. 성결법전의 저자는 단지 법을 진술하거나 받아쓰게 한 것이 아니라, 법을 읽거나 듣는 독자나 청중의 마음에 법의 정신을 새기도록 노력한다. 그리고 실천의 자리까지 나아가도록 유도한다. 이러한 성결법전의 배치와 배열은 성결법전의 삶의 정황이 단순한 법률의 기록의 자리가 아니라 청중 앞에서 행한 공개적인 낭독에 있었다는 사실을 추정하게 한다.[24]

성결법전에는 이처럼 문장을 정교하게 배열하는 수사 기법이 있는가 하면, 문단을 일정한 규칙으로 연결하는 동시에 그 규칙을 고의적으로 깨뜨리는 방식도 나온다. 레위기 21장 1-15절은 제사장과 대제사장의 상례, 혼례, 자녀교육의 문제를 다루는데, 이러한 단락은 ABCA´B´의 짜임새를 이룬다. 그런데 ABA´B´의 병행 구조에 C가 끼어들어 독자의 관심을 끈다. A는 제사장의 상례, B는 제사장의 혼례, A´는 대제사장의 상례, B´는 대제사장의 혼례를 다루는데, 모세를 통해 제사장과 대제사장들에게 간접화법으로 전해지는 양식으로 이루어져 있다. 그런데 C는 직접화법으로 이루어져 있고, 본문이 말하는 '너'가 제사장을 거룩하게 여겨야 할 것을 말

---

24 A. Klostermann, "Beitrage zur Entstehungsgeschichte des Pentateuch," 374-375.

하며, 또 제사장의 딸이 창녀가 되지 말아야 한다고 말하면서 제사장의 가정이 거룩한 삶을 살아야 할 것을 명한다.[25]

A	제사장의 상례(21:1-6)	
B	제사장의 혼례(21:7)	
C	제사장을 거룩하게 여겨야 하는 너, 제사장의 딸(21:8-9)	
A´	대제사장의 상례(21:10-12)	
B´	대제사장의 혼례(21:13-15)	

하나님이 모세를 통하여 제사장들의 삶을 명하는 단락 가운데, 갑자기 8절에서는 이스라엘 백성 개개인을 가리키는 2인칭 '너'가 2인칭 동사와 전치사를 통해 나타나는 것은 의외이다(וְקִדַּשְׁתּוֹ לְךָ). 밀그롬(Milgrom)은 이 구절이 어설프게 첨가되었다고 주장한 노트(Noth)의 주장을 받아들인다. 그러나 동시에 이러한 삽입을 미적이고 문체적인 이유로 설명하기도 한다.[26]

성결법전 저자가 8-9절을 삽입한 것은 그의 신학 설계에 따른 의도로 볼 수 있다. 피상적으로 볼 때 제사장과 대제사장의 사생활을 다루는 이러한 본문은 종교 지도자들에게 한정된 것으로, 일반적으로 성소 밖, 일상생활에서 온 이스라엘 백성들의 삶을 다루

---

25 J. E. Hartley, *Leviticus*, WBC 4 (Texas: Word books, 1992), 348은 간접화법에서 직접화법으로의 전이를 제대로 밝힌다. 그러나 2인칭 단수를 이스라엘 총회를 가리키는 것으로 잘못 주장한다. 8절의 마지막 낱말은 이러한 개인으로서의 이스라엘 사람들이 모인 '너희'(מְקַדִּשְׁכֶם)라는 인칭대명접미사를 가지고 있다. 성결법전에서 이스라엘 총회는 주로 2인칭 복수로 나타나고, 2인칭 단수는 주로 이스라엘 백성 개인을 가리킬 때 사용된다. S.-J. Kim, *Se reposer pour la terre, se reposer pour Dieu*, BZAW 430 (Boston - New York: Walter de Gruyter, 2012), 79-84를 보라.

26 J. Milgrom, *Leviticus 17-22*, AB 3A (New York: Doubleday, 2000), 1808.

는 성결법전의 특징에 비추어보면 매우 낯설다. 이스라엘 백성들은 굳이 제사장과 대제사장과 관련된 규정을 알 필요가 없어 보인다. 이것은 레위기 1-7장의 제사법에도 백성이 알아야 하는 규정(1:1-6:6)과 제사장이 알아야 할 규정(6:8-7:38)을 따로 배치한 점에서도 그러하다.

이러한 관점에서 이스라엘 백성 한 사람 한 사람을 가리키는 '너'가 제사장을 거룩하게 여기고, 제사장의 딸의 생활도 거룩하게 유지되도록 관심을 가져야 할 것을 명하는 것이 의미심장하다. 이것은 단지 레위기 21장의 제사장과 대제사장의 혼례와 상례가 당사자들에게만 해당하는 것이 아니라 모든 이스라엘 백성이 그들의 종교 지도자들의 거룩한 가정생활을 가능하게 하도록 도우라는 의도를 드러내는 것으로 볼 수 있다. 제사장과 대제사장의 상례와 혼례, 또한 그들의 자녀교육은 단지 그들의 사적인 영역에만 속하는 것이 아니라, 이스라엘 전체의 공적인 영역에서도 명백하게 거룩해야 한다는 사실을 성결법전 저자는 본문의 배열과 짜임새를 통해 보여준다. 이스라엘 백성 개개인을 가리키는 2인칭 단수가 본문의 가운데에 들어가게 된 것은 제사장과 백성의 연대 책임을 강조하기 위한 것으로 이해할 수 있다.

3) 문체(elocutio)

(1) 생략, 은유, 반복
그렇다면 마지막으로 성결법전의 문체와 표현법은 어떠한가?
성결법전에는 생략, 은유, 반복 등의 여러 수사법이 나타난다.
첫째, 생략의 경우를 살펴보자.
생략 기법이 사용된 가장 대표적인 경우는 레위기 18장과 20장에 나오는 근친상간을 금지하는 법률에서 찾을 수 있다. 많은 학자들은 이들 두 장이 단지 근친상간에 대한 성윤리를 가르치는 것이 아니라, 당시 이스라엘의 사회 구조, 곧 가족 구조와 연관되어 있다는 데에 이의를 제기하지 않는다. 성관계가 가능한 관계는 가족이 아닌 남이고, 성관계가 금지된 관계가 바로 가족의 구성원을 이루기 때문이다. 이들 두 장에 나타나는 가족 구조는 조부모부터 손자, 손녀에 이른다. 바로 3-4대에 걸친 대가족이 고대 이스라엘 사회의 기초 구조인 가족을 구성했던 것이다.[27] 여기에 종을 포함해서, 60-70명이 하나의 대가족을 이루었을 것으로 추정할 수 있다.[28]

그런데 이 두 본문에서 흥미로운 점은 함무라비 법전이나 히타이트 법전에서와 달리,[29] 이스라엘 성인 남성이 가져서는 안 되는 성관계의 대상 가운데 친딸이 언급되고 있지 않다는 사실이다. 이것은 수사학 이론에 따르면 침묵함으로써 더 강력한 효과를 거두기 위한 것으로 보인다. 때로는 침묵이 가장 큰 소리, 가장 확실한 표현 방법이기도 한 점에서 그러하다. 또한 근친상간과 관련한 규정에서 딸을 언급함으로써 충격을 받을 청중들을 배려하는 것으로도 생각할 수 있다. 딸에 대한 근친상간은 가장 고통스럽고 수치스러운 일이기 때문이다.[30]

---

27 본서 제3장 "레위기의 가족 구조"를 보라.
28 왕대일, "레위기 18장의 가족법 재고," 「구약논단」 11 (2001), 27-48; 이은애, "레위기 18장의 성관계 금지 조항들," 「구약논단」 19 (2005), 53-73.
29 조미형, "레위기 18장의 성행위 금령 연구," 「구약논단」 23 (2007), 121; 조미형, "레 18장과 고대 서아시아 법전의 성 금령 비교 연구: 혈족과 인척 안에서의 성행위에 대한 금령," 「구약논단」 32 (2009), 177.
30 J. Joosten, "La non-mention de la fille en Lévitique 18. Exercice sur la rhétorique du Code de Sainteté," *ETR* 75 (2000), 415-420.

둘째, 은유의 경우는 어떠한지 살펴보자.

대표적으로 땅과 땅의 소산물을 지칭할 때 성결법전은 은유의 기법을 사용한다. 먼저 땅에 대한 은유를 살펴보자. 레위기 25장의 안식년 규정을 따르면 이스라엘 백성은 6년 동안 땅을 갈 수 있지만, 7년째 해에는 땅을 쉬게 해야 한다. 정확하게 말하면, 히브리 본문은 땅 스스로가 쉴 권리를 가지고 있다고 땅을 주어로 명시한다. 땅 자체가 쉼의 주체로 나타나는 것이다. 그런데 레위기 25장 5절은 땅을 나실인(נָזִיר)에 비유한다. 곧 6년 동안은 땅이 식물을 내고 사람이 경작할 수 있지만, 7년째 해에는 사람이 땅의 경작물에 손을 댈 수 없기 때문에 땅에 있는 식물이 마치 나실 사람의 머리카락에 비유되는 것이다.

이러한 점에서 하나님의 거주지인 땅이 스스로의 정결함을 지키지 못하고 부정하게 되었을 때 땅은 죄를 지은 것으로 나타난다. 성결법전은 땅을 하나의 살아 있는 생명체로 바라보고 나실 사람에 빗대어 땅이 유지해야 할 정결함과 거룩함을 강조한다.[31] 다음으로 땅의 소산물에 대한 은유는 레위기 19장 23절에 나타난다.

> 너희가 그 땅에 들어가 각종 과목을 심거든 그 열매는 아직 할례받지 못한 것으로 여기되 곧 삼 년 동안 너희는 그것을 **할례받지 못한 것**으로 여겨 먹지 말 것이요(레 19:23).

이스라엘 백성은 가나안 땅에 들어가서 여러 과일나무를 심은 다음에 3년 동안 열매를 먹지 말아야 하는데, 그 이유는 열매를 '할례받지 못한'(עָרֵל) 것으로 여겨야 하기 때문이다. 새번역은 '그 과일을 따지 말아라'로 의역하고 있는데, 이러한 번역은 히브리 본문이 가

---

31   더 자세한 내용을 위해서는 본서 제4장 "성결법전의 땅"을 보라.

지고 있는 은유를 오히려 없애는 결과를 낳는다. 개역개정은 '그것을 할례받지 못한 것으로 여겨'로, 공동번역은 '그 열매를 사람으로 치면 갓난아기의 포경처럼 여겨야 한다'로 옮긴다. 공동번역은 히브리 문장을 너무 풀어 번역하긴 하였지만, 나무를 '할례받지 않은' 것으로 여기라는 히브리어의 은유법을 제대로 살리고 있다. 이처럼 가나안에 들어가 새로 심은 나무의 열매를 할례받지 않은 것으로 여기는 것은 레위기 23장 10절에서 규정하는 매년 드리는 첫 곡식 단(רֵאשִׁית)과는 다른 제물이라는 것을 독특하게 표현하기 위한 것으로 보인다.[32]

셋째, 성결법전을 읽는 독자나 낭독되는 형태로 듣는 청자들에게 필요 이상으로 반복되는 표현들도 이 법전에서 쉽게 찾을 수 있다.

가장 대표적인 경우는 레위기 19장에 나타나는 야웨의 자기 계시 양식이다. 레위기 19장에는 종교법, 농경법, 사회법, 경제법 등의 여러 법이 특별한 규칙 없이 나열되어 있다. 그런데 이러한 무질서한 율법의 배열 가운데 "나는 야웨다"(אֲנִי יְהוָה)라는 표현이 16번이나 나타난다. 37절로 이루어진 레위기 19장에 야웨의 자기 계시 양식이 16번이나 나타나는 것은 거의 두 구절마다 한 번꼴로 이 표현이 나타난다는 사실을 보여준다. 야웨의 자기 계시 양식은 법의 제정자가 다름 아닌 야웨임을 알리고, 청중으로 하여금 그러한 구문을 들을 때마다 더 주의를 기울이게 하여 그 법을 실천할 것을 요청하는 기능을 한다.

이러한 주도어(Leitwort)로서의 "나는 야웨다"가 레위기 안에서 레

---

32 J. F. Lefebvre, "Circoncire les arbres? La portée symbolique d'un précepte. A propos de Lv 19,23-25," D. Döhler (ed.), *L'Ecrit et l'Esprit. Etudes d'histoire du texte et de théologique biblique en hommage à Adrian Schenker*, OBO 214 (Fribourg : Academic Press, Göttingen : Vandenhoeck & Ruprecht, 2005), 190.

위기 19장에 가장 많이 나타나는 것은 단편 십계명을 담고 있는 레위기 19장의 중요성을 보여준다.[33] 특별히 근친상간법을 다루는 두 장인 레위기 18장과 20장이 십계명을 담고 있는 레위기 19장을 감싸는 짜임새를 통해서 이스라엘 백성은 은밀한 성의 차원에서도 거룩함을 유지해야 할 것을 가르친다. 이러한 특징은 무질서한 배열 가운데에서 질서를 드러내는 것으로, 반복이야말로 특정한 사상을 강조하고 독자에게 그 사상을 각인시키기 위한 가장 기본적인 방식에 해당하는 것을 알 수 있다.[34]

(2) 현대법의 문체에 비추어 본 성결법전의 문체

복잡한 현대 사회에서 법의 문체가 명확하고 명시적이어야 한다는 것은 굳이 법의 전문가가 아닌 일반인도 알고 있는 사실이다. 법의 문체가 모호해서 다양한 해석을 낳는다면, 그 법은 사건을 해결하는 것이 아니라 오히려 복잡하게 만들 것이다. 분명하지 않은 언어와 표현은 법의 언어로서 부적합하다.[35]

그렇다면 현대의 독자들은 구약의 성결법전에 나타나는 생략, 은유, 반복 등의 수사 기법을 현대법의 개념과 언어와 문체에 비추어 어떻게 평가할 수 있는가?

먼저 법조항에 생략된 내용이 있다면 제대로 법을 집행할 수 없을 것이다. 레위기 18장과 20장에서 살펴보았듯이, 근친상간의 금

---

[33] E. Otto, "Innerbiblische Exegese im Heiligkeitsgesetz Levitikus 17-26," H.-J. Fabry and H.-W. Jüngling (eds.), *Levitikus als Buch*, BBB 119 (Berlin: Philo, 1999), 152.

[34] 로버트 알터, 『성서의 이야기 기술』, 황규홍, 박영희, 정미현 옮김 (서울: 아모르문디, 2015), 152-192.

[35] 홍성찬, 『법학개론』 (서울: 박영사, 2000), 160: "법언어는 일반적으로 감정을 초월하여 간결하고 알기 쉽고 정확하게 표현하여 법규범으로 접근하기 용이하여야 한다."

지 대상에서 딸이 제외된다면 오늘날 그러한 근친과 성관계를 맺은 사람을 처벌할 근거가 없다. 법을 제정한 사람이 감히 딸을 언급하지 못했다고 변명하거나 당연히 포함된 것 아니냐고 주장할 수 없다.

또한 오늘날 법이 규정하는 대상이 레위기 19장과 25장에서처럼 비유적이고 은유적으로 묘사되어 있다면, 그 외연적 의미의 모호함 때문에 그 법률을 바르게 해석해서 적용하기에 많은 어려움이 따를 것이다. 법의 언어는 문학의 언어와 다르다. 마찬가지로 레위기 19장에 나오는 동어반복은 오늘날 법의 언어에는 매우 비효율적이다. 법의 제정자를 밝히고 법의 권위를 강조하기 위해 쓰이는 야웨 자기 계시 양식은 서론에서 한 번 밝히는 것으로 충분하다.

그렇다면 성결법전에 나오는 생략과 은유와 반복은 미숙한 고대인이 가지고 있는 어수룩함을 폭로하는 것으로 보아야 하는가?

그렇지 않다. 전통적인 양식사의 관점에서 볼 때에도 비유, 완곡어법, 생략, 반복 등의 문학 기법은 예언이나 시문에 적합한 것으로, 법을 기술하는 방법으로는 성경 안에서도 일반적이지 않기 때문이다. 따라서 독자들은 성결법전에 나타나는 이러한 문체는 성결법전 저자의 성격과 목적을 드러내기 위해 의도적으로 고안된 것으로 추정할 수 있다. 이런 것들은 단지 법의 문제를 미학적이고 시적으로 묘사하기 위한 것이 아니라, 성결법전의 신학을 드러낸다. 성결법전이 법률을 수사적으로 배열하고, 그 문체가 비유적이고 반복적이며 때로는 중요한 사항에 대하여 침묵하고 있는 점은 이 법전이 단순히 법의 모음집이 아니라 일종의 설교집이라는 사실을 보여준다.[36] 글로 기록되기 전에 말로 선포된 설교의 배경을

36　그동안 학자들은 신명기가 가지고 있는 설교체의 특징에 주목해 왔다. 대표적으로 G. von Rad, *Studies in Deuteronomy* (Chicago: H. Regnery, 1953), 16을 보라.

보여주는 것이다.

이러한 사실을 통해 독자들은 성결법전의 저자가 특별히 설득화법을 사용하게 된 이유도 추론할 수 있다. 만일 성결법전의 저자가 하나님의 말씀의 권위를 내세워 법을 단순하게 나열하고 법에 대한 순종을 백성에게 강요했다면, 위와 같은 식의 비유나 반복, 침묵의 방법을 사용하지 않았을 것이다. 단순하게 명령의 언어를 사용했을 것이다. 그러나 법의 제정자는 백성의 삶을 존중했고, 백성들이 하나님의 말씀에 감동을 받아 스스로의 자유의지를 가지고 법을 준수할 것을 기대했기 때문에, 청중과 소통하고 청중을 설득하고자 시도했을 것으로 보인다. 성결법전 저자는 백성으로 하여금 하나님의 가르침에 스스로 동의하기를 원했고, 그럴 뿐만 아니라 자율적으로 법을 지키게 하기를 바랐을 것이다.

이러한 점에서 위에서 언급한 끌레브노의 가설은 재고해야 한다. 레위기에 나타나는 제사장이 포로기 이후에 정치권력을 가지게 되었다는 그의 가설은 경제사 또는 사회사적 상상력에 기인하는 것이지, 레위기 본문에 바탕을 두지는 않는다. 오경과 예언서가 보여주는 권력에 대한 태도는 힘을 분산하려는 것이지, 권력을 한 곳으로 수렴하려고 하지 않는다.[37]

이러한 특징은 성결법전에 더욱 분명하게 나타난다. 성결법전에는 신명기법전과 다르게 임금(신 17:14-20, מֶלֶךְ)과 재판장(신 16:18, שֹׁפְטִים)을 위한 자리가 없다. 계약법전에 나오는 지도자(출 22:27[한글 22:28], נָשִׂיא)도 나타나지 않는다. 레위기에서는 제사장에게 오늘날

---

[37] M. Greenberg, "Biblical Attitudes toward Power: Ideal and reality in Law and Prophets," E. B. Firmage, B. G. Weiss and J. W. Welch (eds.), *Religion and Law: Biblical-Judaic and Islamic Perspectives* (Winona Lake: Eisenbrauns, 1990), 105.

의미에서의 정치권력을 부여하지 않는다.[38]

3. 맺음말

법의 존재 이유는 무엇인가?

법은 공동체의 행복과 질서를 위해 반드시 필요하다. 그러나 법을 잘못 사용할 때, 공동체는 부정의로 파괴된다. 법을 악용할 수 있는 사람에게 법은 다른 사람을 죽이는 칼로, 스스로의 행위도 제한해야 할 법으로부터 자신을 보호하는 방패로 사용될 수 있다. 수사학의 존재 이유도 마찬가지이다. 수사학을 잘못 사용할 때, 수사학은 민중을 속여 현혹시키는 수단으로 전락할 수 있다. 어느 개인이나 특정 공동체의 유익을 위한 천박한 기술이 될 수도 있다. 그러나 수사학을 바르게 사용하는 사람은 스스로를 겸손하게 낮추어 독자로 하여금 스스로 결단하도록 한다. 마음을 움직여 실천하도록 한다. 이는 독자와 청중을 존중하기 때문이다.

성결법전의 수사학은 법 제정자가 이스라엘 백성을 존중하고, 자신처럼 그들도 하나님이 지으신 피조세계 안에서 아름답고 거룩한 생명을 발견하기를 원했던 모습을 보여준다. 발견과 소재와 주제설정(inventio)을 통해 백성을 거룩하게 만드시기 원하시는 하나님의 뜻을 전했다. 법의 배열과 배치와 세밀한 짜임새(dispositio)를 통해 법을 듣는 청자들이 쉽게 이해할 수 있도록 배려했다. 법이 본

---

38 J. Joosten, "Moïse, l'assemblée et les fils d'Israël: La structure du pouvoir dans le Code de Sainteté," D. Luciani et A. Wénin (eds.), *Le Pouvoir: Enquêtes dans l'un et l'autre Testament*, Lectio Divina 248 (Paris: Cerf, 2012), 38. '나시'(נָשִׂיא, 지도자)는 레위기의 제사장 문서(4:22)에 속죄제에서 범죄의 맥락에서 단 한 번 나온다.

디 가질 수밖에 없는 건조하고 딱딱한 성격이 배우지 못한 일반 독자들에게 거부감을 줄 것을 염려하여, 문체(elocutio)를 통해 은유와 생략과 반복의 문학 기법을 도입하는 데 두려워하지 않았다. 법은 즐거운 가르침으로서의 토라이지, 사람의 삶과 현실을 지루하게 만드는 걸림돌이 아니라는 신념을 가지고 있었기 때문이다.

오늘날 수사학을 필요로 하는 정치인과 법률가와 종교인은 화려하고 현학적인 수사학으로 혹세무민(惑世誣民)할 것이 아니다. 하나님을 찬양하고 민중을 살리는 거룩한 도구로 수사학을 사용해야 한다. 이것이야말로 수사학의 기역 자 윈 다리도 못 그려도 삶을 아름답고 착하게 살아가는 사람을 존중하는 최소한의 길이다.[39]

---

39 수사학과 설교의 관련을 위해서는 허요환, "신학과 수사학의 만남으로 바라본 설교: 설득을 중심으로," 「장신논단」 45 (2013), 329-354를 보라.

제2장

성결법전의 민간신앙

1. 머리말

구약성경의 여러 책 가운데 레위기는 평신도뿐 아니라 신학 전문가들에게 가장 주목 받지 못한 책 중 하나이다.[1] '복음과 율법'이라는 이분법 구도는 레위기에 기록되어 있는 제사법(1–7장), 정결법(11–15장), 성결법(17–26장)의 존재로 말미암아, 레위기를 부당한 편견을 가지고 읽도록 한다. 또한 예수 그리스도와 신약 시대의 도래 이후, 레위기의 율법은 더 이상 효력이 없어 폐하여진 것으로 이해하기까지 한다.

이러한 구약성경의 율법에 대한 부정적인 평가는 벨하우젠(Wellhausen)의 이스라엘 역사 이해에서 극에 달한다. 레위기를 포함한

---

1 이 글은 2011년 4월 29일 협성대학교에서 열린 제86차 한국구약학회 춘계학술대회에서 발표한 원고를 수정·보완한 것이다. 귀한 논찬을 해주신 노세영, 배정훈 박사님께 감사한다. 「구약논단」 41 (2011), 158–180에도 실려 있다.
J. W. Watts, "Ritual Rhetoric in the Pentateuch: The Case of Leviticus 1–16," T. Römer (ed.), *The Books of Leviticus and Numbers*, BETL 215 (Leuven/Paris/Dudley, MA: Peeters, 2008), 305.

제사장 문서(P)와 성결법전(H)²은 이스라엘이 국가를 상실하여 제사장 계급이 실질적인 권한을 수행한 때 기록된 것으로, 유대주의의 발흥을 낳은 책이라는 것이 그의 주된 논점이다. 다시 말해, 포로 후기에 기록된 제사장 문서는 엘리트 제사장의 신학을 반영하며, 그 언어는 생동감이 없고 정제되어 있으며 후기 성경언어(LBH)를 반영한다는 것이다.³ 이러한 벨하우젠의 명확하고, 그리하여 때로는 어쩔 수 없이 단순화된 역사와 신학에 대한 가설은 이후 많은 공격과 비판을 받았지만,⁴ 아직까지도 그의 영령은 끊임없이 되살아나고 있다.

최근 뢰머(Römer)는 레위기가 바벨론 포로기 이후, 특별히 페르시아 시대에 기록된 것은 거의 모든 학자들이 동의하는, 진리에 가장 근접한 가설이라고 주장한다.⁵ 와츠(Watts)는 레위기의 율법이 포로기 이후 제사장 그룹의 권력을 반영하며, 레위기의 하나님은 나라를 잃은 당

---

2   A. Klostermann, "Beiträge zur Entstehungsgeschichte des Pentateuch," *ZLThK* 38 (1877), 401-445가 처음으로 레 17-26장을 레위기 안에서 분리시켜 성결법전 (Heiligkeitsgesetz)으로 이름 지었지만, J. Milgrom, *Leviticus 1-16*, AB 3 (New York: Doubleday, 1991), 39-42; I. Knohl, *The Sanctuary of Silence: The Priestly Torah and the Holiness School* (Minneapolis: Fortress Press, 1995); E. Firmage, "Genesis 1 and the Priestly Agenda," *JSOT* 82 (1999), 97-114 등은 성결법전의 범위를 레위기를 넘어 오경의 범위까지 확장시킨다. 일부 학자들은 성결법전을 단순히 성결법(the Law of Holiness, la Loi de Sainteté)으로 부르기도 한다.
3   율리우스 벨하우젠, 『이스라엘 역사 서설』, 원진희 옮김 (서울: 한우리, 2007), 478-526.
4   Y. Kaufmann, *The Religion of Israel*, trans. and abridged by M. Greenberg (Chicago: University of Chicago Press, 1960); M. Weinfeld, *The Place of the Law in the Religion of Ancient Israel*, SVT 100 (Leiden/Boson: Brill, 2004); J. Blenkinsopp, *The Pentateuch: an Introduction to the First Five Books of the Bible* (New York: Doubleday, 1992), 9-12 참조.
5   T. Römer, "De la périphérie au centre: Les livres du Lévitique et des Nombres dans le débat actuel sur le Pentateuque," T. Römer (ed.), *The Books of Leviticus and Numbers*, 10-14.

시, 더 이상 존재하지 않는 왕을 상징하는 것으로 해석한다.[6]

그런데, 과연 이러한 결론은 과연 제사장 문서의 본문으로부터 출발하여 도출된 것인지, 아니면 포로 후기라는 역사 배경을 전제 조건으로 본문을 읽은 것은 아닌지 의심스럽다. 이러한 질문은 여러 근거 가운데 다음과 같은 점에 바탕하고 있다.

첫째, 제사장 문서의 언어가 고대 문서의 언어에 비해 정제되어 있고 후기의 사상을 반영한다는 것은 바른 접근에 의한 해석이 아니다. 레위기를 예로 들면, 레위기 가운데에는 이야기(narrative)라고 말할 수 있는 본문이 단 두 개에 불과하며(레 10:1-7; 24:10-23), 나머지는 모두 율법 조항에 해당하기에 언어의 생동감을 기대하기는 힘들다.

둘째, 레위기가 당시 종교 지도자인 제사장들의 엘리트 사상만을 반영한다는 주장 역시 신중하지 못하다. 이 연구의 제목이 암시하고 있듯이, 레위기는 고대 이스라엘 민중의 민간신앙을 반영하고 있기 때문이다.[7]

앞으로 이어질 단락에서 이스라엘 백성이 자신의 신앙 대상인 하

---

6 J. W. Watts, "The Torah as the Rhetoric of Priesthood," G. N. Knoppers/B. M. Levinson (eds.), *The Pentateuch as Torah: New Models for Understanding Its Promulgation and Acceptance* (Winona Lake: Eisenbrauns, 2007), 319-331. 이미 이러한 입장은 M. Clévenot, *Approches matérialistes de la Bible* (Paris: Cerf, 1976), 51-57에 나타난다. 그러나 신명기에서 분명하게 왕과 왕의 권한을 언급하는 반면(17:14-20), 레위기는 단 한 번도 왕 또는 왕정 제도를 언급하지 않는다. J. Joosten, *People and Land in the Holiness Code: An Exegetical Study of the Ideational Framework of the Law in Leviticus 17-26*, SVT 67 (Leiden: Brill, 1996), 184-189 참조.

7 민간신앙 혹은 민간종교의 정의를 위해서는 J. B. Segal, "Popular Religion in Ancient Israel," *JJS* 27 (1976), 1; 정중호, "고대 이스라엘의 민간종교 연구," 「구약논단」 8 (2000), 151을 참조하라. 이 글에서 민간신앙이라는 용어는 영어의 'popular religion' 혹은 프랑스어의 'religiosité populaire'에 해당하는 말로, 민중들이 간직하고 있던 믿음 혹은 종교성을 뜻하기 위해 사용한다.

나님에 대해, 또 자신의 삶의 터전인 땅에 대해 어떻게 이해하고 있는지, 본문 행간에 숨어 있는 성결법전의 민간신앙에 대해 살펴볼 것이다. 이러한 연구는 레위기의 신학을 다른 관점에서 새롭게 이해하는 데 기여할 수 있을 것으로 기대한다.

2. 하나님

성서의 하나님은 자신의 이름을 통해 스스로를 계시하신다(출 6:2-9).[8] 이름은 단지 상대방을 부르기 위한 호칭이 아니라, 그 자신의 본질과 속성을 드러낸다. 야웨의 이름을 모독하는 것은 곧 야웨 자체를 모독하는 행위이기에 돌로 쳐 죽여야 하는 것(레 24:16)은 이름이 실존에 대해 가지고 있는 뗄 수 없는 관계를 나타낸다.[9]

레위기에 여러 방식으로 나타나는 신명, 즉 '야웨'(레 19:22 등), '야웨, 너희 하나님'(레 11:44 등), '야웨, 그들의 하나님'(레 26:44 등), '너/너희의 하나님'(레 2:13; 22:25 등), '그/그들의 하나님'(레 21:12; 21:6 등) 등은 레위기의 배경이 되고 있는 출애굽 이후의 광야 혹은 시내산에서 말씀하시는 하나님으로, 이스라엘을 애굽에서 해방하신 출애굽의 하나님이심이 분명하다. 그런데, 이처럼 다양한 신명 가운데, 본 연구 주제와 관련하여 관심을 끄는 표현이 등장하는데, 그것은 바로 '너의 하나님 경외'(레 19:14, 32; 25:17, 36, 43)/ '그의 하나님'(레 24:15)과 '하나님의 음식'(레 21:6, 8, 17, 21, 22; 22:15)이다.

---

8   E. Jacob, *Théologie de l'Ancien Testament* (Paris/Neuchâtel: Delachaux & Niestlé, 1968²), 33.

9   J. Weingreen, "The case of the blasphemer (Leviticus xxiv 10ff.)," *VT* 22 (1972), 122.

1) 개인 수호신: '너의 하나님 경외,' '그의 하나님'

구약성경 전체를 통하여 '너의 하나님을 경외하라'는 표현은 단지 레위기에만 다섯 번 나타난다(레 19:14, 32; 25:17, 36, 43).[10] 이러한 사실은 레위기에서 하나님 경외와 관련된 2인칭 단수 표현이 특별한 의미를 지니고 있을 것으로 추측하게 한다. 이 표현에서 주의해야 하는 것은, 먼저 여기서의 '너'가 누구이며, 왜 너의 하나님을 경외해야 하는가의 문제이다.

첫째 질문에 대답하기 위하여, 우선적으로 레위기에서의 2인칭과 신명기에서의 2인칭을 비교할 필요가 있다. 티게이(Tigay)는 신명기에서 '너' 혹은 '너희 하나님'에서의 2인칭 소유격은 특별히 하나님께 가까이 접근할 수 있는 사람, 즉 제사장이나 예언자, 혹은 임금을 지칭한다고 밝힌 바 있다.[11] 그러나 이와 달리 레위기에서 하나님과의 관계를 표현하기 위한 2인칭은 제사장(레 21:7)뿐 아니라, 일반 이스라엘 백성(레 18:2)과 온 회중(레 19:2)에게도 사용된다.

그런데 성결법전에 나타난 민간신앙 연구와 관련하여 흥미로운 점은 '너의 하나님'과 관련된 표현이다. 특별히 '너의 하나님을 경외하라'는 표현을 가지고 있는 성결법전의 다섯 구절에서 특이한 점은 이 구절 앞에 사회적 약자를 보호하라는 명령어를 가지고 있다는 점이다.

---

10 '하나님 경외'라는 표현은 창 20:11; 42:18; 신 25:18; 욥 1:1, 8 등에 나타난다.
11 J. H. Tigay, *Deuteronomy*, JPSTC (Philadelphia: Jewish Publication Society, 1996), 239.

> 너는 귀 먹은 자를 저주하지 말며 맹인 앞에 장애물을 놓지 말고...
> (레 19:14).[12]
> 너는 센 머리 앞에서 일어서고 노인의 얼굴을 공경하며...(레 19:32).
> 너희 각 사람은 자기 이웃을 속이지 말고...(레 25:17).
> 너는 그에게 이자를 받지 말고...(레 25:36).
> 너는 그를 엄하게 부리지 말고...(레 25:43)

신명기와 달리 레위기에서 2인칭 단수는 이스라엘 개인을 가리키기 위해, 2인칭 복수는 회중을 가리키기 위해 사용된다.[13] 즉, '너희 하나님'은 이스라엘 백성 공동체의 하나님으로, '너의 하나님'은 이스라엘 백성 개개인이 신앙하는 개인화된 하나님을 가리킨다. 실제로 이러한 '너의 하나님 경외'와 관련하여 어드먼스(Eerdmans)는 흥미로운 관찰을 하고 있는데, 그는 이 표현에서 '하나님'은 '야웨'와 전적으로 일치하는 것이 아니라, 각 개인의 수호신(persönliche Schutzgott eines Menschen)에 해당하는 것으로 해석한다.[14]

다시 말해 이스라엘 백성들이 다른 약자들을 억압하지 말아야 하는 이유는 이 약자들 개인을 보호하는 수호신의 보복을 받을 수 있

---

12 본 연구에서 성경본문을 인용할 때, 개역개정판을 사용한다.

13 J. Joosten, "« Tu » et « vous » dans le Code de Sainteté (Lév. 17–26)," *RevSR* 71 (1997), 3–8; idem, "The *Numeruswechsel* in the Holiness Code (Lev XVII-XXVI)," K.-D. Schunk/M. Augustin (eds.), "*Lasset uns Brücken bauen...*" BEATAJ 42 (Frankfurt a. M.: Peter Lang, 1998), 67–71. 성결법전에 나타나는 2인칭 단수와 2인칭 복수의 변화 문제(Numeruswechsel)는 매우 제한되어 있고, 신명기 본문의 문제에서 시작되었다. 가장 고전적인 연구를 위해서는 Georges Minette de Tillesse, "Sections 'tu' et sections 'vous' dans le Deutéronome," *VT* 12 (1962), 29–87을 참조하라.

14 B. D. Eerdmans, *Das Buch Leviticus*, Alttestamentliche Studien 4 (Giessen: A. Töpelmann, 1912), 97–98. 개인화된 신에 대한 신앙은 구약 주변 세계 민간종교의 전형적인 특징이다. K. van der Toorn, *Family Religion in Babylonia, Syria and Israel: Continuity and Change in the Forms of Religious Life*, SHCANE 7 (Leiden: Brill, 1996), 94–118 참조.

기 때문이라는 것이다. 어드먼스는 이러한 사고가 매우 오래된 고대 시대에 기인하는 것으로 생각한다. 이러한 추론은 레위기 24장 15-16절의 해석에 근거한다.

> 너는 이스라엘 자손에게 말하여 이르라 누구든지 그의 하나님(אֱלֹהָיו)을 저주하면 죄를 담당할 것이요 여호와의 이름을 모독하면 그를 반드시 죽일지니 온 회중이 돌로 그를 칠 것이니라 거류민이든지 본토인이든지 여호와의 이름을 모독하면 그를 죽일지니라(레 24:15-16).

이 구절은 거류민이나 본토인이나, 누구든지 '야웨'의 이름을 모독하면 사형에 처해야 한다고 규정한다(16절). 야웨 하나님의 이름 모독에 대해서는 어떠한 예외도 있을 수 없다. 그러나 15절은 미묘한 해석의 문제를 야기하는데, 누구든지 '그의 하나님'을 저주하면 자신의 죄를 담당하는 것으로 표현된다. 어드먼스는 15절에서 하나님은 야웨가 아니라, 이방인이 섬기는 신을 가리키는 것으로 해석한다.[15] 이럴 경우 이방인이 자신의 신을 저주할 경우 그 처벌의 내용은 그의 하나님에게 달려 있는 것으로 본문을 이해할 수 있다 (참조. 삿 6:31).[16]

만일 이러한 해석이 가능하다면, 레위기 본문은 당시 민중들의 신관을 반영하는 것으로 이해할 수 있는데, 이러한 구절은 레위기에 반영된 민중이 가지고 있었던 일신숭배(monolatry)의 흔적을 드러

---

[15] 이와 유사한 구문을 삼상 17: 43하('**그의 신들**의 [이름으로] 다윗을 **저주**하고')에서 찾을 수 있다. 미 4:5의 '자기의 신'도 마찬가지이다.

[16] J. Joosten, *People and Land in the Holiness Code: An Exegetical Study of the Ideational Framework of the Law in Leviticus 17-26*, SVT 67은 어드먼스를 인용하지 않은 채 이러한 입장을 지지한다. 반면 L. M. Trevaskis, "The Purpose of Leviticus 24 within its Literary Context," *VT* 59 (2009), 295-312는 거류민과 본토인의 동질성을 강조하고 이들이 가지고 있는 차이점은 주의하지 않는다.

내는 것으로 추측할 수 있다.[17]

2) 하나님의 음식

성결법전에는 그 동안 주석가들이 특별한 주의를 기울이지 않았던 흥미로운 표현이 나타나는데, 이것은 '하나님의 음식'(אֱלֹהִים לֶחֶם 레헴 엘로힘)이다(레 21:6, 8, 17, 21, 22; 22:15). 문자적으로 '하나님의 떡'을 지칭하는 이 표현은 구약성경 전체를 통해 성결법전에만 등장한다. 종교사의 관점에서 이 용어는 구약성경을 비롯한 구약 주변 세계의 문서에 일반적으로 나타나고 있는 표현인 '제사'(אִשֶּׁה 잇쉐, זֶבַח 제바흐)를 의미한다.

예를 들어, '하나님의 음식'이라는 용어를 담고 있는 레위기 21장 6절에서는 '야웨의 제사'(יְהוָה אִשֵּׁי 잇쉐 아도나이)[18]라는 표현이 등장하여 '하나님의 음식'이 곧 야웨께 드리는 제사, 제물임을 명시한다. 여기에서 흥미로운 점은 '제사'라는 단어가 일반적으로 널리 쓰이고 있음에도, 성결법전 저자는 어떠한 동기로 오늘날 현대인들에게 낯설고 조야해 보이기까지 하는 '하나님의 음식'이라는 표현을 사용했

---

17 유일신관(monotheism)과 일신숭배(monolatry)의 정의를 위해서는 하경택, "야웨 유일신 신앙의 형성 과정에 관한 소고,"「Canon & Culture」4 (2010), 161, 각주 6을 보라.

18 개역과 개역개정 성경은 '잇쉐 라도나이'(לַיהוָה אִשֶּׁה)를 '여호와의 화제'로, 표준새번역과 새번역 성경은 '주께 제물'로 번역한다. 반면 공동번역성서와 공동번역성서 개정판은 이를 번역조차 하지 않는다. '잇쉐'(אִשֶּׁה)는 단지 화제만을 가리키지 않고 제사 일반을 뜻할 수 있다. J. Milgrom, *Leviticus 1-16*, AB 3, 161–162; R. Rendtorff, *Leviticus*, BKAT 3/1 (Neukirchen-Vluyn: Neukirchener Verlag, 1985), 63–65. 그러나 A. Marx, "Familiarité et transcendance: La fonction du sacrifice d'après l'Ancien Testament," A. Schenker (ed.), *Studien zu Opfer und Kult im Alten Testament*, FAT 3 (Tübingen: JCB Mohr, 1992), 6; idem, "Le système sacrificiel de P et la formation du Pentateuque," T. Römer (ed.), *The Books of Leviticus and Numbers*, 298은 '잇쉐'(אִשֶּׁה)는 번제, 소제, 화목제만 지칭할 수 있다고 분석한다.

는가 하는 점이다.

이 표현에 대해 크놀(Knohl)은 '하나님의 음식'은 신인동형동성론적(anthropomorphic) 표현으로서 성결법전만의 독특한 문학 표현 방식이라고 주장한다.[19] 제사장 문서가 하나님과 이스라엘 사이의 거리를 강조하여 하나님께 인간의 속성을 돌리지 않는데 비해, 성결법전은 하나님을 신인동형동성론적으로 이해하고 묘사한다는 것이다. 그러나 문제는 이미 제사장 전통의 문서 안에도 '레헴 잇쉐 라도나이'(לֶחֶם אִשֶּׁה לַיהוָה)라는 표현이 등장한다는 사실이다(레 3:11). 크놀은 이에 대해 제사장 문서의 저자는 '하나님'을 '음식'에 직접적으로 잇닿게 하지 않기 위해, 그 사이에 '제사'라는 단어를 삽입했다고 추론한다.[20]

그러나 이것은 잘못된 판단으로, '잇쉐 라도나이'(אִשֶּׁה לַיהוָה)라는 표현은 레위기에 여러 차례 나타나며(레 2:11, 16; 3:3, 9, 11, 14; 7:5, 25; 22:27; 23:8, 13, 25, 27, 36[x2], 37; 24:7), 이 표현은 앞에 있는 낱말(예물, 기념물)을 더 자세히 설명하는 역할을 한다(레 3:14; 22:27; 24:7). 이러한 점에서 '하나님의 음식'을 단순히 성결법전의 문학 표현 양식으로 설명한 크놀의 주장은 설득력이 떨어진다.[21]

오늘날 독자들은 과거의 저자가 '하나님의 음식'이라는 표현을 통해서 드러내려 한 의도를 파악하려 노력해야 한다. 이러한 표현에는 성결법전이 전수받은 신학 사상이 드러나는 것으로, 그 전통을 형성하고 전한 민중들의 하나님 이해가 반영되어 있다. 즉, 제사는

---

19 I. Knohl, *The Sanctuary of Silence: The Priestly Torah and the Holiness School*, 106–110, 168–172 등.

20 I. Knohl, *The Sanctuary of Silence: The Priestly Torah and the Holiness School*, 30.

21 더 자세한 내용을 위해서는 Sun-Jong Kim, "Nourriture de Dieu dans le Code de Sainteté," *ZAW* 123 (2011), 424–430을 참고할 수 있다.

신에게 바치는 음식이라는 구약 주변 세계의 제사가 가지고 있는 일반적인 기능[22]과 마찬가지로, 이스라엘 백성들도 하나님은 제물을 드시는 분으로 이해하고 있었던 것으로 생각할 수 있다. 물론 구약성경의 몇 구절은 이러한 생각을 반대하는 것으로 보인다(사 1:11; 시 50:13).[23]

그러나 이러한 구절은 잘못된 제사를 비판하는 맥락에서 비롯된 것으로 이해해야 한다. 성결법전뿐 아니라 신명기 4장 28절도 하나님은 먹을 수 있는 분으로 암시하는데, 하나님과 달리 이방신은 보지도, 듣지도, '먹지도,' 냄새도 맡지 못하는 목석의 신으로 묘사되고 있기 때문이다. 이 연구에서 중요한 것은 과연 구약성경의 신이 음식을 잡수시는 존재냐, 그렇지 않느냐의 문제가 아니다. 문제는 성결법전의 저자가 '하나님의 음식'을 통해 드러내려 한 신학 의도와 성결법전의 신학을 형성한 제사장들이 가지고 있었던 하나님에 대한 관념이다.

성결법전이 기술하는 '하나님의 음식'의 의미는 구약성경의 다른 문서들에 나타나는 '음식'이 가지고 있는 상징과 비교할 때 비로소 바르게 드러난다. 일반적으로 '음식'이 하나님이 그의 백성에게 주시는 것으로 나타날 때, 구약성경에서 이 용어는 주로 하나님의 말

---

[22] 구약 주변 세계에서 제사가 가지고 있는 여러 기능을 위해서는 A. Marx, "Familiarité et transcendance: La fonction du sacrifice d'après l'Ancien Testament," A. Schenker (ed.), *Studien zu Opfer und Kult im Alten Testament*, FAT 3, 1-14와 G. A. Anderson, "Sacrifice and Sacrificial Offerings (OT)," ABD V (1992), 871-872를 참조하라.

[23] 김중은, 『거룩한 길 다니리: 설교를 위한 레위기 연구』 (서울: 한국성서학연구소, 2001), 324, 각주 3: "여기서 하나님의 식물 또는 음식(לחם)이란 표현은 제물에 대한 고대적인 전문 용어로서 사용된 것이며, 실제적으로 하나님이 제물 음식을 잡수시는 것은 아니다(참조, 시 50: 12 – 13)."

씀 혹은 지혜를 상징한다(예를 들어, 신 8:3).[24] 이것은 '음식'을 비유적으로 이해하고 있음을 뜻한다. 반면, 성결법전에서 '음식'은 실제로 하나님이 드시는 음식, 즉 제물을 뜻한다. 이러한 성결법전의 의도는 성결법전 전체의 신학의 맥락 가운데에서 이해해야 한다. 성결법전은 성소를 넘어 일상생활의 전 영역에서 하나님의 거룩함을 수행할 것을 명령한다. 이러한 점에서 이스라엘 백성이 먹는 음식은 단지 생명을 연장하기 위한 수단이 아니다. 자신들이 먹는 일상의 음식을 하나님께 제물로 바침으로써,[25] 그들은 하나님과의 연대(solidarity)를 실현한다.

성결법전은 민중의 언어로 민중이 이해한 하나님을 드러낸다. 성결법전에 나타난 하나님은 자신의 백성과 음식을 나누기 위해 제단에 임하신다. 성결법전에서 하나님과 백성을 잇는 도구는 바로 떡, 음식인데, 이것은 제사에 대한 원시적인 사상을 반영하지 않는다. 오히려 일상생활에서 빼놓을 수 없는 가장 구체적인 음식에서마저 하나님을 묵상함으로써, 일용할 양식이 지니고 있는 거룩함을 설파한다. 하나님과 백성을 연결하는 끈으로서 음식을 설정한 성결법전은 고대 이스라엘 종교의 저차원적인 사고를 반영하는 것이 아니라, 가장 구체적이고 치열한 현실 속에서 신과의 만남을 원했던 민중의 신앙을 드러낸다.[26]

이러한 점에서 제사장들은 민간종교의 요소들을 강하게 비판했

---

24 M.-É. Boismard, "« Notre pain quotidien » (Mt 6,11)," *RB* 102 (1995), 373.
25 A. Marx, "The Theology of the Sacrifice According to Leviticus 1-7," R. Rendtorff/R. A. Kugler (eds.), *The Book of Leviticus: Composition and Reception*, VTS 93 (Leiden: Brill, 2003), 109-111.
26 이러한 점은 신명기의 합리화된 신학화 경향과 대치된다. J. S. Bergsma, *The Jubilee from Leviticus to Qumran: A History of Interpretation*, SVT 115 (Leiden/Boston: Brill, 2007), 26과 이 글의 각주 45, 46을 참조하라.

고, 민간종교는 제사장 신학과 대치한다고 주장한 애커만(Ackerman)의 분석은 수정해야 한다.[27] 성결법전은 민중의 신앙을 무조건적으로 배격하지 않고, 적절한 경우 이를 적극 수용한다.[28]

3. 땅

고대 이스라엘의 민중은 자신들이 섬기던 신을 자신을 지켜주는 수호신으로 이해하고, 또한 자신들의 음식을 함께 나누는 분으로 묘사한다. 이를 성결법전이 드러내는 민간신앙의 한 단면으로 규정할 수 있다면, 이 법전은 이스라엘 백성의 주거지인 땅 역시 다른 문서와 달리 독특하게 이해한다.

1) 정결한 땅, 부정한 땅

레위기 10장 10절은 제사장들이 행해야 할 가장 핵심적인 임무를 설명하고 있는데, 이것은 거룩하고 속된 것, 부정하고 정한 것을 분별하는 일이다. 이들은 이러한 네 범주에 따라, 사람, 짐승, 사물의 정결함 여부를 판단한다(레 11-15장).[29] 그렇다면 오늘날 독자들은 과연 하나님이 창조하신 땅은 어떠한 속성을 가지고 있을까

27　S. Ackerman, *Under Every Green Tree: Popular Religion in Sixth-Century Judah*, HSM 46 (Atlanta: Scholars Press, 1992), 1.

28　더 자세한 내용을 위해서는 I. Knohl, *The Sanctuary of Silence: The Priestly Torah and the Holiness School*, 168-198; 정중호, "고대 이스라엘의 민간종교 연구," 169를 참조하라.

29　M. Douglas, *Purity and Danger* (London: Routledge & Kegan Paul, 1966), 72.

질문할 수 있다. 구약성경은 체계적인 공간론/우주론을 설립하기 위해 기록된 책이 아니기 때문에, 땅이 가지고 있는 거룩함의 단계를 일목요연하게 기술하기는 불가능하다.[30]

태초에 하나님이 천지를 창조하셨다면(창 1:1), 이스라엘 땅뿐 아니라 세상의 모든 땅은 하나님께 속하여, 거룩한 속성을 가진다고 생각할 수 있다. 그러나 구약성경의 어느 한 구절도 땅이 본성적으로 거룩하다고 분명하게 언급하지 않는다. 이것은 아마도 땅은 하나님의 피조물로서, 거룩함을 하나님께만 돌리려고 의도했던 것으로 보인다.[31] 또한 전통적으로 학자들은 구약성경은 구약 주변 세계에서와 달리 땅을 비롯한 자연에 돌렸던 신성을 제거하는 비신화화 과정이 반영된 것으로 여긴다.[32]

성결법전은 '진영 안'(레 17:3)과 '진영 밖'(레 17:3 등) 혹은 '성 안'(레 25:30)과 '성 밖'(레 14:40 등)으로 이스라엘 땅의 공간을 구분함으로써, 진영 안과 성 안은 거룩하거나 정결한 공간으로 인식하고 있는 반면, 일반적으로 진영 밖과 성 밖은 부정한 공간[33]으로서 사람이

---

30 D. P. Wright, "The Spectrum of Priestly Impurity," G. A. Anderson/S. Olyan (eds.), *Priesthood and Cult in Ancient Israel*, JSOTS 12 (Sheffield: JSOT Press, 1991), 151, 각주 1.

31 E. Jacob, "Les trois racines d'une théologie de la 'Terre' dans l'Ancien Testament," *RHPR* 55 (1975), 475; W. Houston, *Purity and Monotheism: Clean and Unclean Animals in Biblical Law*, JSOTS 140 (Sheffield: JSOT Press, 1993), 218–258.

32 많은 문헌 중 예를 들어, R. Luyster, "Wind and Water: Cosmogonic Symbolism in the Old Testament," *ZAW* 93 (1981), 1–2; W. R. Garr, *In His Own Image and Likeness: Humanity, Divinity, and Monotheism*, Culture and History of the Ancient Near East 15 (Leiden/Boston: Brill, 2003), 191–200. 이에 대한 반론을 위해서는 아래 3.2)를 참조하라.

33 Y. Kaufmann, *The Religion of Israel*, trans. and abridged by M. Greenberg, 103–115; D. Davies, "An Interpretation of Sacrifice in Leviticus," *ZAW* 89 (1976), 394; M. Weinfeld, *Deuteronomy and the Deuteronomic School* (Oxford: Clarendon Press, 1972), 225, 243.

거할 수 없는 곳으로 묘사한다. 이것은 레위기 16장에 나타나는 아사셀을 위한 염소 본문(레 16:8-28)에도 반영되어 있는 것으로, 아사셀 염소가 향해 가는 광야는 악령이 거주하는 무인지경으로 해석되기도 한다.[34] 이것은 이방의 영향을 받아 이스라엘 민중이 가지고 있던 사고로 보인다.[35]

이처럼 하나님이 창조하신 땅에 부정한 장소, 하나님이 거하실 수 없는 장소가 존재한다는 생각은 단지 성결법전에만 나타나는 사고방식이 아니라, 고대 이스라엘 백성이 가지고 있었던 민간신앙을 반영하는 것으로 보인다. 예를 들어, 다윗은 이방 땅에서 하나님을 섬길 수 없다는 생각을 가지고 있었고(삼상 26:19), 나아만 장군은 고국으로 돌아가서도 이스라엘의 하나님을 섬기기 위해 이스라엘의 흙을 가지고 자신의 나라로 돌아간다(왕하 5:17). 또한 아모스 7장 17절은 이방 땅을 부정한 땅으로 기술하고, 예레미야 16장 18절과 에스겔 36장 17절은 부정해진 땅을 언급한다.

이처럼 이방 땅은 하나님이 거하실 수 없는 부정하고 악마적인 땅이고,[36] 반대로 성결법전은 정결한 이스라엘 땅을 하나님이 거하시는 성전으로 이해한다(민 5:2-3; 35:34).[37] 따라서, 이스라엘 땅이

---

[34] 이상란/정중호, "대속죄일과 아사셀," 「구약논단」 3 (1997), 17; 왕대일, "아사셀 염소와 속죄의 날(레 16: 6 – 10) – 그 해석학적 재고," 「구약논단」 19 (2005), 15–17은 이에 동의하지 않는다. 최근의 아사셀 의식에 관한 외국어 연구 문헌을 위해서는 T. Römer, *The Books of Leviticus and Numbers*, 15의 각주 61을 보라.

[35] Y. Kaufmann, *The Religion of Israel*, trans. and abridged by M. Greenberg, 114를 참조하라. 반면 C. Carmichael, "The Origin of the Scapegoat Ritual," *VT* 50 (2000), 167–182는 아세셀 염소 의식을 이스라엘의 고유한 전통으로 여긴다.

[36] J. Hempel, *Das Ethos des Alten Testaments* (Berlin: Alfred Töpelmann, 1938), 53; S. Mowinckel, *Religion und Kultus* (Göttingen: Vandenhoeck & Ruprecht, 1953), 80.

[37] 두 본문은 민수기의 원형 구조를 형성한다. M. Douglas, *In the Wilderness: The Doctrine of Defilement in the Book of Numbers* (Oxford: Oxford University Press, 2001), 146–148 참조.

백성들의 죄악으로 말미암아 부정해질 경우, 결국 하나님은 이스라엘 땅을 떠나신다.[38] 이처럼 어느 한 민족의 신이 거하는 영토는 정결하고 그 이외의 땅이 부정하다는 사고는 구약 주변 세계의 문서에도 나타나는 매우 오래된 사고이다.[39]

그러나 성결법전의 본문을 더 자세히 관찰하면, 이스라엘 땅은 모두 정결하지 아니하고, 그 안에도 부정한 곳(אָקוֹם טָמֵא 마콤 타메)이 존재한다. 위에서 언급했듯이 실상 진영 밖은 무조건적으로 부정하게 여겨지지 않는다. 반대로 진영 밖과 성 밖에 특별히 정결한 장소(레 6:4; 민 19:9)를 마련함으로써 부정한 사람과 사물을 안치하기 위한 용도로 사용한다.[40]

이처럼 성결법전 안에는 진영 안은 정결하고, 진영 밖은 부정하다는 생각과 함께, 진영 안에도 부정한 상태가 용인되며(레 12장의 아이를 낳은 산모의 경우), 진영 밖에도 정결한 곳이 존재한다. 또 이스라엘 땅은 하나님이 거하시는 정결한 땅이며, 이방 땅은 부정한 땅이라는 사고 역시 나타난다. 이처럼 하나님이 창조하신 땅 안에 부정한 공간이 존재할 수 있는가에 의문을 품은 후기 문헌은 이스라엘 영토 밖의 지역도 정결하다는 의견을 제시한 것을 발견할 수 있다. 예를 들어, 희년서 7장은 창세기의 노아 홍수 이야기를 재해석하는데, 이를 따르면 하나님은 인간의 죄로 인하여 더러워진 모

---

38 J. Joosten, *People and Land in the Holiness Code: An Exegetical Study of the Ideational Framework of the Law in Leviticus 17-26*, SVT, 180-186.

39 O. Kaiser (ed.), *Texte aus der Umwelt des Alten Testaments*, Band 2 (Gütersloh: G. Mohn, 1986-1991), 800: : "Nur das Land Hatti (ist) euch, den Götten, ein wahrlich reines Land."

40 D. P. Wright, "The Spectrum of Priestly Impurity," G. A. Anderson/S. Olyan (eds.), *Priesthood and Cult in Ancient Israel*, JSOTS 12, 153.

든 땅을 정화하기 위하여 비를 내리신다.⁴¹

이처럼 구약성경과 중간기 문헌에는 이스라엘 땅을 비롯한 하나님이 창조하신 땅의 성질에 대한 민중의 소박한 생각과 신학 엘리트들의 정교한 사고가 동시에 나타난다.

2) 땅의 생명성⁴²

이스라엘 백성은 이스라엘 땅을 자신과 자신들의 하나님이 거주할 수 있는 땅과 그렇지 않은 땅으로 구분했다. 이것은 주체로서의 이스라엘이 땅을 하나의 대상으로 이해했음을 뜻한다. 그러나 성결법전에는 이와 완전히 반대되는 입장도 드러난다. 땅이 단순한 주거지로서가 아니라 생명을 가진 존재로 등장하는데, 먼저 하나의 독립적인 인격체, 나지르(נזיר)로서 자신을 더럽히는 백성을 추방하거나, 다른 생명체를 잉태한 어머니의 모습으로 등장하는 것이 이에 해당한다.

(1) 나지르로서의 땅

성결법전이 이해하는 땅의 개념은 신명기에 나타난 땅의 개념과 사뭇 다르다. 신명기와 신명기 역사서에서 이스라엘 땅은 백성들

---

41 더 자세한 내용을 위해서는 C. Werman, "The Concept of Holiness and the Requirements of Purity in Second Temple and Tannaic Literature," M. J. H. M. Poorthuis/J. Schwartz (eds.), *Purity and Holiness: The Heritage of Leviticus*, Jewish and Christian Perspectives Series II (Leiden/Boston/Köln: Brill, 2000), 169-173을 참고할 수 있다.

42 지면 관계상, 이 글은 '땅이 지은 죄,' '땅이 가지고 있는 인격성,' '나지르로서의 땅의 개념'에 대해 세밀하게 다루지 않는다. 이러한 주제에 대한 더 자세한 논의를 위해서는 본서 제4장 "성결법전의 땅"을 참고하라.

이 전쟁을 통해 정복하여 쟁취할 대상으로 나타난다면, 성결법전의 땅은 거주민이 악을 저지를 경우 스스로 그들을 내어 쫓는다.[43] 이것은 비단 이스라엘 백성이 가나안 땅에 정착하기 전 가나안 원주민을 토해낼 뿐 아니라(레 18:24-28; 20:22), 이스라엘 백성 역시 레위기 25장의 안식년 규정을 어길 경우 동일한 운명에 처한다(레 26:34-35, 43). 그리하여 원수들의 땅은 가나안에서 추방당한 이스라엘 백성을 삼킨다(레 26:38).

이처럼 이스라엘 땅이 거주민을 스스로 선택하는 행위를 단지 은유적으로 이해할 때, 본문이 말하고자 하는 뜻을 충분하게 파악할 수 없다. 성결법전 본문은 계속해서 '땅이 지은 죄'(레 18:25), '땅이 안식함'(레 25:2, 4; 26:34-35, 43), '더러워진 땅'(레 18:25, 27), '땅이 받는 벌'(레 26:43),[44] '주민을 토하는 땅'(레 18:22, 28; 20:22) 등 땅을 주체를 가진 인격체로 규정하는 일련의 본문들을 나열하고 있기 때문이다. 이들을 단순히 일종의 비유적 문학 표현 양식으로 이해하는 것은 궁극적인 해결 방식이 될 수 없다.

이러할 경우, 신명기와 달리 왜 유독 성결법전만 이처럼 땅을 하나의 인격체로 묘사하고 있는지 설득력 있게 설명할 수 없기 때문이다. 신명기는 도시를 배경으로 한 합리주의의 특성을 가지고 있고,[45] 이에 비해 성결법전은 농촌을 배경[46]으로 하여 민간신앙을 나타낸다는 가설이 이러한 땅의 관념에도 작용하고 있는 것으로 볼 수 있다.

43　J. Milgrom, *Leviticus 17-22*, AB 3A (New York: Doubleday, 2000), 1577.
44　B. A. Levine, *Leviticus*, JPS Torah Commentary (Philadelphia: Jewish Publication Society, 1989), 279는 이 표현에서 땅이 가지고 있는 인격성을 암시한다.
45　M. Weinfeld, *Deuteronomy and the Deuteronomic School*, 190-243.
46　J. Joosten, *People and Land in the Holiness Code: An Exegetical Study of the Ideational Framework of the Law in Leviticus 17-26*, SVT, 157-163.

거주민이 지은 죄가 땅을 더럽히고, 땅이 더러워진 것은 땅이 지은 죄에 해당하며, 따라서 땅은 하나님의 벌을 받는다는 논리의 일관성은 땅을 하나의 인격체, 나지르로 인식할 때 더욱 분명하게 이해할 수 있다. 이러한 나지르로서의 땅은 레위기 25장의 안식년 본문과 27장의 땅을 성소에 봉헌하는 규정에서 추론된다. 6년 동안 경작한 후, 7년째 해에 스스로 자라난 포도나무를 나지르로 규정(레 25:5)하고,[47] 더 나아가 환유적으로 모든 식물이 나지르에 해당한다면, 이들 모든 식물은 나실인의 머리카락으로 그려져, 땅 자체가 자신의 정결함을 유지해야 할 나지르로 인식할 수 있는 것이다.[48] 하나님께 영원히 귀속된 나지르로서의 땅(레 25:23)이 자신의 정결함을 상실하는 것이 '땅이 지은 죄'요, 그리할 경우 땅이 주체로서 자신의 정결함을 회복하기 위해 자신을 더럽힌 원인인 거주민들을 토해내는 행위를 바르게 이해할 수 있다. 이처럼 이스라엘 땅이 하나의 인격체, 하나의 생명체로 묘사되는 것은 성결법전의 민간신앙을 반영하는 것으로 보인다.

(2) 어머니로서의 땅

인격체로서의 땅의 개념은 레위기 25장의 안식년과 그 신학을 정초하는 창세기 1장의 창조신학에 근거한다. 7년째 해인 안식년 동안 이스라엘 백성이 땅을 경작하지 않고도, 스스로 자란 식물을 먹을 수 있다는 진술(레 25:6)은 인간이 창조되기 전 땅이 스스로 식

---

47 J.-F. Lefebvre, *Le jubilé biblique: Lv 25 - exégèse et théologie*, OBO 194 (Fribourg: Editions Universitaires, 2003), 23; J. Joosten, "La persuasion coopérative dans le discours sur la loi: Pour une analyse de la rhétorique du code de sainteté," A. Lemaire (ed.), *Congress Volume Ljubljana*, SVT 133 (Leiden/Boston: Brill, 2010), 393.

48 김선종, "칠십인역 잠언 18:8; 19:15의 안드로귀노스: 헤브라이즘과 헬레니즘의 인간 이해," 161-165.

물을 내고(창 1:11-13) 이것은 인간과 짐승에게 먹을거리가 된다(창 1:29-30)는 창조신학에 기인한다. 즉 땅이 다른 생명체를 잉태하고 있다는 어머니로서의 땅 개념은 구약 주변 세계에서 일반적인 생각으로,[49] 구약성경에도 이러한 사상이 드러난다.[50] 그런데, 창세기 1장이 특별히 관심을 끄는 것은 하나님이 창조하신 땅이 단지 식물만 내는 것이 아니라(창 1:11-12), 짐승도 낸다고 기술하고 있기 때문이다(창 1:24-25).

> 하나님이 이르시되 땅은 생물을 그 종류대로 내되 가축과 기는 것과 땅의 짐승을 종류대로 내라 하시니 그대로 되니라 하나님이 땅의 짐승을 그 종류대로, 가축을 그 종류대로, 땅에 기는 모든 것을 그 종류대로 만드시니 하나님이 보시기에 좋았더라(창 1:24-25).

베스터만(Westermann)은 이 구절이 실제로 땅이 짐승을 낸 것이 아니라, 짐승이 땅에 속해 있다는 사실을 표현한다고 주석하지만,[51] 그리 설득력 있지 않다. 짐승이 땅에 거주하는 사실을 나타내기 위해 창세기 저자가 굳이 땅이 짐승을 낸다는 어색한 표현을 사용한 사실을 설명하지 못하기 때문이다. 오히려 이를 당시 이집트, 페니키아 등지의 구약 주변 세계에 나타나는 신화의 배경 가운데서

---

49 A. Dietrich, *Mutter Erde: Ein Versuch über Volksreligion* (Berlin: Teubner, 1925); J. 몰트만, 『창조 안에 계신 하느님』, 김균진 옮김 (서울: 한국신학연구소, 1987), 353-355.

50 C. 베스터만, 『창세기 주석』, 강성열 옮김 (서울: 도서출판 한들, 1998), 31. 그러나 김중은, "창조질서 보존을 위한 성서신학적 접근," 『구약의 말씀과 현실』 (서울: 한국성서학연구소, 1996), 334는 '어머니'로서의 땅 개념이 성경의 창조계시와 시적인 상상력에 나타나지 않는다고 반박한다.

51 C. Westermann, *Genesis 1-11*, A Continental Commentary (Minneapolis: Fortress Press, 1994), 142.

살펴보아야 한다는 궁켈(Gunkel)의 주장이 더 설득력이 있다.[52]

이러한 궁켈의 고전적인 입장은 또다시 새로운 형태로 나타나는데, 최근에 쉬뢰어(Schroer)는 창조신학의 비신화화 과정에 대한 지나친 강조가 오히려 자연을 대상화한다고 비판하여, 하나님이 창조하신 피조세계에는 여전히 하나님의 창조 흔적, 즉 신성(numinosity)을 간직하고 있다고 주장한다.[53]

이러한 창세기의 창조신학과 레위기의 안식년 규정은 최종적으로 엘리트 제사장의 작품에 해당하나, 이들 이면에는 다음과 같은 또 다른 양태의 민간신앙이 반영되어 있는 것으로 해석할 수 있다. 엘리거(Elliger)는 레위기 25장의 안식년 규정에서 땅을 주기적으로 경작하지 않는 규칙은 본래 땅이 가지고 있는 신성을 존중하는 것에서 기인한다고 생각한다. 그의 해석을 따르면, 7년째 해에 자란 식물은 나지르로서 풍요의 영들에게 바쳐졌다는 것이다.[54]

이러한 해석은 가난한 자들을 위하여 이삭과 포도원의 열매를 줍지 말라는 규율(19:9-10; 23:22)에서도 반영되는데, 노트(Noth)는 이러한 행위가 본래 이스라엘 이전 시대에는 땅 속에 있는 것으로 여겨지던 풍요의 영들을 위해 행하던 것이었으나 나중에 이스라엘 공동체가 가난한 자들을 위한 사회적인 규정으로 대체했다고 생각한다.[55]

이러한 해석은 구약성경의 신학을 주변 종교와 문화에 빗대어 해석하는 오류로 평가받을 수도 있다. 또한 땅을 생명체로 생각한 민

---

52 H. Gunkel, *Genesis* (Macon: Mercer University Press, 1997), 111-112.
53 S. Schroer, "The Forgotten Divinity of Creation: Suggestions for a Revision of Old Testament Theology in the 21th Century," A. Lemaire (ed.), *Congress Volume Ljubljana*, 321-322.
54 K. Elliger, *Leviticus*, HAT 4 (Tübingen: Mohr, 1966), 257, 350.
55 M. Noth, *Leviticus: A Commentary*, OTL (London: SCM Press, 1977), 141.

중들의 신앙을 저차원적이고 세련되지 못한 신앙으로 폄하할 수 있다. 그러나 구약성경의 신앙은 인류의 보편적인 정신과 동떨어져 존재하지 않는다. 또한 이스라엘 백성의 민간신앙은 자연을 대상화하여 인간과 자연을 주객관계로 전락시키지 아니하고, 땅을 비롯한 만물 가운데에서 생명의 숨결을 찾는다.

4. 맺음말

구약성경을 오늘날 형태로 최종적으로 완성한 사람은 그가 서기관이든 예언자이든 제사장이든 상관없이 이스라엘의 최고 지식인 계층에 속했다.[56] 이 글의 연구 대상이 된 성결법전을 비롯한 제사장 문서 역시 율법을 형성하고 집행한 엘리트 제사장 그룹에 기인한다. 이러한 점에서 이 글은 성결법전을 비롯한 구약성경을 민중이 편찬했다고 주장하지 않는다. 실제로 과거 이스라엘이 가지고 있던 민간신앙은 구약성경에 나타나는 주된 신학과 충돌하는 모습도 볼 수 있다.[57]

민간신학은 때로는 소위 정통신학에 위배되는 것으로 여겨져 당시 야웨 종교의 관점에서 우상숭배 혹은 이단으로 배척받기도 했다.[58] 이스라엘의 민간신앙은 구약성경 안에 매우 제한적으로, 또

---

56 W. M. Schniedewind, *How the Bible Became a Book: The Textualization of Ancient Israel* (New York: Cambridge University Press, 2004).

57 S. Schroer, "The Forgotten Divinity of Creation: Suggestions for a Revision of Old Testament Theology in the 21th Century," A. Lemaire (ed.), *Congress Volume Ljubljana*, 334.

58 정중호, "고대 이스라엘의 민간종교 연구," 152.

때로는 그 행간을 통해서만 암시적으로 드러나기 때문에, 민간신앙을 파악하기 위해서는 성경 문서와 더불어, 세속 문헌과 건축물, 성상(iconography) 등을 연구해야 한다. 그러나 이 글을 통해 알 수 있는 분명한 사실은 이스라엘의 엘리트 신앙이 단순히 민간신앙을 배척하지 않고 일면 수용하고 있는 점이다.

　이스라엘 민중이 자신이 믿는 하나님을 자신의 하나님으로 가깝게 느끼고, 하나님이 음식을 먹는다는 표상을 통해 자신과의 연대감을 강조했다면, 땅을 비롯한 피조세계에서 생명성과 더불어 신성을 발견하여 다른 피조세계를 존중한 성결법전의 민간신앙은 오늘날 자신을 우월한 주체로, 반대로 자신 이외의 존재를 단순한 객체로 여기는 자기중심에 빠져있는 신학 전통에 항거한다. 땅이 더러워져 주민을 내어 쫓는다는 과거의 민간신앙은 오늘까지 그 효력을 잃지 않는다. 오늘날 땅과 바다는 미미한 과학기술의 발달로 자기 자신에게 면류관을 씌우는 우스꽝스러운 인간에게 쓰나미로 자신의 권능과 살아있음을 입증한다.[59]

59　본 연구는 성결법전의 저작 시기를 밝히는 데 주된 목적을 가지고 있지 않다. 그러나 '성결법전의 민간신앙'이라는 이 글의 제목은 성결법전이 단지 포로 이후의 제사장 그룹의 사회상만을 반영하지 않고, 고대 이스라엘의 민중들이 가지고 있었던 종교성을 간직하고 있다는 것을 주장한다. 성결법전의 고대성을 주장하고 있는 가장 최근의 연구를 위해서는 J. S. Bergsma, *The Jubilee from Leviticus to Qumran: A History of Interpretation*, SVT 115 (Leiden/Boston: Brill, 2007); Sun-Jong Kim, *Se reposer pour la terre, se reposer pour Dieu: l'année sabbatiqaue en Lv 25,1-7*, BZAW 430 (Berlin/New York: Walter de Gruyter, 2012)을 참고할 수 있다.

제3장

레위기의 가족 구조

벨하우젠(Wellhasen)식의 전통적인 역사비평과 그에 기초한 레위기의 기록연대에 대한 가설을 따르면, 레위기는 이스라엘에 왕이 존재하지 않은 바벨론 포로기 이후에 제사장들이 기록한 문서로 종교와 정치 분야에서 제사장 계층이 누리는 이익을 대변하고, 포로기의 비극으로 말미암은 폐쇄된 종교 공동체를 반영한다.[1]

그러나 이러한 입장은 레위기의 사상을 편향되게 이해하도록 할 위험을 내포한다. 실례로 레위기에 반영된 가족 구조는 이방인을 포함하는 개방된 구조로, 에스라 9-10장과 느헤미야 13장에 기록되어 있는 포로 이후 시대에 이방 여인을 가족에서 축출한 사회 및 종교개혁과 거리가 멀다.

---

[1] 이 글은 2012년 4월 20일 나사렛대학교에서 열린 제89차 한국구약학회 춘계학술대회에서 발표한 내용을 수정·보완한 것이다. 배희숙, 이사야 박사님의 귀한 논찬에 감사한다. 「신학이해」 43 (2012), 7-26에도 실려 있다.
J. Wellhausen, *Prolegomena to the History of Israel* (New York: Meridian Books, 1957), 384-385. 페르시아 시대 이후로 헬레니즘 시대까지 이어지는 제사장의 권한에 대해서는 L. Mazzinghi, *Histoire d'Israël : des origines à la période romaine* (Bruxelles: Lumen Vitae, 2007), 101을 참조하라.

이 글에서는 레위기에 암시되어 있는 결혼 규정과 이에 따른 가족 제도를, 이와 동일한 주제를 다루고 있는 구약성경의 다른 책들과 비교하여 살펴봄으로써, 레위기에 대해 가지고 있는 기존의 시각을 새롭게 평가하며 이 책이 가지고 있는 보편주의와 다문화성의 가능성을 밝히려고 시도할 것이다.

1. 결혼 규정

1) 레위기의 결혼 규정

레위기는 이스라엘 백성이 지켜야 할 결혼 규정을 구체적으로 언급하지 않는다. 반면 진멸법(헤렘법)[2]을 다루고 있는 신명기 7장 1-5절을 따르면, 이스라엘 백성이 가나안 땅에 들어가 가나안의 일곱 족속[3]을 진멸하여, 절대로 그들과 혼인관계를 맺어서는 안 된다(참조, 출 34:11-16). 이방 백성과 혼인으로 결연할 경우 하나님에 대한 믿음을 저버리고 이방신을 받아들이게 될 수 있는 위험 때문이다.

신명기가 이방인과의 결혼을 확고하게 금지하는 것과 달리 레위기는 제사장과 대제사장에 대한 결혼 규정을 21장에서 밝히고 있지만, 이스라엘 일반 백성에 대한 결혼에 대해서는 명확하게 규정

---

[2] 구약성경에서 제2성전기 문헌을 거쳐 신약성경에 나타나는 헤렘법에 대한 연구를 위해서는 박형대, 『헤렘을 찾아서?: 헤렘의 빛으로 본 누가행전 연구』(서울: 도서출판 그리심, 2011)를 참고하라.
[3] 성경은 신 7:1; 수 3:10; 24:11의 세 구절만 제외하고 다섯(왕상 9:20), 여섯(출 3:8, 17; 13:5; 23:23; 34:11; 신 20:17; 수 9:1; 11:3; 12:8; 삿 3:5; 왕상 9:20 등), 혹은 열 족속(창 15:19-21)을 열거한다.

하지 않고 단지 암시한다. 먼저 레위기 21장을 따르면 하나님께 거룩한 이스라엘의 제사장은 창녀나 이혼녀와 결혼해서는 안 되며(7절), 대제사장은 이에서 더 나아가 과부와도 결혼해서도 안 되고, 오직 '자기 백성 중에서'(מֵעַמָּיו)[4] 처녀를 취하여 아내를 삼아야 한다(14절). 즉 이스라엘의 대제사장은 이방 여인과 결혼할 수 없다. 그러나 이러한 동족 사이의 결혼 규정은 대제사장에게만 적용될 뿐, 일반 제사장들의 경우에 관하여는 명시되어 있지 않다. 대제사장과 달리, 아마도 일반 제사장과 백성은 이방인과의 결혼이 가능했던 것으로 보인다.[5]

레위기 24장 10-23절은 이스라엘 여인과 애굽 남자와의 사이에 태어난 아들이 야웨의 이름을 모독한 경우의 처벌 규정을 다루고 있는데, 여기에서 레위기 저자가 문제시하는 것은 다문화 가정에서 태어난 사람이 야웨의 이름을 모독한 것이지, 이방 남자와의 결혼 자체가 아니다.[6] 24장 10절과 14절은 분명히 이러한 애굽 남편으로부터 태어난 아들이 이스라엘 진중에 거하고 있음을 밝히고 있다.[7] 이러한 사실로부터 레위기가 투영하고 있는 가족 구조는 이방인을 가족 구성원으로 받아들일 여지를 가진 열린 구조임을 추정할 수 있다.[8]

---

[4] S. E. Balentine, *Leviticus*, Interpretation. A Bible Commentary for Teaching and Preaching (Louisville: John Knox Press, 2002), 169는 이를 제사장의 딸로, A. Marx, *Lévitique 17-27*, CAT IIIb (Genève: Labor et Fides, 2011), 124는 이스라엘 여인으로 이해한다.

[5] J. Joosten, *People and Land in the Holiness Code: An Exegetical Study of the Ideational Framework of the Law in Leviticus 17-26*, SVT 67 (Leiden: Brill, 1996), 85. 스 10:18-19는 이방 여인과 결혼한 제사장들을 언급한다.

[6] A. Marx, *Lévitique 17-27*, 167.

[7] N. Kiuchi, *Leviticus*, AOTC 3 (Nottingham: Apollos; Downers Grove, InterVarsity Press, 2007), 439.

[8] M. Douglas, "The Stranger in the Bible," *Archives européennes de sociologie* 15 (1994), 283-209.

이러한 레위기 24장 이외에 실제로 구약성경의 많은 구절은 이스라엘 백성이 신명기와 달리 현실의 삶 가운데에서 이방 족속의 여인과 결혼을 금지하지 않고 용인한 사실을 보여준다.[9] 다시 말해, 구약성경에는 이방인과의 결혼에 대하여 적대시하는 전통과 용인하는 두 전통이 공존하며,[10] 레위기는 제한적으로 후자의 입장을 견지한다.

2) 에스라-느헤미야 결혼정책의 기원: 레위기 혹은 신명기?

독자들은 이러한 사실에 직면하여 기존의 전통적인 역사비평 가설에 서있는 학자들이 레위기의 사회상과 기록연대에 대해 제기한 가설을 재고하게 되는데, 바벨론 포로기 이후 지도자들이 기획한 주요한 사회개혁 프로그램 중 하나는 이방 아내와 그 자식을 내쫓음으로써 이스라엘 백성들의 회개 운동을 일으키는 것이었다. 이스라엘 백성이 이방 여인(가나안, 헷, 브리스, 여부스, 암몬, 모압, 애굽, 아모리, 아스돗)을 아내로 삼은 것은 분명한 범죄 행위로 규정되고 있다 (스 9:1-2; 10:2, 10-11; 느 13:23; 참조, 말 2:11)[11]. 에스라 10장 18절 이

---

9 요셉의 애굽 여인과 결혼(창 41:45), 모세의 미디아 여인(출 2:21) 및 구스 여인과 결혼(민 12:1), 엘리멜렉의 아들들의 모압 여인들과 결혼(룻 1), 다윗의 갈멜, 아람 여인과 결혼(삼하 3:3), 솔로몬의 바로의 딸, 모압, 암몬, 에돔, 시돈, 헷 여인과 결혼(왕상 11:1; 14:21) 등.

10 이방 여인과의 결혼이 가지고 있는 긍정성과 부정성을 위해서는 A. Brenner, *The Israelite Woman: Social Role and Literary Type in Biblical Narrative*, The Biblical Seminar 2 (Sheffield: JSOT Press, 1985), 118-122를 참조하라.

11 A. E. Hill, "Malachi, Book of," ABD 4, 478-485는 이방 여인과의 이혼의 주제가 포로 이후 유대주의의 배타주의 경향을 반영한다고 주장한다. 반면 H. Maccoby, "Holiness and Purity: The Holy People in Leviticus and Ezra-Nehemiah," in J. F. A. Sawyer ed., *Reading Leviticus: A Conversation with Mary Douglas*, JSOTS 227 (Sheffield: Sheffield Academic Press, 1996), 166은 에스라가 슥 2:11에 나타난 보편

하에는 이방 여인과 결혼한 남자들의 목록이 열거되어 있고, 이방 아내를 내쫓는 일에 반대한 사람들(스 10:15)[12]은 독자들로 하여금 이스라엘 사회를 새롭게 하는데 반대하는 방해꾼으로 평가하도록 글의 흐름을 이끌어 나간다.

그런데 문제는 에스라와 느헤미야[13]가 과연 어떠한 근거에 기초하여 이러한 개혁을 단행하였는가의 문제이다. 이들 책에는 에스라와 느헤미야가 모세의 율법에 따라서 개혁을 시행했다고 일반적으로 보도하고 있을 뿐(스 7:6; 10:3), 정확하게 어떠한 율법을 참고했는지 언급하지 않는다. 따라서 오늘날 학자들은 이들이 참고하고 있는 책이 레위기[14]나 신명기[15]에 기술되어 있는 법조항일 것으로 추정한다. 그러나 에스라-느헤미야의 개혁조항을 오경의 특정한 하나의 책에 단순하게 대응시키는 것에는 많은 무리가 따른다.[16]

결혼정책의 주제에 한정하여 에스라-느헤미야가 오경에 대해 가지고 있는 관계를 생각할 때, 에스라 10장과 느헤미야 13장에 나타난 개혁은 출애굽기 34장과 신명기 7장에 그 연속성이 닿아 있고,[17] 사실상 에스라 시대에는 에스라 9장 1절이 언급하는 이방 족

주의를 알았을 것으로 생각하여 에스라는 인종적 배타주의를 표방하지 않는다고 주장하지만 설득력이 없다.

12 이들은 아마도 에스라-느헤미야 시대에 이방인들에 대하여 개방적인 입장을 견지하고 있던 집단으로 보인다. 배희숙, "에스라-느헤미야에 나타난 유다 재건 정책," 「장신논단」 30 (2007), 65 참조.
13 이 글에서는 에스라와 느헤미야의 관계, 이들의 기원 및 연대 문제를 다루지 않는다. 이를 위해서는 민경진, 『선구자들의 하나님: 설교자를 위한 에스라-느헤미야서 연구』(서울: 한국성서학연구소, 2005), 183-303을 참조하라.
14 K. Koch, "Ezra and the Origins of Judaism," *JSS* 19 (1974), 173-197.
15 U. Kellermann, "Erwägungen zum Esragesetz," *ZAW* 80 (1968), 373-385.
16 C. Houtman, "Ezra and the Law: Observations on the Supposed Relation between Ezra and the Pentateuch," *OsTs* 21 (1981), 91-115.
17 이러한 연속성을 위해서는 D. J. A. Clines, *Ezra, Nehemiah, Esther*, NCBC (Grand

속은 더 이상 존재하지 않으며, 출애굽한 이스라엘 백성들의 광야 시대를 지시하는 사실을 알 수 있다.[18]

출 34:11-16	신 7:1-4	스 9:1-2	느 13:23
아모리, 가나안, 헷, 브리스, 히위, 여부스	헷, 기르가스, 아모리, 가나안, 브리스, 히위, 여부스	가나안, 헷, 브리스, 여부스, 암몬, 모압, 애굽, 아모리	아스돗, 암몬, 모압

이들과 달리 레위기와 민수기가 투사하고 있는 결혼 규정과 에스라의 개혁조치는 직접적인 상관성이 없는 것으로 보인다. 앞에서 언급했듯이, 레위기 24장은 – 비록 이방 여인은 아니고 이방 남자이지만 – 애굽 남편의 존재를 인정하고 있기 때문이다. 이것은 분명하게 애굽 여인을 언급하는 에스라 본문(9:1)과 충돌한다. 트론베이트(Throntveit)는 에스라의 결혼개혁은 제사장 차원에서 부정한 사람으로서의 이방인 아내를 분리시켜 포로 이후의 공동체를 정화시

Rapids: Eerdmans, 1984), 116을 보라. 출 34:11-16은 단지 이방 백성을 쫓아내고 진멸을 언급하지 않는 점에서 신 7:1-4보다 덜 엄격하다. J. G. McConville, *Deuteronomy*, AOTC 5 (Leicester: InterVarsity Press, 2002), 152 참조. 많은 학자들은 출애굽기의 본문이 신명기의 영향을 강하게 받았을 것으로 추측한다. B. S. Childs, *Exodus*, OTL (Philadelphia: Westminster Press, 1974), 613 참조. 반대로 M. Weinfeld, *Deuteronomy 1-11*, AB 5 (New York: Doubleday, 1991), 366; J. H. Tigay, *Deuteronomy*, JPSTC (Philadelphia: Jewish Publication Society, 1996), 84는 신 7장이 출 23장과 24장에 기초하는 것으로 생각한다. 엄밀히 말해 느 13장은 통혼 금지를 율법에 근거하지 않고, 솔로몬이 이방 여인을 취한 범죄 사실에 기초한다(느 13:26-27).

[18] D. J. A. Clines, *Ezra, Nehemiah, Esther*, 119; P. D. Stern, *The Biblical Herem: A Window on Israel's Religious Experience*, BJS 211 (Atlanta: Scholars Press, 1991), 102-103; 마크 A. 트론베이트, 차종순 역, 『에스라-느헤미야』, 현대성서주석/목회자와 설교자를 위한 주석 (서울: 한국장로교출판사, 2001), 88.

키기 위한 것이었다고 본문의 의도를 옹호하고 있지만,[19] 후기 유대교 문헌(*b. Niddah* 34 a 등) 이전 구약성경의 제사장 문헌은 어느 곳에서도 사람을 인종의 차원에서 정한 사람과 부정한 사람으로 구분하지 않는다는 사실[20]에 비추어 볼 때 그의 해석에는 문제가 있다. 또한 최근 일련의 이스라엘 역사가들은 이스라엘 백성과 가나안 종족들 사이에 종교의 차원에서와 달리, 언어, 문화, 인종의 차원에서는 차이점보다는 공통점이 존재하는 점에 주목한다.[21]

그런데 위에서 언급했듯이 이러한 에스라와 신명기의 연속성은 에스라가 말하고 있는 거룩한 씨(זֶרַע הַקֹּדֶשׁ), 즉 거룩한 자손(스 9:2)이 신명기가 말하고 있는 거룩한 백성(עַם קָדוֹשׁ)(신 7:6; 14:2, 21; 26:19 등)에 기초하고 있다는 사실에서도 발견할 수 있다. 물론 에스라에 나타나고 있는 '거룩한 씨'라는 표현은 이사야에 기초하고 있거나(זֶרַע קֹדֶשׁ)(사 6:13), 혹은 이사야의 표현 역시 에스라와 동시대인 포로기 이후의 이스라엘의 상황을 반영한다.[22] 그러나 동시에 하나님의 선택에 의해 선천적, 또한 본질적으로 거룩함을 타고난 이스라엘 백성이라는 사고는 그 이전에 신명기 전승에 기초하고 있는 것

---

19 마크 A. 트론베이트, 『에스라-느헤미야』, 96.

20 G. Alon, *Jews, Judaism and the Classical World* (Jerusalem: Magnes Press, 1977), 146-189; C. E. Hayes, *Gentile Impurities and Jewish Identities: Intermarriage and Conversion from the Bible to the Talmud* (Oxford: Oxford University Press, 2002), 19-44.

21 이러한 입장을 위해서는 N. P. Lemche, *Early Israel: Anthopological and Historical Studies on the Israelite Society before the Monarchy*, VTS 37 (Leiden: Brill, 1985); W. Dever, "How to Tell a Canaanite from an Israelite," in H. Shanks ed., *The Rise of Ancient Israel* (Washington: Biblical Archaeology Society, 1993), 26-56; G. W. Alström, *The History of Ancient Palestine* (Minneapolis: Fortress Press, 1993)을 참조하라.

22 R. E. Clements, *Isaiah 1-39*, NCBC (Michigan: Eerdmans, 1982), 78; O. Kaiser, *Isaiah 1-12*, OTL, trans. J. Bowden (Philadelphia: The Westminster Press, 1983), 133 참조.

으로 생각할 수 있다.²³

이러한 생각을 더욱 확실하게 뒷받침하는 것은 이사야 6장 13절 역시 신명기 7장과 마찬가지로 '진멸'이라고 하는 공통된 주제를 형성하고 있다는 점에 있다.²⁴ 하지만 에스라-느헤미야와 신명기의 연속성을 강조할 때, 해결하기 힘든 문제가 있는 것도 인정해야 한다. 먼저, 에스라는 이미 결혼한 가정에서 아내를 이방 여인으로 강등시켜 추방하고 있지만,²⁵ 신명기는 이방 여인과의 결혼을 금지할 뿐, 이미 결혼한 경우의 처리 방안에 대해서는 침묵한다.²⁶ 또한 신명기 23장 7-8절은 에돔 사람과 애굽 사람이 삼 대가 지난 후 그들의 자손이 여호와의 총회에 들어올 수 있다고 규정함으로써, 애굽 백성에 대하여 제한적으로 개방된 태도를 보이고 있다. 이러한 애굽인은 신명기 7장의 목록에 나타나지 않는 반면, 에스라 9장에는 등장하고 있는 사실도 이러한 에스라와 신명기 사이의 불연속성을 보여준다.

윌리암슨(Williamson)은 에스라의 '거룩한 씨' 개념이 신명기의 '거룩한 백성' 사상에 근거하는 것이 아니라, 레위기 19장 19절이 서로 다른 씨를 섞어 뿌리지 말라는 조항에서 형성된 것으로 해석한다.²⁷ 그러나 이처럼 사람의 씨라는 개념을 짐승과 식물의 씨로부

---

23 M. Fishbane, *Biblical Interpretation in Ancient Israel* (Oxford: Clarendon Press, 1985), 123; H. Wildberger, *Isaiah 1-12: a Commentary*, trans. Th. H. Trapp (Minneapolis: Fortress, 1991), 275.
24 김근주, 『이사야가 본 환상』 (서울: 비블리카 아카데미아, 2010), 118-119.
25 배희숙, "에스라-느헤미야에 나타난 유다 재건 정책," 71.
26 J. Blenkinsopp, *Ezra-Nehemiah*, OTL (Philadelphia: The Westminster Press, 1988), 189. 물론 이것은 이방 여인과의 결혼 자체를 원천적으로 금지하고 있기 때문으로 생각할 수도 있다.
27 H. G. M. Williamson, *Ezra, Nehemiah*, WBC 16 (Waco, Texas: Word Books, 1985), 132.

터 유추하는 것은 레위기 본문이 암시조차 하지 않으며, 더 나아가 에스라 9장 1절이 열거하는 이방 족속들의 명단이 신명기 7장 3절을 인용한 것이라는 윌리암슨 자신의 설명과 모순되는데, 그는 이러한 문제를 다루지 않는다. 이와 달리 레위기는 거룩한 백성에 대하여 단 한 마디도 언급하지 않으며, 이스라엘 백성은 하나님의 말씀을 지킴으로 생명을 얻고 거룩하게 될 수 있을 뿐이다(레 18:5; 19:2; 20:7 등). 레위기에서의 거룩함은 신명기에서처럼 주어진 상태가 아니라, 이룩해야 할 역동성의 차원을 가지고 있고, 신명기에서 거룩함의 대상이 백성이라면, 레위기에서는 땅에 해당한다.[28]

신명기와 에스라 사이의 연속성과, 레위기와 에스라 사이의 단절로부터, 주석가와 역사가는 레위기가 포로 이후의 사회개혁 프로그램에 따라 기록되었다는 종래의 가설에 대하여 더 설득력 있게 설명해야 한다.[29]

2. 제사 제도와 가족 구조

지금까지 살펴본 바와 같이 출애굽기 34장, 신명기 7장, 에스라 9-10장이 야웨 신앙을 유지하기 위한 목적으로 가나안 백성들에 대하여 배타적인 태도를 보이고 있는 것과 달리, 레위기는 이방인에 대하여 위의 책들에 비하여 매우 전향적인 모습을 보이고 있는

---

[28] M. Weinfeld, *Deuteronomy and the Deuteronomic School* (Oxford: Clarendon, 1972), 225-232.

[29] A. Dilmann, *Die Bücher Numeri, Deuteronomium und Josua*, KeH (Leipzig: S. Hirzel, 1886²), 668-670은 제사장 문서에 잡혼금지 규정이 나타나지 않는 것은 벨하우젠이 제기한 제사장 문서의 포로기 이후의 연대를 반박한다고 주장한다.

데, 이러한 사실은 레위기에 규정되어 있는 제사법과 레위기에 암시되어 있는 가족 구조를 통해서 더욱 확실해진다.

레위기를 비롯한 구약성경에서 제사 제도는 가족 제도와 매우 긴밀하게 관련되어 있는데, 단지 제주뿐 아니라 가족들도 화목제와 같은 제사에 참여하고 제물을 먹을 수 있기 때문이다(레 7:11-34; 삼상 1:1-18; 20:6 등). 이러한 관점에서 이방인 혹은 외국인까지도 과연 이스라엘의 하나님께 제사를 드릴 수 있고, 이스라엘의 가족 구성원에 속할 수 있는가의 문제는 본 연구의 결과를 위하여 핵심 내용을 구성한다.

1) 제사 제도

레위기 17장과 22장은 제사를 드리는 장소와 제물을 먹는 규례를 다룬다. 먼저 레위기 17장 8절을 따르면, 이스라엘 백성뿐 아니라 거류민(גֵּר) 역시 번제나 제물을 회막 문으로 가져가 야웨께 드릴 수 있다고 명확하게 언급한다.

> 너는 또 그들에게 이르라 이스라엘 집 사람이나 혹은 그들 중에 거류하는 거류민이 번제나 제물을 드리되 회막 문으로 가져다가 여호와께 드리지 아니하면 그는 백성 중에서 끊어지리라(레 17:8 개역개정; 22:18; 참조. 민 15:14-16).

또한 레위기 22장 11절을 따르면 제사장의 가정에 속한 종과 그의 자녀는 제물을 먹을 수 있다. 더 나아가 같은 장 25절은, 단지 거류민과 종뿐 아니라 외국인(בֶּן־נֵכָר) 역시 하나님께 제물을 드릴 수 있는 여지를 보여준다. 22장 17-25절은 하나님께 드릴 수 있고 드려서는 안 되는 제물의 상태를 설명하고 있는데, 이스라엘 백성이나 거류민 중 어느 누구도 흠 있는 동물을 하나님께 제물로 드려서는 안 되고, 이러한 흠 있는 동물은 외국인에게서도 받아 하나님께 드리면 안 된다는 것이다. 이것은 어쩌면 외국인에게 흠 없는 동물을 받을 경우 제물로 드리는 것이 가능하다는 가능성을 열어 준다.[30]

이처럼 외국인이 가져온 제물을 성소에 들이거나, 혹은 외국인이 제사에 참여할 수 있는 레위기의 암시는 바벨론 포로기에 활동하여 이스라엘 땅에 새 성전의 청사진(겔 40-48)장을 그린 에스겔이 명한 외국인에 대한 제사 규정과 철저히 대비된다.

레 22:25	겔 44:7
너희는 외국인(בֶּן־נֵכָר)에게서도 이런 것을 받아 너희의 하나님의 음식(לֶחֶם אֱלֹהֵיכֶם)으로 드리지 말라 이는 결점이 있고 흠이 있는 것인즉 너희를 위하여 기쁘게 받으심이 되지 못할 것임이니라	너희가 마음과 몸에 할례받지 아니한 이방인(בֶּן־נֵכָר)을 데려오고 내 떡(לֶחֶם)과 기름과 피를 드릴 때에 그들로 내 성소 안에 있게 하여 내 성전을 더럽히므로 너희의 모든 가증한 일 외에 그들이 내 언약을 위반하게 하는 것이 되었으며

에스겔 44장 7절과 9절에서 하나님은 이스라엘 백성들이 마음과 몸에 할례받지 않은 외국인(בֶּן־נֵכָר)[31]을 성소 안에 들여와 하나님의 음식(לֶחֶם אֱלֹהֵיכֶם)[32] 즉 제물을 바치게 함으로써 하나님의 성전

---

30 J. Joosten, *People and Land in the Holiness Code*, 75-76; A. Marx, *Lévitique 17-27*, 134. 이들의 의견에 J. Milgrom, *Leviticus 17-22*, AB 3A (New York: Doubleday, 2000), 1881은 반대한다.
31 개역개정판 성경은 히브리어 〈벤-네카르〉를 레 22:25에서는 '외국인'으로, 겔 44:7, 9에서는 '이방인'으로 서로 다르게 번역한다.
32 성결법전에 나타나는 '하나님의 음식'이 가지고 있는 신학 의미를 위해서는 Sun-

을 더럽혔다고 책망하신다. 여기에서 문제되는 것은 흠 있고 흠 없는 제물의 상태가 아니라, 외국인이 제물을 드리는 행위이다.[33] 이러한 점은 마인(Mein)이 바르게 지적하고 있듯이, 비록 에스겔은 에스라-느헤미야처럼 포로기 이후 이방 여인과의 결혼을 직접 지적하고 있지 않지만, 외국인에 대한 배타적인 태도는 대동소이하다고 말할 수 있다.[34]

레위기 22장 25절과 에스겔 44장 7절 사이에 존재하는 주제(외국인의 제사 참여 문제)와 용어(외국인, 하나님의 음식)의 측면에서의 동질성[35]은 이들 사이에 신학 논쟁이 벌어졌음을 추정할 수 있다. 여기에서 중요한 것은 레위기와 에스겔 가운데 어떠한 책이 먼저 기록되어 다른 책에 영향을 주었는가의 문제가 아니다.[36] 제사장 문서로서의 레위기가 하나님께 드리는 제물과 관련하여 외국인에 대한 태도가 포로기 예언자이자 제사장인 에스겔이 가지고 있는 입장과 다르다는 사실이다. 단지 이스라엘 백성만이 아니라 이스라엘 땅에 거주하는 이방인으로서의 거류민 역시 야웨 하나님께 제사를 드릴 수 있다는 사실과 외

Jong Kim, "La nourriture de Dieu dans le Code de Sainteté," *ZAW* 123 (2011), 424-430을 참조하라.

33 배희숙, "이사야 56장 1-8절의 재건공동체," 「장신논단」 39 (2010), 24는 겔 44:7에서의 문제는 이방인의 제사 참여가 아니라 성소에서 이방인이 맡은 직분이라고 주장한다. 더 자세한 논의를 위해서는, C. E. Hayes, *Gentile Impurities and Jewish Identities*, 34-37을 참조하라.

34 A. Mein, *Ezekiel and the Ethics of Exile*, Oxford Theological Monographs (Oxford: Oxford University Press, 2001), 144. 물론 포로기 혹은 포로기 이후에도 협소한 배타주의에 반대하여 외국인에 대해 우호적인 보편주의 사상이 나타나는 것은 확실하다. 배희숙, "이사야 56장 1-8절의 재건공동체," 11-34 참조.

35 W. Zimmerli, *Ezekiel 2: A Commentary on the Book of the Prophet Ezekiel Chapters 25-48*, Hermeneia (Philadelphia: Fortress Press, 1983), 453-454.

36 이 문제를 위해서는 A. Hurvitz, *A Linguistic Study of the Relationship between the Priestly Source and the Book of Ezekiel: A New Approach to an Old Problem*, CRB (Paris: J. Gabalda, 1982)을 보라.

국인이 제사에 참여할 수 있는 가능성은 포로기 이후의 배타적인 사회상과 배치하며, 이와 반대로 이방인을 포용하고자 하는 레위기의 보편주의를 반영한다.

2) 가족 구조

만일 위에서 언급한 레위기의 구절들이 거류민(גר)들로 하여금 이스라엘의 하나님께 제사를 드리도록 허용한다면, 과연 이들은 어떠한 자격으로 하나님 앞에 나아갈 수 있었는가?

그저 어느 한 명의 거류민이 개인의 자격으로 야웨 하나님에 대한 신앙 행위를 공식적으로 수행할 수 있었을 가능성은 희박해 보인다. 거류민을 비롯한 이방인이 제사에 참여할 수 있을 정도로 이스라엘 사회에 동화했을 가능성을 보여주는 구절을 레위기 25장 6-7절에서 발견할 수 있다.

이 구절은 이스라엘 백성들이 7년마다 지켜야 하는 안식년 제도의 수혜자 목록에 해당한다. 여기에는 인종과 사회의 신분이 각기 다른 일곱 구성원이 6절의 '너희'라는 공통된 이름 아래 열거되고 있는데, 이들은 곧 '너(이스라엘 백성), 네 남종, 네 여종, 네 품꾼, 너와 함께 거류하는 자(תושב)[37]이다. 이들은 단지 임의적으로 나열된 것이 아니라 특정한 사회 구성원을 이루고 있는 것으로 보이는데, 이들 목록을 십계명의 열째 계명에 나타난 가족 구성원의 목록과 비교해 볼 때, 이들 역시 이스라엘의 가족을 이루고 있는 사실을 발견할 수 있다.

---

37 개역개정판 성경은 레 25:6에서 토샤브(תושב)를 '거류하는 자'로 옮김으로써 다른 본문에서 '거류민'으로 번역되는 게르(גר)를 연상시킬 수 있다. 물론 앞의 〈토샤브〉를 동사 구르(גור)가 한정함으로써 〈토샤브〉가 〈게르〉에 속하는 것으로 이해할 수 있다.

출 20:17	레 25:6-7	신 5:21
이웃의 집　아내 　　　　　남종 　　　　　여종 　　　　　소 　　　　　나귀 　　　　　이웃의 소유	너 남종 여종 품꾼 거류하는 자 가축 들짐승	이웃의 집　아내 　　　　　밭 　　　　　남종 　　　　　여종 　　　　　소 　　　　　나귀 　　　　　이웃의 소유

　이웃의 소유권에 대한 찬탈을 금지하는 십계명의 마지막 계명은 이웃의 소유물을 열거하는데, 출애굽기 20장 17절과 신명기 5장 21절에서의 '집'(בית)은 건축물로서의 집을 의미하지 않고, 가족을 뜻한다.[38] '이웃의 집'이라는 표현 아래, 이러한 가족 구성원과 가족이 지니고 있는 종과 짐승의 소유물이 명시된다. 이처럼 가족 구성원과 가족의 소유물을 열거하는 것은 단지 구약성경의 십계명뿐 아니라 우가릿 문서에서도 발견할 수 있는 것으로,[39] 당시 구약 주변 세계의 문서에서 가족 구성원을 나타내는 전형적인 방식이었다.

　이러한 구약 주변 세계의 문서 정보를 토대로 볼 때, 레위기 25장 6-7절에 나타나고 있는 안식년 제도의 수혜자가 당시 이스라엘 사회의 기본 구조를 형성한 가족의 구성원들이라는 사실을 알 수 있다. 더 나아가 레위기 25장 8-55절에 규정되어 있는 희년법

38　J. I. Durham, *Exodus*, WBC 3 (Waco: Word Books, 1987), 299. 출애굽기와 달리 신명기에서의 '집'은 건축물을 뜻한다는 의견을 위해서는 É. Hamel, *Les dix paroles*, Perspectives bibliques (Bruxelles – Paris – Monréal: Bellarmin, 1969), 93; A. D. H. Mayes, *Deuteronomy*, NCBC (Grand Rapids: Eerdmans, 1987), 171을 참조하라.

39　J. Nougayrol, *Le Palais royal d'Ugarit III*, Mission de Ras Shamra VI (Paris: A. Schaeffer, 1955), 115-116; W. L. Moran, "The Conclusion of the Decalogue (Ex 20,17 = Dt 5,21)," *CBQ* 29 (1967), 543-554.

이 대가족(משפחה)을 단위로 실행된다면(25:10, 41, 45, 47, 49 등), 희년법을 근거 짓는 안식년 규정 역시 가족(בית אב, 아버지의 집)을 중심으로 실행해야 하는 사실은 자명하다.[40] 이러한 가설은 본 연구에서 핵심으로 작용하는데, 레위기가 설정하고 있는 가족 구조는 종과 품꾼, 더 나아가 거류민들과 같은 이방인을 구성원으로 포함하고 있다는 사실이다.[41]

레위기는 결혼 규정에 대하여 대제사장에 관하여는 백성 가운데 아내를 선택할 것을 명시하는 것과 달리, 애굽 남자를 남편으로 둔 이스라엘 여인의 예에서 다른 혈통 사이의 결혼이 가능했었을 것이다. 또한 이 단락에서 남종, 여종, 품꾼, 거류하는 자 등의 이방인이 레위기의 가족 구성원 안에 포함되고 있는 사실을 살펴봄으로써, 이스라엘의 가족 구조는 이방인을 우호적으로 대하고 포함하는 열린 구조임을 알 수 있다.

3) 가족의 상징성

이처럼 레위기 25장의 안식년 수혜자 명단이 희년과의 관련과 레위기 25장 본문의 자리에서 이스라엘 사회의 기초 단위인 가족 구성원을 지시한다면, 이를 통해 독자들은 제사장 신학의 관점에서 레위기가 이상으로 그리는 확대된 가족으로서의 우주적 가족과 잠재적 가족 구성원으로서의 가능성을 지니고 있는 거류민에 대한 사랑의 계명을 더욱 쉽게 이해할 수 있다.

---

40 더 자세한 내용을 위해서는 Sun-Jong Kim, "The Group Identity of the Human Beneficiaries in the Sabbatical Year (Lev 25:6)," *VT* 61 (2011), 71-81.

41 C. van Houten, *The Alien in Israelite Law*, JSOTS 107 (Sheffield: JSOT Press, 1991), 126, 참조.

레위기 25장 6-7절이 '너희'라는 표현 아래 이스라엘 백성과 이방인, 사람과 짐승의 일곱 구성원을 모두 아우름으로써, 하나님의 피조물 전체, 살아있는 모든 생명체를 상징할 수 있다.[42] 또한 안식년 동안 사람이 땅을 갈지 않고도 짐승과 함께 안식년의 소산물을 먹을 수 있다는 사실은 창세기 1장 29-31절의 창조질서를 바라보게 함으로써, 하나님과 모든 피조물 사이에 맺어진 우주적 계약을 상기시킨다.[43] 이것은 창세기 2장 4절 상반절에서 '톨레도트'(תוֹלְדוֹת)라는 단어를 사용함으로써, 창세기 1장에 나타난 모든 피조물이 하늘과 땅의 가계도를 형성하는 것으로 생각할 수 있는 것과 같다.[44] 그렇다면 레위기 25장 7절에서 들짐승마저도 안식년 수혜자 목록에 들어와 이스라엘 가족 목록에 포함된 것의 의미를 이해할 수 있다.[45]

계속해서 이러한 레위기의 가족 구조는 이방인 거류민을 잠재적 가족 구성원으로 바라보게 하는데, 그들을 보호하는 약자법(레 19:10, 33-34; 23:22)을 이러한 관점에서 이해할 수 있다. 거류민은 비록 이스라엘 땅에 들어와 생활하고 있는 이방인이지만, 상황에 따라 이스라엘 가족 구성원에 포함될 수 있기 때문에, 그들에 대한 관심을 기울여야 한다. 또한 레위기는 이스라엘 백성 역시 하나님의 거주지로서의 이스라엘 땅(민 5:3; 35:34)에 거주하는 자들로서 결국 거류민(גֵּרִים וְתוֹשָׁבִים)에 불과하다고 선언한다(레 25:23). 동시에 레

---

42 J. Milgrom, *Leviticus 23-27*, AB 3B (New York: Doubleday, 2001), 2157; A. Marx, *Lévitique 17-27*, 177-180.
43 우주적 계약을 위해서는 R. Murray, *The Cosmic Covenant: Biblical Themes of Justice, Peace and the Integrity of Creation* (London: Gorgias Press, 2007)을 참조하라.
44 HALOT, 1700.
45 들짐승이 안식년의 가족 목록에서 지니게 된 새로운 의미를 위해서는 본서 제5장 "레위기 25장의 형성: 안식년과 희년의 연속성과 불연속성"을 보라.

위기는 이스라엘 백성 역시 애굽에서 거류민(גֵרִים)이었기 때문에, 자신과 함께 있는 거류민(גֵר)을 자기같이 사랑하라고 명한다(19:34). 또한 성결법전에서 여러 차례 반복되는 '본토인이든지 거류민이든 지'(16:29; 17:8, 10, 12, 13, 15; 18:26; 20:2; 22:18; 24:16, 22)라는 표현[46]은 이스라엘 백성과 거류민을 땅의 관점 아래 상대화함으로써, 이스라엘 땅에 거하는 모든 사람들은 모두 하나님의 계명을 지키는 것에서 제외되지 않음을 강조한다.

거류민으로서 이스라엘 백성 ↓

하나님의 거주지로서의 이스라엘 땅

↑ 너 자신으로서의 거류민

즉, 비록 신명기 역시 이방인에 대한 사랑을 강조하고 있지만(신 10:18; 14:29; 16:11, 14; 24:19-21; 26:13 등), 이것은 철저히 인도주의적인 관점에서 이루어진다면, 레위기에서 이방인에 대한 관심과 사랑은 보편적인 하나님의 땅에 거주하는 거류민으로서 이스라엘 백성과 이방인의 존재론적 동질성에 근거하며[47], 신명기와 달리 잠재적인 가족 구성원으로서의 지위를 가지고 있다.

---

46 변형된 다른 표현은 '이스라엘 집 사람/이스라엘 자손/너희의 동족이든지 거류민이든 지'가 있다. 신명기는 혈통의 기준에서 이스라엘 사회의 양극성을 '거류민-형제'(אָח-גֵר)(신 1:16; 24:14)로, 레위기는 땅을 기준으로 하여 '거류민-본토인'(אֶזְרָח-גֵר)으로 여긴다. M. Weinfeld, *Deuteronomy and the Deuteronomic School*, 229, n. 5 참조.

47 위의 표를 위해서는 Sun-Jong Kim, *Se reposer pour la terre, se reposer pour Dieu: L'année sabbatique en Lv 25,1-7*, BZAW 430 (Berlin – Boston: Walter de Gruyter, 2012), 147을 참조하라.

4) 보론(補論): 레위기의 특수주의

레위기는 대제사장을 예외로 하여 이스라엘 백성이 이방인과 결혼하는 것을 명시적으로 금지하지 않고, 거류민과 외국인 역시 제사에 참여할 수 있으며, 그 가족 구성원 안에 이방인을 포함한다. 이것은 레위기가 가지고 있는 보편주의를 반영하며, 바벨론 포로기 이후의 사회상과 대치한다. 또한 엘리거(Elliger)는 레위기 25장의 안식년이 당시 가나안에서는 풍요의 영에게 땅의 소산물을 바친 것으로서 이방의 풍습을 이스라엘 백성들이 자기화한 것으로 주장한다.[48] 이러한 관점은 레위기가 다른 민족과 그 민족의 문화에 대하여 가지고 있는 개방성을 나타낸다.

그러나 레위기는 동시에 다른 민족의 문화와 종교가 가지고 있는 위험성을 분명하게 경계한다. 다시 말해 레위기는 이방인과 이방 풍습에 대하여 무조건적으로 개방적이지 않다. 레위기 18장과 20장은 이스라엘 백성이 과거와 미래, 어느 순간에도 잘못된 이방 문화에 오염되지 말아야 할 것을 역설한다. 즉 이스라엘 백성은 과거 거주했던 애굽의 문화, 앞으로 거주하게 될 가나안의 나쁜 풍습을 따라 행하면 안 된다는 것이다(18:3; 20:23). 이들이 행하던 잘못된 성문화에 오염되면, 이스라엘 땅을 더럽히고 결국 이스라엘 백성들도 이방 민족이 당한 비극을 경험하게 될 것을 경고하고(18:24-30; 20:22-26), 이방의 인신 제사(18:21; 20:2-5)를 가증한 것으로 책망한다. 이스라엘 땅에서 행해지는 이러한 일들은 하나님의 성소를 더럽히는 것으로 규정된다(20:3). 이러한 점은 레위기가 이방의 잘못된 문화에 대하여 한 치도 양보할 수 없는 자신만의 특수성을 보여준다.

---

[48] K. Elliger, *Leviticus*, HAT 4 (Tübingen: Mohr, 1966), 257, 350.

레위기 19장 26-28절이 언급하고 있는 머리 가를 둥글게 깎는 것과 수염 끝을 자르는 것, 문신을 하는 행위 역시 가나안 땅에서 행하던 풍습으로,[49] 이들 역시 분명하게 금지된다. 이러한 이방 풍습은 신명기 14장 1절, 예레미야 16장 6절 등에 나타나는 것으로 야웨 종교가 공통적으로 금기시하는 잘못된 종교와 문화 풍습에 해당한다. 또한 종과 관련된 규정에서는 이방인과 외국인 및 이스라엘 백성 사이에 존재하는 존재론적 동질성 외에 분명한 차별 역시 존재하고 있는 사실도 기억해야 한다(레 25:39-46).[50]

3. 맺음말

이스라엘 문화와 종교는 진공 상태에서 생성되지 않고, 이방의 문화 및 역사와 함께 호흡하면서 성장한 사실은 이미 많은 학자들이 지적하였다. 레위기가 규정하는 이스라엘의 결혼제도는 대제사장을 예외로 하여 이방인과의 결혼과 접촉을 금지하지 않으며, 가족 구성원 내에 외국인을 포함한다. 가족 구성원과 재산 목록을 나열하는 방식 역시 구약 주변 세계의 방식과 공유하는 사실도 확인하였다. 이에서 더 나아가 가족을 중심으로 이루어지는 제사의 측면에서도 외국인 역시 야웨 제사에 참여할 수 있도록 허용함으로써 폐쇄적인 사회와 게토로 전락할 수 있는 종교를 지양하고, 외국인에게도 보편적인 하나님을 섬길 수 있는 길을 열어 준다.

49　J. E. Hartley, *Leviticus*, WBC 4 (Waco: Word Publishers, 1992), 320-321; N. Kiuchi, *Leviticus*, 358-359.
50　J. Milgrom, *Leviticus 23-27*, 2217-2218.

이것은 레위기가 가지고 있는 보편성에 근거하는 것으로, 레위기의 하나님은 자신이 창조하신 모든 피조물이 우주적인 가족을 이루어 참된 하나님만을 경배하도록 요구하신다. 바로 이 부분에 레위기의 보편주의는 필연적으로 특수주의를 표방하게 되는데, 야웨 하나님은 잘못된 이방 문화와 종교, 풍습에 대하여 개방성의 한계를 분명하게 드러내신다. 이것은 레위기가 가지고 있는 다문화성의 가능성을 보여주는 것으로, 다문화성이 가지고 있는 긍정의 가치와 한계의 경계를 확정한다.

제4장

성결법전의 땅

1. 머리말

구약성경의 첫머리를 이루는 책들을 전통적인 방식으로 사경, 오경 혹은 육경의 틀로 이해하건, 아니면 더 나아가 구경의 틀로 이해하건, 땅은 구약성서신학에서, '약속과 성취'라는 도식 속에서 핵심적인 기능을 하고 있다.¹ 그런데 지금까지 구약성경에 나타나는 땅에 대한 연구는 신명기 혹은 신명기 역사서를 중심으로 이루어졌다.² 반면 레위기를 포함한 제사장 문서(P)와 성결법전(H)에 나타

---

1 이 글의 영문 초고(The Land in the Priestly Texts)를 읽고 조언해 주신 얀 요스튼(Jan Joosten) 교수님과 2010년 9월 16일 한국신학정보연구원에서 발표하도록 초대해 주신 민영진, 김정우 교수님께 감사드린다. 「Canon&Culture」 5 (2011), 145-171에도 실려 있다.
구약성경의 분류와 땅의 관련에 대한 연구와 참고문헌을 위해서는 T. Römer, "La construction du Pentateuque, de l'Hexateuque et de l'Ennéateuque: Investigations préliminaires sur la formation des grands ensembles littéraires de la Bible hébraïque," T. Römer et K. Schmid ed., Les dernières rédactions du Pentateuque, de l'Hexateuque et de l'Ennéateuque, BETL 203 (Leuven: Peeters, 2007), 9-34를 보라.

2 장석정, "신명기 1-3장에 나타난 땅의 개념 연구," 「한국기독교신학논총」 32 (2004), 5-24; 이미숙, "신 10장 12절 - 11장 32절에 나타난 땅 표현 양식과 땅 사상," 「구약논

난 땅은 신명기에 나타난 땅에 비해 많은 학자들의 주목을 받지 못한 것이 사실이다.

그런데 이러한 성결법전에 나타난 땅에 대한 연구는 비단 특정한 신학적 문제를 제기하는 것을 넘어, 레위기와 신명기의 관계 등 오경 형성의 문제와도 직접적으로 관련되어 있다. 벨하우젠(Wellhausen)의 전통적인 역사비평 가설을 따르면 오경에서 가장 후대에 기록된 제사장 문서와 성결법전은 신명기를 비롯한 그 이전 문서들의 내용을 알고 있을 것을 전제한다. 그렇다면 제사장 문서와 성결법전의 저자는 이미 신명기에 나타나고 있는 신학을 수용하여 발전시키고 있다는 사실을 전제로 한다.[3]

그러나 앞으로 이 글에서 살펴보게 되는 바와 같이, 만일 제사장 문서와 성결법전에 나타나는 땅의 개념이 신명기에 나타나는 개념과 충돌할 경우, 이를 설명할 수 있는 새로운 가설 체계가 요청된다. 성결법전은 이미 존재하고 있는 이전 자료들을 거의 기계적으로 편집한 결과라는 가정 아래 이 법전에 나타나는 땅의 개념을 연구할 경우, 성결법전만이 고유하게 가지고 있는 관점, 관심사 및 신학은 무시될 수밖에 없다. 무엇보다 성결법전 자체의 신학적이고 이념적인 틀 안에서 본문을 읽으려고 노력할 때, 독자는 성결법전의 신학과 언어를 가장 잘 이해할 수 있다.

단」 15 (2009), 51–68; J. G. Plöger, *Literarkritische, formgeschichtliche und stilkritische Untersuchungen zum Deuteronomium*, BBB 26 (Bonn: Hanstein, 1967), 60–100; P. D. Miller, "The Gift of God. The Deuteronomic Theology of the Land," *Int* 23 (1969), 451–465; W. D. Diepold, *Israels Land*, BWANT 95 (Stuttgart: Kohlhammer, 1972), 76–104; L. Perlitt, "Motive und Schichten der Landtheologie im Deuteronomium," G. Strecker ed., *Das Land Israel in biblischer Zeit*, GTA 25 (Göttingen: Vandenhoeck & Ruprecht, 1983), 46–58; J. M. Hamilton, "Hā'Āres in the Shemitta Law," *VT* 42 (1992), 214–222.

3 J. A. Sanders, *Torah and Canon* (Philadelphia: Fortress Press, 1972), 45 참조.

이러한 점에서 최근 제사장 문서와 성결법전 연구에서 '땅'을 전면에 등장시키고 있는 라이트(Wright)와 요스튼(Joosten)의 연구는 독자들의 시선을 끈다.[4] 이들은 과거 신명기와 신명기 문서에 제한된 땅에 대한 연구를 성결법전의 영역에 확장·발전시키고 있으며, 무엇보다 그들 문서 자체 안에서 가지고 있는 땅의 의미를 밝히려고 시도하고 있다. 이들을 따르면 제사장 문서와 성결법전에서 상징적 의미를 가지고 있는 땅은 하나님과 인간 사이의 관계를 드러내는 매개체로서, 이스라엘 백성이 하나님에 대해 가지고 있는 관계가 바른지 그른지를 드러내는 척도라는 것이다.[5] 이들은 물질적 피조물로서의 땅은 단지 하나의 공간으로서의 의미만 가지고 있는 것이 아니라, 인격화(personification)되어 이스라엘 백성의 영적 상태를 나타내는 지표로 작용하고 있다고 주장한다.[6] 이를 달리 말하면 땅이 인격적으로 묘사되는 것은 일종의 신학적 표현 양식 혹은 진술 양식이라고 말할 수 있다.

이처럼 제사장 문서와 성결법전이 단순히 과거 이전 문서들에 대해 의존하고 있다는 가설을 넘어, 그 자체의 언어와 이념적 틀 안에서 땅의 기능을 강조하고 새롭게 밝힌 것은 그들의 큰 업적이다. 하지만 독자들이 땅에 대해 언급하고 있는 성결법전과 이 법전을

---

4 C. J. H. Wright, *God's People in God's Land. Family, Land and Property in the Old Testament* (Grand Rapids: Eerdmans, 1990); J. Joosten, *People and Land in the Holiness Code: An Exegetical Study of the Ideational Framework of the Law in Leviticus 17-26*, SVT 67 (Leiden: Brill, 1996).

5 C. J. H. Wright, *God's People in God's Land*, 150: "the focus of attention is not the land per se, but the land as the 'middle term' between Yahweh and Israel, the land as the tangible symbol and ground of his blessing and claim on them and their relationship to him."

6 J. Joosten, *People and Land*, 152–154.

낳은 제사장 문서[7]의 본문을 더 자세히 읽을 때, 땅은 비단 저자에 의해 '인격화'되어 표현되는 기술 양식이 아니라, 실제 '인격'(person)을 지니고 있는 존재는 아닌가라는 질문을 하게 된다. 성경본문을 무엇보다 우선 기록된 그대로, 또 그 본문이 위치한 자리에서 이해하려 시도할 때, 기존에 시도된 것과 다른 방식으로 본문을 읽을 수 있고 또 저자가 가지고 있었을 본래적 의미를 더 잘 이해할 수 있을 것으로 기대한다.

아래에서 특별히 성결법전에 나타나고 있는 독특한 땅의 개념을 드러내고 있는 레위기 18장(20장), 26장, 25장(27장)의 본문을 살펴봄으로써, 성결법전에 나타난 땅의 개념과 기능에 대해 살펴보고자 한다.

2. 본론

이 글에서 특별히 선택한 레위기의 세 본문(18(20); 26; 25(27)장)은 땅에 대한 동일한 주제와 개념을 내포하고 있다. 이들은 모두 '땅이 지은 죄'라는 주제를 명시적 혹은 암묵적으로 다루고 있으며, 단지 '인격화된 땅'(land personified)으로서가 아니라 하나의 독립된 '주체' 혹은 '인격체'로서 땅을 정의한다.

이 글에서는 레위기 18장, 26장, 25장의 순서대로 본문을 읽을 것이다. 그 이유는 다음과 같다.

---

[7] P와 H의 관계에 대한 연구사를 위해서는 T. Römer, "De la périphérie au centre: Les livres du Lévitique et des Nombres dans le débat actuel sur le Pentateuque," T. Römer ed., *The Books of Leviticus and Numbers*, BETL 215 (Leuven – Paris – Dudley: Peeters, 2008), 4-22를 참고하라.

첫째, 18장과 26장은 땅을 매우 구체적인 모습으로 진술하고 있는 반면, 레위기 25장은 땅을 이들에 비해 추상적으로 기술하고 있기 때문이다. 방법론적으로 이 글은 구체적인 논의에서 추상적인 논의로 사고를 발전시킬 것이다.

둘째, 주제적인 측면에서 레위기 18장과 26장은 땅이 그 옛 거주민과 가지고 있는 관계를 논하고 있고, 레위기 25장의 안식년법은 땅 자체의 문제를 다루고 있다. 뒤의 본문은 앞의 두 본문이 제기하고 있는 주석적으로 난해한 문제들('땅이 지은 죄' 등)에 대하여 실마리를 제공할 수 있을 것으로 보인다. 이러한 관점에 따라 위의 본문을 위에서 제안한 순서대로 살펴보자.

1) 레위기 18장/20장

레위기 18장과 20장은 동일한 내용의 반복이라고 말할 수 있을 정도로 같은 주제를 담고 있다. 이들은 이스라엘 백성들이 거룩한 삶을 이루어나가는 구체적인 방도로서의 성생활에 대한 가르침을 준다. 이스라엘 백성은 그들의 거룩한 삶을 지극히 일상적이고 은밀한 부분에서까지 실천해야 하는데, 근친상간은 하나님의 거룩함을 훼손하는 행위라고 규정한다.[8]

많은 주석가들은 레위기 18장과 20장에 나타난 근친상간과 관련된 본문(레 18:1-23; 20:6-21)에서 고대 이스라엘의 가족 구조를 연구하거나 근친상간의 대상 중 딸이 명시되지 않은 까닭에 주된 관심

---

8 M. Douglas, "Justice as the Cornerstone: An Interpretation of Leviticus 18-20," *Int* 53 (1999), 341-350을 따르면 레 18장과 20장에 나타나고 있는 성생활에 관한 규례는 레 19장을 감싸 안음으로써 백성들이 거룩함을 성취해야 한다는 요구를 강조한다.

을 기울여 왔다.[9] 그러나 이 글에서 관심을 끄는 부분은 바로 이러한 내용의 다음(레 18:24-30; 20:22-26)에 나타나는 것으로, 정결하지 못한 성생활은 가나안 땅에 거하는 원주민뿐 아니라 땅 역시 더럽히며 이것은 곧 가나안 땅에 거주하고 있는 사람들을 땅이 토해낼 것이라는 것이다.

> 너희는 이 모든 일로 스스로 더럽히지 말라 내가 너희 앞에서 쫓아내는 족속들이 이 모든 일로 말미암아 더러워졌고, **그 땅도 더러워졌으므로 내가 그 악으로 말미암아 벌하고, 그 땅도 스스로 그 주민을 토하여 내느니라** 그러므로 너희 곧 너희의 동족이나 혹은 너희 중에 거류하는 거류민이나 내 규례와 내 법도를 지키고 이런 가증한 일의 하나라도 행하지 말라 너희가 전에 있던 그 땅 주민이 이 모든 가증한 일을 행하였고 **그 땅도 더러워졌느니라** 너희도 더럽히면 그 **땅이** 너희가 있기 전 주민을 토함같이 **너희를 토할까 하노라**(개역개정, 레 18:24-28; 참조, 20:22).

여기에서 독자의 관심을 끄는 것은 땅과 관련된 표현('그 악,' '더러워진 땅,' '땅이 받는 벌')과 땅이 거류민을 토해내는 행위[10]이다. 먼저 본

---

9 왕대일, "레위기 18장의 가족법 재고," 「구약논단」 11 (2001), 27-48; 이은애, "레위기 18장의 성관계 금지조항들," 「구약논단」 19 (2005), 53-72; 조미형, "레위기 18장의 성행위 금령 연구 – '벗은 몸(에르바트)에 관한 10계명' (레 18: 7-16) -," 「구약논단」 23 (2007), 120-146; idem, "레 18장과 고대 서아시아 법전의 성 금령 비교 연구: 혈족과 인척 안에서의 성행위에 대한 금령," 「구약논단」 25 (2009),167-191; K. van der Toorn, *Family Religion in Babylonia, Syria and Israel. Continuity and Change in the Forms of Religious Life*, SHCANE 7 (Leiden: Brill, 1996), 66, 195; J. Joosten, "La non-mention de la fille en Lévitique 18. Exercice sur la rhétorique du Code de Sainteté," *ETR* 75 (2000), 415-420; D. Luciani, "La fille perdue et retrouvée de Lévitique 18," *ETR* 76 (2001), 103-112.
10 장석정, "포로사건 경고와 땅의 개념," 「구약논단」 30 (2008), 170, 각주 5: "땅을 의인화한 것이라고 볼 수 있는데, 창 4: 11에서 땅이 그 입을 벌려 아벨의 피를 받았다는

문을 따르면, 가나안 땅 거주민들의 부정한 성행위는 땅을 더럽히는데, 이것은 곧 '땅이 지은 죄'(עון)에 해당하며 이러한 땅의 죄를 하나님이 벌하신다. 이에 대한 가장 일반적인 해석은 비유적인 해석으로서 땅이 지은 죄는 사실 땅 위에 거하는 거주민들이 지은 죄라는 것이다.[11] 이처럼 생각하는 것이 자연스러운 것은 땅이 윤리적이거나 도덕적인 죄를 짓고 벌을 받는다는 것을 현대인의 관점에서 이해하기 쉽지 않기 때문이다. 또한 이러한 비유적 해석이 가능한 것은 땅이 죄를 지었다는 표현이 이사야의 구원 선포의 단락에서 시적으로 표현되고 있기 때문이기도 하다.

> 너희는 예루살렘의 마음에 닿도록 말하며 그것에게 외치라. 그 노역의 때가 끝났고 그 죄악이 사함을 받았느니라(נִרְצָה עֲוֹנָהּ) 그의 모든 죄 (חַטֹּאתֶיהָ)로 말미암아 여호와의 손에서 벌을 배나 받았느니라 할지니라 하시니라(사 40:2).

이 본문에서 '그 죄악,' 즉 '예루살렘의 죄악'은 분명히 '예루살렘 거주민의 죄악'을 뜻한다. 그러나 이사야 40장 2절에 나타난 비유적인 용례가 곧 레위기의 표현 역시 비유적으로 사용되었다는 뜻을 입증하지는 않는다. 독자들은 레위기 본문을 이사야의 구절과 비교하여 해석하기에 앞서,[12] 우선 그 자체가 가지고 있는 뜻을 이

내용과 유사하다고 볼 수 있다."

[11] J. Milgrom, *Leviticus 17-22*, AB 3A (New York, 2000), 1580: "The land, of course has not sinned but it has become polluted by the iniquity of its inhabitants." 흥미롭게도 Noth, Wenham, Gerstenberger, Hartley 등 대부분의 주석가들은 '땅의 죄'에 대해 언급조차 하지 않는다.

[12] 레 26:40-41, 43과 사 40:2 사이에 존재하는 언어적이고 주제적인 유사점에 대한 더 깊은 연구를 위해서는 다음을 참조하라. G. A. Anderson, "From Israel's Burden to Israel's Debt: Towards a Theology of Sin in Biblical and Early Second Temple Sources,"

해하려고 노력해야 한다. 레위기의 표현이 법률의 문맥 가운데 등장한다면, 동일한 이사야의 표현은 구원 선포의 문맥에서 비유적으로 선포되고 있다.[13]

레위기 본문에 대한 이러한 비유적인 해석이 그리 설득력이 없는 까닭은 본문은 또다시 땅이 받을 벌에 대해, 또한 땅을 더럽힌 거주민들을 '토한다'는 난해한 표현들이 계속 나타나고 있기 때문이다. 많은 주석가들이 생각하듯이 이러한 모든 표현들을 땅을 인격적으로 표현한 단순한 문학적 비유로 이해하는 해결 방식[14]은 단순하고 쉬운 해석에 해당한다. 그러나 이러할 경우 제사장 문서와 성결법전의 심층부에 자리 잡고 있는 땅의 개념에 대한 더 깊은 이해를 드러내는 데에는 성공하지 못한다.

땅과 관련된 이러한 표현들을 비유적으로 이해해야 하는가 아니면 문자적으로 이해해야 하는가의 문제는 지금 이 글에서 살펴보고 있는 본문만으로 결정하기에는 성급하다. 그러나 잠정적으로 이러한 불확실한 대답에 비해 한 가지 확실한 사실은, 이 본문은 이스라엘 백성의 가나안 진입에 대한 독특한 제사장 신학의 견해를 보여주고 있다는 점이다. 땅은 단지 거주민을 수용하는 공간이 아니라, 적극적으로 이스라엘의 역사, 하나님의 거룩한 역사를 이끌어나가는 주체로 묘사되어 있다. 즉 더럽혀진 주민들을 쫓아내고 새로운 주민을 받아들이고 있는 것이다. 이것은 신명기의 역사관과

E. G. Chazon, D. Dimant and R. A. Clements eds., *Reworking the Bible: Apocryphal and Related Texts at Qumran*, STDJ 58 (Leiden: Brill, 2005), 19–24; idem, *Sin: A History* (New Heaven – London: Yale University Press, 2009), 43–54.

13 C. Westermann, *Das Buch Jesaia, Kapitel 40-66*, ATD 19 (Göttingen: Vandenhoeck & Ruprecht, 19814), 31; J. Blenkinsopp, *Isaiah 40-55*, AB 19A (New York: Doubleday, 2000), 180.

14 J. Joosten, *People and Land*, 152–154.

극명히 구별된다.

여호수아서 이하 신명기 역사서를 따르면, 이스라엘 백성은 정복 전쟁을 통하여 가나안 땅을 획득한다. 그러나 이와 달리 레위기 18장과 20장을 따르면 가나안 땅 스스로 이스라엘 이전 원주민들을 내어 쫓는다. 즉 레위기는 이스라엘의 가나안 정복 전쟁을 말하지 않고, 이스라엘이 가나안 땅에 들어간 것은 바로 이전 원주민들이 그들의 죄로 말미암아 쫓겨났기 때문에 이스라엘 백성은 빈 공간을 차지할 따름이라는 것이다.[15] 이것은 곧 만일 가나안 땅의 이전 원주민들이 하나님의 뜻을 따라 살았다면, 여전히 그 땅을 차지하고 있을 수 있다는 말로도 해석될 수 있는 여지를 준다.

이러한 사실은 이미 레위기 18장 26절에도 암시되어 있는데, '너희 중에 거류하는 거류민(גר)'도 가나안 땅의 정결함을 유지할 책임이 있다는 것이다. 그리고 더 나아가 이것은 레위기 18장 5절에 명시되어 있다.

> 너희는 내 규례와 법도를 지키라 사람이 이를 행하면 그로 말미암아 살리라 나는 여호와이니라(레 18:26).

이 구절의 전반절에서 규례와 법도를 지키는 주체는 '너희' 곧 이스라엘 백성이다. 그러나 후반절에서 더 나아가 레위기 저자는 '사람'(אדם)이 이를 행하면 그로 말미암아 살 것이라고 말하고 있다. 이처럼 모든 인류가 야웨, 참된 하나님께 나아갈 수 있다고 주장하는 것은 제사장 신학의 큰 공헌이다.[16]

---

15 J. Milgrom, *Leviticus 17-22*, 1577.
16 레 18:15이 구약성경 및 쿰란을 거쳐 신약 사상에 이어지는 신학적 중요성에 대해서는 J. Joosten, "'Fais cela et tu vivras'. Un motif vétérotestamentaire et ses échos néotes-

이러한 레위기의 사상은 신명기의 사상과 매우 다르다. 신명기에 의하면 이스라엘 백성은 하나님에 의해 선택된 '거룩한 백성'(7:6; 14:2, 21; 26:19; 28:9 등)이다. 그러나 레위기는 단 한 번도 이스라엘 백성이 그 자체적으로 거룩하다고 말하지 않는다. 그들은 하나님의 말씀을 지킴으로써 거룩하게 '되어야' 하는 존재이다(레 19:2). 신명기가 혈통이라는 관점 아래 이스라엘 백성과 이방인을 구분한다고 있는 반면, 레위기는 땅이라는 관점 아래 '원주민'(אֶזְרָח)[17]과 '거류민'(גֵּר)을 구분한다(레 16:29; 17:15; 18:26; 19:34; 24:16; 24:22 등).[18] 신명기에서 이스라엘 백성이 거룩하다면, 레위기에서 거룩한 것에 해당하는 것은 땅이다. 이러한 점에서 레위기에서는 땅 위에 존재하는 땅의 주인과 그 땅에 객으로 사는 거류민 사이의 차별은 상당히 줄어든다.

'사람'이 하나님의 말씀을 지키느냐 그렇지 않느냐의 준거, 곧 순종하면 땅에 거하고 그렇지 아니하면 쫓겨난다는 원칙은 다음 항목에서 살펴볼 수 있는 바와 같이 레위기 26장에서 이스라엘 백성에게도 철저하게 똑같이 적용된다.

---

tamentaires," *RSR* 82 (2008), 331–341을 참조하라.

17　개역, 개역개정 성경은 '에즈라흐'를 '동족'으로 번역하고 있지만, 이것은 혈통 개념이 아니다. 표준개정과 새번역의 '본토 사람'이나 공동과 공동개정의 '본토인'이 본래 히브리어의 뜻을 잘 전달하고 있다.

18　M. Weinfeld, *Deuteronomy and the Deuteronomic School* (Oxford: Clarendon, 1972), 229, n. 5 참조.

2) 레위기 26장

레위기 26장은 신명기 28장과 더불어 법전의 짜임새 가운데 구체적인 여러 법률들을 명시한(레 17-25; 신 12-27) 후에 나타나는 '복과 저주'를 담고 있다. 하나님의 율법을 지킬 경우 복을 받고, 어길 경우 저주를 받는다.

레위기 26장 가운데 특별히 독자의 관심을 끄는 구절은 다음의 세 구절인데 다음과 같은 이유에서이다.

첫째, 레위기 18장에 나타나는 '땅의 죄'와 구별되는 '이스라엘 백성의 죄'를 언급하고 있다.

둘째, 땅이 지은 죄와 용서에 대한 암시를 얻는 점에서이다.

셋째, 땅과 관련된 안식년 율법 규정을 어겨 이스라엘 백성들이 '원수들의 땅'[19]으로 쫓겨난 사실을 언급하고 있다.

이러한 세 가지 주제는 앞에서 살펴본 레위기 18장의 연속성 상에서 나타난다.

> 너희가 **원수의 땅**에 살 동안에 너희의 본토가 황무할 것이므로 **땅이 안식**을 누릴 것이라 그때에 **땅이 안식**을 누리리니, 너희가 그 땅에 거주하는 동안 너희가 안식할 때에 **땅은 쉬지** 못하였으나, 그 **땅이** 황무할 동안에는 **쉬게** 되리라(레 26:34-35).

> 그들이 나를 거스른 잘못으로 **자기의 죄악**(עֲוֹנָם)과 그들의 조상의 **죄악**(עֲוֹן אֲבֹתָם)을 자복하고 또 그들이 내게 대항하므로 나도 그들에게 대항하여 내가 그들을 그들의 **원수들의 땅**으로 끌어 갔음을 깨닫

---

19 신 28장이 '원수'(אֹיֵב)를 언급하는 반면, 레 26장은 '원수의 땅'(אֶרֶץ אֹיְבֵיכֶם)을 말한다.

고 그 할례받지 아니한 그들의 마음이 낮아져서 **그들의 죄악**의 형벌
을 기쁘게 받으면(יִרְצוּ אֶת־עֲוֹנָם)(레 26:40-41).

그들이 내 법도를 싫어하며 내 규례를 멸시하였으므로 그 땅을 떠나
서 사람이 없을 때에 그 **땅**은 황폐하여 **안식**을 누릴 것이요(וְתִרֶץ) 그
들은 **자기 죄악**의 형벌을 기쁘게 받으리라(יִרְצוּ אֶת־עֲוֹנָם)(레 26:43).

첫째, 레위기 26장에는 '백성들이 지은 죄'를 언급하고 있다.
여기에서 주목할 사항은 이 글에서 미해결 상태로 놓은 18장에서의 '땅이 지은 죄'가 분명히 '이스라엘 백성의 죄'와 구별된다는 사실이다. 물론 '백성들의 죄'라는 표현이 나타난다고 하여, '땅의 죄'가 '백성들의 죄'에 대한 비유적 표현이 아니라고 절대적으로 입증할 수는 없다. 그러나 18장에서 땅이 지은 죄가 이스라엘 백성이 지은 죄에 대한 비유적 표현이라면 굳이 26장에서처럼 이스라엘 백성의 죄라는 표현을 사용하지 않은 것에 대해 설명해야 할 것이고,[20] 혹시 성결법전의 저자가 '땅의 죄'라는 표현을 통하여 실제로 하나님의 피조물로서의 땅이 주체적으로 행할 수 있는 악한 행위를 뜻하지 않는가 생각해 볼 여지가 있다.

둘째, 26장에서도 18장과 마찬가지로 '땅이 지은 죄'라는 사고방식에 대해 암시하는 구절을 발견할 수 있다.
레빈(Levine)은 레위기 26장 43절에 대한 주석을 통하여 징벌을 받고 용서를 받는 주체는 이스라엘 백성뿐 아니라 땅 역시 해당한다고 해석한다. 이스라엘 백성이 하나님의 율법을 어긴 죄에 대해 포로기라는 심판을 받고 후에 이러한 죄를 용서받았다면, 땅 역시 안식년 율법을 어긴 죄를 지었지만 황폐하게 된 이후 다시 안식

---

[20] 레위기에 18회 나타나는 '죄'의 용례 가운데, 단지 레 18:24만이 땅의 죄를 가리킨다.

을 누리게 되는 용서를 받는다는 것이다.[21] 그의 관찰은 18장에서 땅이 하나의 인격체로서 실제로 어떠한 죄를 지을 수 있다는 해석을 가능하게 하는 점에서 좋은 통찰을 제공해 준다. 그러나 레빈은 어떤 의도와 어떤 신학적 근거에서 성결법전의 저자가 '땅의 죄'라는 표현을 사용하게 되었는가에 대한 연구를 더 깊이 발전시키지 않는다.

셋째, 이처럼 땅이 죄를 지을 수 있는 독립적인 주체라는 것은 여러 차례 나타나는 '땅이 쉬고 안식'한다는 표현에서도 알 수 있다.

땅이 쉰다는 표현은 단순히 농경 방식으로서 휴경에 대한 비유적 표현이 아니라, 하나의 '인격체'로서 땅이 실제 휴식을 취하는 것을 뜻할 수 있다. 레위기의 안식년은 단순히 구약 주변 세계에서 흔히 실시한 농경 방식으로서의 땅의 휴경을 뜻하지 않는다. 땅의 생산성을 보존하기 위한 휴경법이 결국 인간 중심적인 사고에서 비롯한다면, 레위기의 안식년은 땅 자신이 쉴 수 있는 권리를 보호하기 위한 율법에 해당하며 창세기 1장의 창조신학을 역사 가운데 구현하도록 시도한다. 인간 이전에 창조된 땅이 스스로 식물을 내듯이,[22] 인간의 농업 활동과 상관없이 7년째 스스로 나는 식물을 인간

---

21 B. A. Levine, *Leviticus*, JPS Torah Commentary (Philadelphia: Jewish Publication Society, 1989), 279: "In verse 43 of our Epilogue both the land and the people atone for their sins: the people, through submission to God after the prolonged sufferings of the exile; and the land, by compensating for its neglected sabbatical year(…) Because the land was not allowed to lie fallow every seventh year while the Israelites lived in it, it will now lie desolate involuntarily, bereft of its inhabitants." G. A. Anderson, "From Israel's Burden to Israel's Debt," 22 참조.

22 "하나님이 이르시되 땅은 풀과 씨 맺는 채소와 각기 종류대로 씨 가진 열매 맺는 나무를 내라 하시니 그대로 되어"(창 1:11)에서 '내라'에 해당하는 히브리 동사 '다샤(דשׁא)'가 jussive로 사용됨으로써 하나님 역시 자신이 창조하신 땅을 하나의 주체로 여기고 있다는 사실을 알 수 있다.

과 동물이 함께 먹을 수 있다는 것이 바로 안식년의 정신이다.[23]

위의 세 구절에서 주목해야 하는 사실은 레위기 18장과 20장에서 가나안 땅의 옛 주민들이 겪을 운명을 이스라엘 백성도 동일하게 겪을 수 있는 사실을 경고하고 있는 점이다. 옛 주민들이 부정한 성행위로 말미암아 스스로를 더럽히고, 또 땅을 더럽힘으로써 가나안 땅에서 토해냄을 당했다면, 이스라엘 백성들은 땅의 안식년을 무시함으로써 '원수들의 땅'으로 쫓겨나고 삼킴(אכל)을 당한다(레 26:38). 비록 레위기 18장과 20장에서와 같이 땅이 이스라엘 백성들을 토해낸다는 표현은 나타나고 있지 않지만, 내용적으로 이스라엘 땅이 황무하게 되어 사람이 거하지 않고 원수들의 땅이 이스라엘 백성을 삼킨다는 표현은 곧 앞의 장들과 내용적으로 동일하다.

이 부분에서도 성결법전이 가지고 있는 땅에 대한 개념과 기능은 신명기와 사뭇 다르다. 신명기 역사서를 따르면, 바벨론에 포로로 사로잡혀간 사람들은 사회지도 계층이었다. 반면 하층민들은 이스라엘 땅에 남아 있었던 사실을 분명하게 보도한다(왕하 24:14). 이러한 역사 보도는 포로기 시절 이스라엘 땅이 황폐하게 되었고 사람이 살지 않아 땅이 안식을 하게 되었다는 레위기의 보도와 상충된다. 이것은 곧 레위기가 구체적인 역사 추이와 사건 보도에 관심을 가지고 있는 것이 아니라, 자신의 역사를 신학적으로 해석하고 있는 사실을 반영한다. 이러한 역사 인식은 히브리 성경(타낙)의 실제적인 마지막 구절[24]을 이루고 있는 역대하 36장 21절에 인용됨으

---

23 레위기 25장의 안식년이 제사장 문서의 창조신학에 대해 가지고 있는 관계에 대해서는 Sun-Jong Kim, "Les enjeux théologiques des bénéficiaires de l'année sabbatique (Lev 25,6-7)," *ZAW* 122 (2010), 33-43; idem, "The Group Identity of the Human Beneficiaries in the Sabbatical Year (Lev 25:6)," *VT* 61 (2011), 1-11.

24 에스라의 첫 두 구절(스 1:1-2)과 동일한 역대하의 마지막 두 구절(대하 36:22-23)은 일반적으로 후대의 첨가로 여겨진다. H. G. M. Williamson, *1 and 2 Chronicles*,

로써 이스라엘 역사 이해에 안식년 규정이 매우 중요하게 작용하고 있음을 알게 된다.[25]

레 26:34-35	대하 36:21
너희가 원수의 땅에 살 동안에 너희의 본토가 황무할 것이므로 **땅이 안식을 누릴** 것이라. 그때에 땅이 안식을 누리리니, 너희가 그 땅에 거주하는 동안 너희가 안식할 때에 땅은 쉬지 못하였으나, 그 땅이 황무할 동안에는 쉬게 되리라.	이에 토지가 황폐하여 **땅이 안식년을 누림** 같이 안식하여 칠십년을 지냈으니 여호와께서 예레미야의 입으로 하신 말씀이 이루어졌더라.

앞에서 이미 언급했듯이, 레위기 26장은 이스라엘 백성 역시 하나님의 말씀을 어길 경우 땅에 대한 주인의 권리를 빼앗길 포로의 운명을 전조한다. 여기에서 하나님의 율법을 어긴 것은 물론 하나님의 모든 율법을 가리키는 것으로 생각할 수 있지만, 특별히 주목해야 하는 사실은 이스라엘 백성이 땅이 안식할 권리를 보장하지 않았기 때문이라고 명시되어 있는 점이다(34절). 즉, 땅과 직접적으로 관련된 안식년법을 어김으로써 이스라엘 백성은 땅으로부터 추방당한다.[26]

NCBC (Grand Rapids: Eerdmans, 1982), 419 참조.

25 레 26:34-35와 대하 36:21의 관계에 대해서는 S. Japhet, *I & II Chronicles: A Commentary*, OTL (Louisville: Westminster John Knox Press, 1993), 1075-1076; M. Fishbane, *Biblical Interpretation in Ancient Israel* (Oxford: Oxford University Press, 1985), 481; G. A. Anderson, *Sim: A History*, 79를 참조하라.

26 땅의 안식이 안식년만을 뜻하는가 아니면 희년 역시 의미하는가에 대한 논쟁은 오래 전부터 존재한다. J. Milgrom, *Leviticus 23-27*, AB 3B (New York: Doubleday, 2001), 2325. 그러나 안식년과 희년은 동일하지 않다는 점에서 레 26장이 말하는 땅의 안식은 안식년만 가리키는 것으로 보아야 타당하다. 레 25장에 나타난 안식년과 희년의 기원 및 관계, 최종 편집으로 인한 본문의 자리 등에 대한 연구를 위해서는 본서 5장의 "레위기 25장의 형성"을 보라.

이처럼 이스라엘 백성이 당하게 될 비극적 역사 이해는 곧 안식년 제도의 수행 여부와 직접적으로 관련되어 있다. 따라서 자연적으로 땅 자체에 대한 계명을 담고 있는 레위기 25장의 안식년법으로 시선을 옮겨 더 세밀하게 분석해야 한다. 그러할 때에라야 비로소, 지금까지 이 글에서 열려진 문제로 남겨 놓았던 땅과 관련된 여러 표현들, 즉 '땅이 지은 죄,' '땅이 더럽혀짐,' '땅이 거주민을 토해냄,' '땅이 벌을 받음' 등과 같은 표현들이 과연 단순히 땅을 인격화하여 비유적이고 문학적으로 표현한 것인지, 아니면 성결법전의 저자는 실제로 땅을 인격체로 이해하여 땅이 위와 같은 여러 행위들을 실제로 할 수 있음을 말한 것인지에 대한 답을 얻을 수 있을 것이다.

3) 레위기 25장(27장)

(1) '나지르'(נָזִיר)로서의 포도나무

이 글을 통해 밝히려고 하는 '성결법전의 땅'의 개념과 기능을 이해하기 위해 가장 핵심적인 본문은 바로 레위기 25장 1-7절의 안식년 본문이다. 출애굽기 23장 10-11절과 신명기 15장 1-12절의 칠년법이 이스라엘 백성의 가난한 자들을 위한 법이라면, 레위기는 땅의 문제를 다룬다. 레위기의 안식년법을 따르면, 땅은 7년이 되는 해에 쉬어야 하는데, 이것은 인간을 위한 것이 아니라 땅 자체를 위한 휴식이다.

> 여호와께서 시내산에서 모세에게 말씀하여 이르시되, 이스라엘 자손에게 말하여 이르라. 너희는 내가 너희에게 주는 땅에 들어간 후에 그 땅으로 여호와 앞에 안식하게 하라. 너는 육 년 동안 그 밭에 파종하

> 며 육 년 동안 그 포도원을 가꾸어 그 소출을 거둘 것이나, 일곱째 해에는 그 땅이 쉬어 안식하게 할지니, 여호와께 대한 안식이라 너는 그 밭에 파종하거나 포도원을 가꾸지 말며, 네가 거둔 후에 자라난 것을 거두지 말고, **가꾸지 아니한 포도나무**(נְזִירֶ֖ךָ)가 맺은 열매를 거두지 말라. 이는 땅의 안식년임이니라 안식년의 소출은 너희가 먹을 것이니, 너와 네 남종과 네 여종과 네 품꾼과 너와 함께 거류하는 자들과 네 가축과 네 땅에 있는 들짐승들이 다 그 소출로 먹을 것을 삼을지니라(레 25:1-7).

여기에서 특별히 독자의 관심을 끄는 단어는 5절의 '나지르'이다. 개역개정, 표준새번역, 새번역은 이를 '가꾸지 아니한,' 공동번역은 '절로 열린'으로 번역하고 있지만, 사실 이것은 민수기 6장에 규정되고 있는 '나실인'을 뜻한다.[27] 서약으로 하나님께 구별된 자로서의 나실인은 포도주를 마시면 안 되고, 머리카락을 잘라서 안 되며, 또한 시체 가까이 다가가면 안 된다(민 6:1-6). 이처럼 하나님께 특별히 성별된 사람을 지칭하는 종교 용어가 포도나무를 규정하기 위해 사용되고 있는 것이 놀랍다. 이러한 기묘함으로 인해 대부분 현대어 성경은 이 단어를 '자르지 아니한'으로 번역하고,[28] 또 대부분의 주석가들 역시 이러한 번역에 이의를 제기하지 않는다.[29]

그러나 이러할 경우, 한 가지 중요한 질문이 간과되고 있는 사실

---

[27] 구약성경에 나타나는 '나지르'의 16회 용례 중, 레 25:5만 사람을 가리키지 않는 유일한 경우이다. 이 글에서 히브리어 '나지르'가 사람을 가리킬 경우 '나실인'으로, 포도나무 혹은 이스라엘 땅을 가리킬 경우 '나실인'과 구별하기 위해 '나지르'로 음역한다.

[28] untended (NIV), undressed (King James), unpruned (NRSV), untrimmed (New Jerusalem Bible, JPS).

[29] M. Noth, *Das dritte Buch Mose, Leviticus*, ATD 6 (Göttingen: Vandenhoeck & Ruprecht, 1962), 162; B. A. Levine, *Leviticus*, 170; J. Milgrom, *Leviticus 23-27*, 2158-2159; D. Luciani, *Sainteté et pardon, vol.1 : Structure littéraire du Lévitique*, BETL 185 B (Leuven – Paris – Dudley: Peeters, 2005), 473 등.

을 잊어서는 안 된다. '제사장 전승에 기인하는 고대 나실인 제도를 잘 알고 있었을 레위기 25장 안식년법의 저자는 왜 포도나무를 정의하기 위해 굳이 이러한 제의 전문용어를 사용하고 있는가?'의 문제이다. 최근 르페브르(Lefebvre)와 요스튼은 이 낱말을 문자 그대로 '나지르'로 번역함으로써 이 단어가 본문 안에서 가지고 있는 비유적 의미를 밝히려 시도하고 있다. 이들의 해석을 따르면, 레위기 25장 저자는 독자들로 하여금 '나지르'라는 단어를 통하여 이 법률 규정에 특별한 관심을 기울이게 함으로써, 안식년에서 포도나무가 지니고 있는 신학적 의미를 전달하고 있다는 것이다.[30]

그렇다면 이처럼 제의와 관련된 단어가 안식년법에서 뿐 아니라 더 나아가 성결법전의 땅에 대한 신학에서 어떠한 특별한 기능을 하고 있는가?

땅을 나지르로 묘사함으로써, 안식년법의 제정자는 안식년 동안 어떠한 사람에게도 손이 닿아서는 안 되는 포도나무를 떠올리도록 한다. 즉 독자들은 포도나무에 결합된 '나지르'라는 낱말을 통하여 서약 기간 동안 자르지 않아 길게 늘어진 나실인의 머리를 떠올리는 것이다. 사실 포도나무에서 나실인의 이미지를 발견하는 것은 역설적이다. 왜냐하면 나실인에게 금지된 포도나무가 자연물로서의 나실인에 해당하기 때문이다.[31] 포도나무를 나실인으로 묘사함으로써, 레위기 25장의 안식년은 안식년 기간 동안 포도나무가 하나님

---

30 J.-F. Lefebvre, *Le jubilé biblique. Lv 25 - exégèse et théologie*, OBO 194 (Fribourg: Editions Universitaires, 2003), 23; J. Joosten, "La persuasion coopérative dans le discours sur la loi: Pour une analyse de la rhétorique du code de sainteté," A. Lemaire ed., *Congress Volume Ljubljana*, SVT 133 (Leiden – Boston: Brill, 2010), 393.

31 이러한 이유로 G. B. Gray, *Numbers*, ICC (Edinburgh: Varda Books, 1903), 350은 레 25:5에서 사람들이 포도나무를 멀리해야 하는 것으로 이해한다.

과 직접적인 관계를 맺고 있음을 보여준다.[32]

그러나 사실 안식년 동안 나지르로 여겨지는 것은 비단 포도나무뿐만이 아니다. 환유(metonymy)적으로 안식년 동안 자라나는 모든 식물이 나실인으로 여겨질 수 있다. 7년째 해에는 모든 식물들에 손을 댈 수 없기 때문이다. 더 나아가, 저자의 이러한 독특한 낱말 선택은 독자들로 하여금 더 큰 신학적 상상력을 발휘하도록 자극한다.

하나님께 분리된 자로서, 포도나무뿐 아니라 땅 역시 넓은 의미에서 나지르로 인식될 수 있다. 모든 식물이 땅의 머리카락으로 여겨질 수 있기 때문이다.[33] 만일 이러한 신학적 직관이 옳다면, 독자들은 마치 나실인이 특별한 서원 기간 혹은 평생 동안 하나님께 구별된 것과 마찬가지로, 이스라엘의 땅 역시 안식년의 1년, 혹은 평생 동안(레 25:23) 하나님께 성별된 나실인으로 이해할 수 있다.

(2) '나지르'로서의 땅

나지르를 땅으로 여기는 해석은 단순히 필자의 개인적인 상상력에 기인하지 않는다. 이는 레위기 27장 16-24절에서 나실인 서약과 땅의 성별 사이에 존재하는 유사성을 발견할 수 있기 때문이다. 논의를 쉽게 하기 위해, 이러한 유비에 대한 밀그롬(Milgrom)의 관찰을 인용해 보자.

---

32 J. Joosten, "La persuasion coopérative dans le discours sur la loi," 393-394.
33 레 25:5에 나타나는 נְזִירֶךָ의 마소라 모음부호는 복수형(나실인들)을 반영하는 것으로 이해할 수 있다. 그러나 이들 자음들은 단수 형태(나실인)를 유지하고 있다. 이처럼 혼합된 형태(formae mixtae)에 대한 문법적 문제에 대해서는 F. E. König, *Historische-kritisches Lehrgebäude der Hebräischen Sprache*, Bd II (Leipzig: J. C. Hinrichs, 1895), 356-357; J. Joosten, "A note on the anomalous jussive in Exodus 22:4," *Textus* 25 (2010), 9-16을 참조하라.

> 일시적인 나실 사람은 성소에 바친 땅과 비교할 때 훨씬 더 이해하기
> 쉽다(레 27:16). 나실 사람의 신분과 성소에 땅을 바치는 것은 모두 신
> 에게 바치는 봉헌이다(레 27:16; 민 6:2). 이것은 일정 기간 동안 효력이
> 있는데, 땅은 희년에 주인에게 되돌아가고, 나실 사람은 그의 서원 기
> 간이 끝날 때 그의 평신도의 상태로 되돌아간다(함축적으로 레 27:21;
> 민 6:13).[34]

물론 레위기 27장은 이스라엘 모든 땅의 봉헌을 말하지 않고, 단지 밭 혹은 성전에 바친 땅에 대해 언급한다. 그러나 이러한 사실이 곧 이스라엘 땅을 나지르로 해석하는 것을 방해하지는 않는다. 일정한 기간 동안 성전에 바친 땅이 서약으로 인한 한시적인 나실인에 해당한다면, 이스라엘 땅 자체는 영원히 하나님께 속한(레 25:23) 종신 나실인에 해당한다고 볼 수 있기 때문이다.

> 토지를 영구히 팔지 말 것은 토지는 다 내 것임이니라 너희는 거류민
> 이요 동거하는 자로서 나와 함께 있느니라(레 25:23).

이와 같이 이스라엘 땅을 나지르로 이해할 경우, 이 글의 서론에서 제기한 땅과 관련된 많은 표현들과 땅의 개념을 이해할 수 있다. 앞에서 이미 언급했듯이, 나실인은 자신의 거룩함을 유지하기 위해 피해야 할 세 가지 사항이 있고, 이것은 거룩함을 이루기 위한 부정의 길(via negativa)에 해당한다. 나실인과 마찬가지로 나지르로서의 땅은 자신의 정결함을 잃어서는 안 된다.[35] 다른 말로

---

34 두 본문 간의 또 다른 유사점들을 위해서는 J. Milgrom, *Numbers*, JPS Torah Commentary (Philadelphia – New York: Jewish Publication Society, 1990), 355–356을 참조하라.

35 성결법전에서 성소가 거룩한 반면, 이스라엘 땅은 정결하다. J. Joosten, *People and*

표현하면, 나지르로서 땅은 자신을 더럽혀서는 안 되는 것이다(레 18:25; 민 6:7, 12).

물론 레위기 18장과 20장에서 땅은 그 거주민들에 의해 수동적으로 더럽혀지는 것이 사실이다. 그러나 성결법전의 창조신학의 관점에서 볼 때, 땅이 더럽혀지는 것은 하나님의 피조물로서 자신의 본래적인 정결함을 상실하는 죄에 해당한다. 이러한 관점에서, '땅의 죄'는 비단 은유적인 의미에서 '백성의 죄'를 상징하지 않는다. 이것은 땅이 자신의 정결함을 보존해야 할 책임을 뜻한다. 땅이 거주민을 토해낸다는 표현은 이러한 신학적 관점에서 이해해야 한다. 땅이 거주민들의 죄로 인해 더럽혀질 경우, 그는 주민들을 내어 쫓음으로써 부정함의 원인을 제거하는 것이다. 따라서 거주민을 토해낸다는 성결법전의 독특한 표현은 그 신학 체계에서 특별한 의미를 지니고 있다.

나실인이 일반인들과 달리 특별히 하나님께 구별되듯이, 이스라엘 땅 역시 다른 땅으로부터 구분된다. 성결법전에서 이스라엘의 땅은 확장된 성소로서 여겨지고 있기 때문이다.[36] 제사장 문서가 성소의 거룩함에 특별한 관심을 기울이고 있다면, 성결법전은 이스라엘 땅의 정결함을 강조한다. 이 법전을 따르면, 하나님이 거하시는 곳은 이스라엘 온 땅이기 때문이다. 하나님의 성소로서의 땅은 언제나 자신의 정결한 상태를 유지해야 한다. 만일 성소가 더럽혀지고(레 20:3) 이스라엘 땅이 정결함을 상실하면, 하나님은 더 이상 그곳에 거하시지 않는다(민 35:34).

다시 말해 땅이 더럽혀지는 것은 인간 거주민과 더불어 땅의 창조주마저 쫓아내게 된다(겔 8:6; 애 2:7; 참조. 레 26:31). 이것은 곧 하

Land, 176-178 참조.

[36] J. Joosten, *People and Land*, 176-178.

나님, 땅, 백성이 공동 운명을 가진 공동체를 형성하고 있음을 뜻한다. 따라서 백성은 비단 성소 안에서만 아니라 성소 밖에서의 모든 세속적 삶에서도 자신의 거룩한 삶을 유지해야 하는 것이다.[37]

3. 맺음말

앞에서 이 글에서는 레위기 18장(20장), 26장, 25장(27장)을 중심으로 성결법전의 땅의 개념과 기능을 살펴보았다. 독자들이 이스라엘 땅을 단지 인격화된 것으로서 상징적인 존재로서가 아니라, 실제 독립된 인격을 지닌 것으로 이해하고 본문을 읽을 때, '땅이 지은 죄,' '땅이 더럽혀짐,' '거주민을 내어 쫓는 땅,' '땅이 안식함' 등의 표현을 더 잘 이해할 수 있다. 성결법전에서 '나지르'로서의 땅이 거주민의 죄로 인해 자신의 정결함을 상실하는 것이 바로 죄에 해당하며, 이럴 때 하나의 주체로서 땅은 자신을 더럽힌 거주민을 내어 쫓는다. 이러한 성결법전에 나타난 땅의 개념과 기능은 신명기에 나타나는 땅의 개념 및 기능과 확연하게 구별되어 그 자체의 신학과 언어 가운데 이해할 것을 요청한다.

그렇다면 이러한 성결법전의 땅의 개념과 기능은 어디에 근거하고 있는가?

또 이러한 고대 제사장의 세계관은 오늘날 독자에게 어떠한 신학적 교훈을 주는가?

먼저, 이러한 성결법전의 땅의 개념은 이 법전의 사상적 모태가

---

[37] I. Knohl, *The Sanctuary of Silence*: *The Priestly Torah and the Holiness School* (Minneapolis: Augsburg Fortress, 1995).

되는 제사장 문서와, 성결법전이 적극적으로 수용하고 있는 이스라엘 민중신앙에 기인하고 있다고 볼 수 있다. 우선 제사장 문서의 창조 이야기(창 1:1-2:4a)를 따르면 땅은 스스로 생명을 지니고 있을 뿐 아니라, 인간의 간섭 없이 다른 생명체를 낳을 수 있는 존재이다. 또한, 이러한 어머니로서의 땅의 개념은 이스라엘의 민중신앙을 반영한다.[38] 최근 쉬뢰어(Schroer)는 구약성경의 창조신학에서 지나치게 강조된 피조물의 비신화화를 비판하며 구약성경에 반영된 민중신앙에 드러나고 있는 창조물의 신성(numinosity)을 회복할 것을 강조한다.[39]

오늘날 회복하기 힘든 상태에 이른 생태계 문제에 직면하여, 일부 학자들은 인간을 다른 피조물의 '청지기'로서, 혹은 '정원사'로 규정한다. 하지만 이미 고대 이스라엘의 성결법전 저자는 이러한 인간 중심적인 인간관을 넘어, 땅은 인간에 의해 관리되고 보존될 대상만이 아니라, 오히려 인간을 토하기도 하고 삼키기도 하는 주체로 그리고 있다. 인간에게 양식을 주지만(창 1:29), 또 반대로 인간의 생명을 앗아갈 수 있다는 성결법전의 땅의 개념을 바로 이해하고 귀 기울여 들을 때에라야, 우리 인류에게는 작은 희망이 있다.

---

38 A. Dietrich, *Mutter Erde: Ein Versuch über Volksreligion* (Berlin: Teubner, 1925) 참조.
39 구약성경에 나타나는 피조물의 신성에 대한 연구와 참고문헌을 위해서는 S. Schroer, "The Forgotten Divinity of Creation: Suggestions for a Revision of Old Testament Theology in the 21th Century," A. Lemaire ed., *Congress Volume Ljubljana*, SVT 133 (Leiden – Boston: Brill, 2010), 321-337을 참조하라.

제5장

레위기 25장의 형성: 안식년과 희년의 연속성과 불연속성

1. 머리말

최근 십여 년 전부터 일부 한국 교회와 기독교 사회단체들은 레위기 25장에 제정되어 있는 희년법에 특별한 관심을 기울이고 있다. 이것은 주로 통일 및 사회정의 등의 문제와 관련된 것으로,[1] 희년법이 가지고 있는 신학적 영향력에 기인한다. 땅을 본래 소유주에게 돌려주고 노예를 해방하도록 규정하는 희년법(레 25:8-55)은 오늘날 극도로 자본주의화된 한국 사회에 큰 경종을 울리기에 충분하다. 그러나 대부분 학자들은 이러한 희년법이 가지고 있는 긍정적인 측면을 주로 강조하고 있으며, 이 법률이 지니고 있는 한계

---

[1] 이 글은 「장신논단」 40 (2011), 96-117에도 실려 있다. '희년'의 명칭과 의미에 대해서는 강사문, "희년법의 성서적 의미," 「한국적 신학의 모색」 (서울: 한국성서학연구소, 1992), 12-17을, 희년법이 가지고 있는 여러 사회윤리적 주제를 위해서는 임태수, "희년의 의미와 그 현대적 적용," 「기독교사상」 395 (1991), 105-124; 민영진, 「평화.통일.희년」 (서울: 대한기독교서회, 1995), 197-305; 박동현, "네 형제가 가난해져서 (레 25장 다시 읽기)," 「예언과 목회 IV」 (서울: 한국장로교출판사, 1996), 375-381; 노영상, "희년법의 기독교 사회윤리적 의미와 희년정신의 목회적 실천에 대한 연구," 「장신논단」 36 (2009), 148-178 등을 참고하라.

를 지적하고 있지 않는 것은 부인하기 힘든 사실이다.[2]

레위기 25장의 희년법이 개인, 사회, 또한 국가가 안고 있는 구체적인 문제들을 타개하기 위한 실천의 동력을 제공하고 있다면, 동시에 레위기 25장은 이론의 차원에서도 지금까지 본격적으로 다루지 않았고 해결하기 힘든 몇 가지 신학적 문제를 제기한다. 지금까지 안식년과 희년의 연구자들이 제기한 주요한 신학적 문제 가운데 다음의 두 문제를 대표적인 예로 들 수 있다.

첫째, 과연 이러한 두 규정이 이스라엘 역사 가운데 구체적으로 실천되었는가?

둘째, 희년은 일곱 번째 안식년, 즉 49년째에 해당하는가(레 25:8-9), 아니면 문자적으로 명시되어 있듯이 50년째 해(שְׁנַת הַחֲמִשִּׁים)에 해당하는가(레 25:10-11)?

이처럼 대답하기 어려운 문제에 비하여, 레위기 25장에서 한 가지 분명한 사실을 발견할 수 있는데, 이것은 본문 후반부(8-55절)에 등장하는 희년법은 그 앞에 나타나는 안식년법(1-7절)을 기초로 형성된 율법이라는 점이다. 이러한 사실에서 대부분의 주석가들은 희년법을 안식년법의 발전과 확장으로 이해하고 있으며, 이 두 규정 사이에 있는 연속성을 강조한다.[3]

하지만 간과해서 안 되는 사실은, 오늘날 최종 형태의 본문을 읽는 독자들은 의례히 레위기 25장의 안식년과 희년법을 이러한 연속성 상에서 큰 문제없이 읽고 해석하고 있지만, 사실 이들 법규들은 서로 다른 역사적 기원을 가지고 있으며 몇 가지 분명한 불연속

---

2   이에 대해서는 아래 107-108쪽에서 다루도록 한다.
3   예를 들어, 이종근, "히브리 성서의 희년과 메소포타미아의 미샤룸 제도," 「구약논단」 1 (1995), 76-77; 김병하, 『희년사상의 영성화』(서울: 대한기독교서회, 2005), 31-32; J. E. Hartley, *Leviticus*, WBC 4 (Dallas: Word Books Publisher, 1992), 424.

성을 보인다는 점이다.

레위기 25장의 연구자들이 주의하지 않고 지나쳐 버린 안식년법과 희년법 사이에 존재하는 불연속성에 대해, 다음과 같은 두 예를 들 수 있다.

첫째, 희년이 대가족(מִשְׁפָּחָה)을 기본단위로 하여 실행되어야 할 제도라면(레 25:10, 41, 45, 47, 49), 이러한 희년을 기초 놓는 안식년 역시 가족(בֵּית אָב, 아버지의 집)을 대상으로 하는 것은 당연하다.[4] 그러나 안식년 수혜자를 가족 구성원으로 이해할 경우 레위기 25장 7절에 등장하는 '들짐승'(חַיָּה) 역시 이스라엘의 가족 구성원인가의 문제가 발생한다.

둘째, 레위기 25장 6절에 등장하는 '거류민'(תוֹשָׁב)이 이스라엘 백성들의 가족 구성원으로서 안식년의 소산물을 먹을 수 있다면, 희년법에 등장하는 '거류민'(레 25:47)은 땅을 잃고 가난해진 이스라엘 백성을 노예로 삼을 수 있는 적대적인 존재로 등장한다. 또한 희년의 거류민은 안식년에서와 달리 이스라엘 백성의 종으로 영구히 부려질 수 있고, 희년의 혜택에서 제외된다(레 25:46). 그렇다면 독자들은 안식년에 등장하는 '거류민'과 희년법에 등장하는 '거류민'이 어떤 관계에 있는지, 이들은 동일한 거류민인지 아닌지, 더 나아가 희년이 인류 전체에 대해 가지고 있는 보편성에 대해 질문할 수 있다.

이처럼 레위기 25장의 안식년과 희년 사이에 존재하는 불연속성에서 착안하여, 이 글에서는 레위기 25장의 형성 과정에 대해 살

---

4 레 25:6의 안식년 수혜자 명단이 가족 구성원을 의미한다는 것에 대해 필자는 "The Group Identity of the Human Beneficiaries in the Sabbatical Year (Lev 25:6)," *VT* 61 (2011), 71-81에서 논하였다.

펴볼 것이다.[5] 이러한 논의를 위해 예비적으로 다음 단락에서 안식년의 수혜자 명단(레 25:6-7)이 레위기 25장의 본문의 자리(Sitz im Buch)에서 새롭게 지니게 된 가족 개념으로서의 의미를 살펴본 후, 출애굽기 23장 10-11절(휴경년), 레위기 25장 1-7절(안식년), 레위기 25장 8-55절(희년) 사이에 나타나는 내용의 충돌과 불연속성을 드러낼 것이다. 그 다음 단락에서는 안식년과 희년의 기원을 역사적 측면과 문학적 측면으로 구분하여 살펴봄으로써, 두 법률의 충돌과 불연속성의 발생 원인을 추적할 것이다. 이러한 논의 과정을 통해 이 글에서는 결과적으로 레위기 25장의 최종 편집자가 이 본문을 형성한 과정을 추론하는 데 도움을 줄 것으로 기대한다.

2. 레위기 25장 안식년과 희년의 불연속성

1) 출애굽기 23장 11절과 레위기 25장 7절의 '들짐승'

레위기 안식년법의 수혜자를 그 대본(Vorlage)[6]이 되고 있는 출애굽

---

[5] 정확히 이 글에서 다루려는 문제는 레 25장에 등장하는 안식년과 희년의 형성 과정이 아니라, 이들을 하나로 엮은 레 25장의 최종 본문의 형성에 관한 것이다. 물론 이 글에서 레 25장 본문의 형성 과정을 밝히기 위해 안식년과 희년의 형성 과정을 구약 주변 세계의 역사적 관점과 구약성경 안의 전승사적 측면에서 다룰 것이다.

[6] 출 23:10-11이 레 25:1-7의 대본이라는 주장은 앞의 본문이 뒤 본문의 요약이라고 주장하는 J. Van Seters, "Cultic Laws in the Covenant Code and their Relationship to Deuteronomy and the Holiness Code," in M. Vervenne ed., *Studies in the Book of Exodus: Redaction – Reception – Interpretation*, BETL 126 (Leuven: Peeters, 1996), 335; idem, "The Law of Hebrew Slave," *ZAW* 108 (1996), 545를 제외한 대부분의 주석가들이 동의하고 있다. 지면상 자세한 논의는 생략하니 다음의 연구를 참고하라. K. Elliger, *Leviticus*, HAT 4 (Tübingen: J. C. B. Mohr, 1966), 344; M. Fishbane, *Bibli-*

기 휴경법의 수혜자와 비교할 때 단 하나의 공통적인 수혜자는 '들짐승'에 불과하다.

출 23:11	레 25:6-7
11 일곱째 해에는 갈지 말고 묵혀두어서 네 백성의 가난한 자들이 먹게 하라. 그 남은 것은 **들짐승**이 먹으리라. 네 포도원과 감람원도 그리할지니라.[7]	6 안식년의 소출은 너희가 먹을 것이니 너와 네 남종과 네 여종과 네 품꾼과 너와 함께 거류하는 자들과 7 네 가축과 네 땅에 있는 **들짐승**들이 다 그 소출로 먹을 것을 삼을지니라.

출애굽기 7년법의 수혜자는 이스라엘 백성의 가난한 사람들과 들짐승인 반면, 레위기 안식년의 수혜자는 이스라엘 백성과 이방인(남종, 여종, 품꾼, 거류민)뿐 아니라, 출애굽기 본문에 나타나지 않는 '집짐승'(בְּהֵמָה) 역시 안식년의 혜택을 누릴 수 있다. 출애굽기의 휴경법이 주로 사회적·경제적 약자를 보호하는 데 관심을 기울이고 있는 반면, 레위기의 안식년법은 '너희'라는 이름 아래 이스라엘과 이방인, 남녀, 더 나아가 인간과 짐승 사이의 장벽을 허문다.[8] 출애굽기의 두 수혜자와 레위기의 일곱 수혜자 가운데 유일하게 공통적인 수혜자가 바로 '들짐승'인 것은 주목할 만하다.

---

cal Interpretation in Ancient Israel (Oxford: Clarendon, 1985), 180; M. Paran, *Forms of the Priestly Style in the Pentateuch: Patterns, Linguistic Usages, Syntactic Structures* (Jerusalem: Magnes, 1989), 29-34; J. Milgrom, *Leviticus 23-27*, AB 3B (New York: Doubleday, 2001), 2157; J. S. Bergsma, *The Jubilee from Leviticus to Qumran: A History of Interpretation*, SVT 115 (Leiden – Boston: Brill, 2007), 48.

[7] 본 연구에서 성경본문을 인용할 때 성경전서 개역개정판을 사용한다. 그러나 같은 히브리 단어를 다른 우리말로 번역한 경우 괄호에 히브리 표현을 소개하도록 하겠다.

[8] 레위기 안식년 수혜자 명단이 가지고 있는 신학적 기능을 위해서는 Sun-Jong Kim, "Les enjeux théologiques des bénéficiaires de l'année sabbatique (Lev 25,6-7)," *ZAW* 122 (2010), 38-43을 참조하라.

그런데 여기에서 하나의 중요한 문제가 발생하는데, 출애굽기의 '들짐승'과 레위기의 '들짐승'이 과연 동일한 지위와 위치를 차지하고 있는가의 문제가 바로 그것이다. 레위기 저자는 출애굽기 휴경년의 수혜자 명단에서 '들짐승'을 그대로 유지하고 있는데, 레위기 25장 6절에 등장하는 '들짐승'은 출애굽기 23장에서와 다른 새로운 의미를 부여받게 된다. 이것은 바로 '들짐승'이 레위기 25장에서 가족 구성원의 명단 가운데 나열되고 있다는 점이다.

레위기 25장 6-7절의 안식년 수혜자 명단이 가족 구성원으로 인식될 수 있는 것은 서론에서 잠시 언급했듯이, 가족 구성원을 대상으로 규정된 희년법이 안식년에 기초하는 사실은 바로 이 안식년이 가족 이외의 다른 사회적 제도를 대상으로 할 수 없다는 점이며, 또한 안식년 수혜자 명단의 나열이 십계명의 열째 계명에 등장하는 가족 구성원의 나열 방식(출 20:17; 신 5:21)을 따르고 있다는 점에서 그러하다.[9] 그러나 이러할 경우 7절에 등장하는 '들짐승'이 이스라엘 가족의 구성원이 될 수 있느냐의 문제에 봉착한다.

2) **안식년의 '거류민'**(레 25:6)**과 희년의 '거류민'**(레 25:23, 35, 40, 45, 47[x2])

구약성경에 14회 등장하는 우리말 '거류민'으로 번역된 히브리어 '토샤브'는 레위기에서 22장의 1회만 제외하고 모두 레위기 25장에 7회 등장한다(창 23:4; 출 12:45; 레 22:10; 25:6, 23, 35, 40, 45, 47[x2]; 민 35:15; 왕상 17:1; 대상 29:15; 시 39:13). 이 용어가 구약성경에 제한적으로 나타나고 단어의 형태 역시 일반적이지 않기 때문에, 정확히

---

9   자세한 사항을 위해서는 각주 4의 참고문헌을 참조하라.

어떠한 사회적 지위를 가지고 있었는지 파악하기 어렵지만, 아마도 '나그네'(게르)의 일종이었을 것으로 학자들은 생각한다.[10] 따라서, 레위기에서 '거류민'은 무조건적으로 이방인 나그네(25:6, 45, 47[x2])를 뜻하지 않고, 사회적 신분으로 이스라엘 백성 역시 '거류민'들과 같은 처지로 전락할 수 있었던 것으로 보인다(25:35, 40). 그런데 이 글의 논의에서 중요한 것은 이 '거류민'의 인종의 정체나 사회적 신분이 아니라, 레위기 25장의 안식년과 희년 규정에서 외국인 거류민이 서로 다른 모습으로 등장하고 있다는 사실이다.

레 25:6	레 25:44-47
6 안식년의 소출은 너희가 먹을 것이니 너와 네 남종과 네 여종과 네 품꾼과 너와 함께 거류하는 자들(מְךָ)과(וּלְתוֹשָׁבְךָ הַגָּרִים עִ)	44 네 종은 남녀를 막론하고 네 사방 이방인 중에서 취할지니 남녀 종은 이런 자 중에서 사올 것이며 45 또 너희 중에 거류하는 동거인(הַגָּרִים עִמָּכֶם)들(הַתּוֹשָׁבִים)의 자녀 중에서도 너희가 사올 수 있고 또 그들이 너희와 함께 있어서 너희 땅에서 가정을 이룬 자들 중에서도 그리 할 수 있은즉 그들이 너희의 소유가 되리라 46 너희는 그들을 너희 후손에게 기업으로 주어 소유가 되게 할 것이라 이방인 중에서는 너희가 영원한 종을 삼으려니와 너희 동족 이스라엘 자손은 너희가 피차 엄하게 부리지 말지니라 47 만일 너와 함께 있는 거류민(עִמְּךָ)(גֵר וְתוֹשָׁב)이나 동거인은 부유하게 되고 그와 함께 있는 네 형제는 가난하게 되므로 그가 너와 함께 있는 거류민(לְגֵר תּוֹשָׁב עִמָּךְ)이나 동거인 또는 거류민의 가족의 후손에게 팔리면

---

10 '토샤브'는 '거주하다'는 히브리 동사 '야샤브'(ישׁב)에 접두어 '타우'(ת)가 붙은 모양이다. M. Görg, "ישׁב, jāšab," TWAT III, 1016–1037; J. Joosten, *People and Land in the Holiness Code: An Exegetical Study of the Ideational Framework of the Law in Leviticus 17-26*, SVT 67 (Leiden: Brill, 1996), 73 참조.

먼저 안식년에 등장하는 거류민은 '너' 즉 이스라엘 자손과 함께 거류하는 자들로 등장함으로써 앞에서 살펴보았듯이 레위기 25장 본문의 자리에서 이스라엘 가족 구성원으로 이해될 수 있는 여지를 보여준다('너와 함께 거류하는 자들'). 그러나 같은 장 47절에서는 이 거류민들이 오히려 부유하게 되어 가난해진 이스라엘 백성을 노예로 삼을 위험에 대해 언급한다.

다시 말해, 안식년 본문에는 이스라엘 백성과 외국인 사이의 평화적인 관계가 나타나고 있는 반면, 희년 본문은 이스라엘 백성의 관점에서 이방인에 대한 적대감을 드러내고 있다. 이것은 이스라엘 노예의 해방의 경우에도 분명하게 드러나는 것으로, 노예의 처지로까지 가난해진 이스라엘 백성을 같은 형제로서의 동족 주인들은 엄하게 부려서는 안 되는 반면(레 25:42), 노예를 해방하는 희년의 혜택에서 노예가 된 '거류민'들은 제외되고 있다(레 25:44-46).

이처럼 안식년의 '거류민'(레 25:6)과 희년의 '거류민'(레 25:44-47)이 다르게 묘사되어 있는 것에 대하여 먼저 이들이 같은 용어 - 너와 함께 있는 거류민(레위기 25:6, 47[x2]) - 를 사용하지만 서로 다른 자들이라고 쉽게 예상할 수 있다. 그러나 문제는 레위기 25장의 저자가 이들이 서로 같은 자들인지, 서로 다른 자들인지 밝히고 있지 않는다는 사실이다.[11] 이러한 점에서 안식년법의 거류민이 안식년의 혜택을 누릴 수 있는 반면, 뒤이어 안식년을 기초로 제정된 희년법

---

11 최근 일부 학자들은 47절의 '게르 토샤브'(גֵּר וְתוֹשָׁב 혹은 גֵּר תּוֹשָׁב)를 이사일의(二詞一意, hendiadys)로 이해하여, 이들은 6절의 '토샤브'(תּוֹשָׁב)보다 이스라엘 사회에 잘 동화하여 부를 쌓은 자로 이해하기도 한다. 이러한 논의를 위해서 다음의 연구를 참조하라. J. E. Ramírez Kidd, *Alterity and Identity in the Bible: The rGE in the Old Testament*, BZAW 283 (Berlin - New York: de Gruyter, 1999), 101; J. Milgrom, *Leviticus 23-27*, 2237. 그러나 이러한 해석 역시 안식년과 희년 사이의 충돌을 완전히 해결하지 못한다.

에서는 이들이 이스라엘 백성을 위협할 수 있는 자로 나타나는 사실은 독자들에게 혼란을 야기한다.

앞으로 본격적으로 논의하겠지만, 잠정적으로 이 단락에서 살펴본 안식년과 희년이 동일한 본문의 자리에 위치하게 됨으로써 발생하는 충돌의 측면에서 이러한 불연속을 이해할 수 있을 것이다. 이것은 곧 최종 편집자가 서로 이질적인 두 자료(안식년, 희년)를 결합한 것이 아닌가라는 추측을 낳게 한다. 이러한 가설을 입증하기 위해, 레위기 25장에 등장하고 있는 안식년과 희년의 기원을 역사적인 측면과 문학적인 측면, 즉 구약 주변 세계의 배경과 구약성경 안에 기술되어 있는 배경을 구분하여 추적할 필요가 있다.

3. 레위기 25장 안식년과 희년의 기원

1) 레위기 25장 안식년의 기원

구약성경에서 소위 '안식년'에 해당하는 본문은 출애굽기 23장 10-11절(휴경년)과 레위기 25장 1-7절(안식년), 신명기 15장 1-11절(면제년)이다. 그러나 이러한 세 본문 가운데, 정작 '안식년'(שַׁבָּתוֹן שַׁבָּת)이라는 용어는 레위기 25장 5절에 단 한 번 나타난다. 흔히 말하는 '안식년'은 '일곱째 해'(출 23:11; 레 25:4; 신 15:1) 혹은 '면제년'(신 15:9)이라는 이름으로도 나타난다.[12]

신명기 15장의 빚의 면제년이 일곱째 해에 이스라엘의 빚진 자

---

12 더 자세한 사항을 위해서는 필자의 *Se reposer pour la terre, se reposer pour Dieu*, BZAW 430 (Boston - New York: Walter de Gruyter, 2012), 9-12를 참조할 수 있다.

의 빚을 탕감해 주는 경제 규정을 담고 있다면, 레위기 25장의 안식년법은 6년 동안 땅을 경작한 후 7년째 해에는 땅을 놀려야 한다는 농업 규정에 해당한다.

그렇다면 특별히 이처럼 땅을 휴식하게 한다는 레위기 25장의 안식년 규정을 어디에서 비롯된 것으로 생각할 수 있는가?

(1) 역사적 기원: 구약 주변 세계의 기원

구약학자들은 구약성경의 법을 주변 세계의 법전에 비교한 결과, 구약성경의 율법이 진공 속에서 나온 결과물이 아니라, 구약 주변 세계가 가지고 있었던 율법의 정신을 함께 공유하고 때로는 배척한 사실을 알게 되었다.[13] 이것은 레위기 25장 안식년법의 경우도 마찬가지이다. 레위기의 안식년법, 내용적으로 휴경법은 구약 주변 세계에서 어렵지 않게 발견할 수 있는 농경 방식이었다는 사실이다. 이것은 이집트,[14] 누지,[15] 또한 우가릿[16]에서 발견된 문서가 휴경법을 언급하고 있다는 사실에서 그러하다.

그러나 잊지 말아야 하는 사실은 구약 주변 세계에서는 비정기적으로 일어나는 일종의 농경법으로서 휴경법을 소개하고 있지만,

---

13 F. C. Fensham, "Widow, Orphan and the Poor in Ancient Near Eastern Legal and Wisdom Literature," *JNES* 21 (1962), 129–139. 최근 우리말 연구를 위해서는 조상열, "우가릿 문헌과 구약성서의 관계: 최근 연구 동향," 「구약논단」 14 (2008), 128–141을 참조하라.

14 M. Schnebel, *Die Landwirtschaft im hellenistischen Ägypten* (München: Beck, 1925), 220.

15 C. H. Gordon, "Parallèles nouziens aux lois et coutumes de l'Ancien Testament," *RB* 44 (1935), 34–41.

16 C. H. Gordon, *Ugaritic Literature. A Comprehensive Translation of the Poetic and Prose Texts*, Scripta Pontificii Instituti Biblici 98 (Rome: Pontificium Institutum Biblicum, 1949), 4, 57; idem, "Sabbatical Cycle or Seasonal Pattern?," *Or* 22 (1953), 81; J. Morgenstern, "Sabbatical Year," IDB 4, 142.

레위기 25장은 7년마다 주기적으로 행하도록 규정하고 있다는 점이다. 또한, 구약 주변 세계에서 휴경법은 결국 인간 중심적인 관점에서 땅의 고갈을 막음으로써 땅의 생산성을 보존하기 위한 것이었다면,[17] 레위기는 땅 자체의 휴식을 위해 안식년을 제정했고(레 25:4-5), 이것은 하나님을 위한 휴식(레 25:2,4)으로 명명됨으로써 땅의 휴식이 가지고 있는 신학적 중요성을 분명히 보여준다.

(2) 문학적 기원: 성경 내 기원

이처럼 레위기 25장의 안식년 제도는 이미 구약 주변 세계에서 휴경이라는 농업 관습의 형태로 나타난다. 그러나 레위기 25장의 안식년은 이러한 관습을 내용적으로 공유하고 있을 뿐, 그 직접적인 법의 형태는 자신의 대본(Vorlage)에 해당하는 출애굽기 23장 10-11절을 자신의 창조신학(창 1:1-2:4상)의 틀 가운데 발전시키고 있는 사실을 발견할 수 있다. 이를 다시 말하면, 레위기 25장의 안식년은 두 가지 측면에서 기원하고 있는 것으로, 출애굽기 23장의 휴경법을 그 원자료로 가지고 있지만, 자신의 창조신학에 따라 내용을 새롭게 각색하고 있음을 아래와 같이 발견할 수 있다.

---

[17] J. P. M. van der Ploeg, "Studies in Hebrew Law," *CBQ* 12 (1951), 248-259; B. A. Levine, *Leviticus*, JPSTC (Philadelphia: Varda Books, 1989), 272.

① 출애굽기 23장 10-11절의 휴경년과 레위기 25장 1-7절의 안식년

출 23:10-11	레 25:1-7
	1 여호와께서 시내산에서 모세에게 말씀하여 이르시되
	2 너희는 내가 너희에게 주는 땅에 들어간 후에 그 땅으로 여호와 앞에 안식하게 하라.
10 너는 여섯 해 동안은 너의 땅에 파종하여 그 소산을 거두고	3 너는 육 년 동안 그 밭에 파종하며 육 년 동안 그 포도원을 가꾸어 그 소출을 거둘 것이나
11 일곱째 해에는 갈지 말고 묵혀 두어서 네 백성의 가난한 자들이 먹게 하라. 그 남은 것은 들짐승이 먹으리라. 네 포도원과 감람원도 그리할지니라.	4 일곱째 해에는 그 땅이 쉬어 안식하게 할지니 여호와께 대한 안식이라. 너는 그 밭에 파종하거나 포도원을 가꾸지 말며
	5 네가 거둔 후에 자라난 것을 거두지 말고 가꾸지 아니한 포도나무가 맺은 열매를 거두지 말라. 이는 땅의 안식년임이라.
	6 안식년의 소출은 너희가 먹을 것이니 너와 네 남종과 네 여종과 네 품꾼과 너와 함께 거류하는 자들과
	7 네 가축과 네 땅에 있는 들짐승들이 다 그 소출로 먹을 것을 삼을지니라.

위의 두 본문에서 살펴볼 수 있는 것처럼, 출애굽기 23장 휴경법 본문은 레위기 25장에 이르러 더 자세히 발전되고 확대된다. 그러나 두 본문을 자세히 비교하면 레위기 25장 저자는 단순히 출애굽기 23장의 휴경법을 답습하고 있지 않다는 사실을 발견하게 된다.

먼저 출애굽기 23장에 나타나고 있는 중요한 용어들이 – 11절의 '갈지 말고 묵혀 두어서'(תִּשְׁמְטֶנָּה וּנְטַשְׁתָּהּ)와 '그 남은 것'(יִתְרָם) – 새로 개정된 율법에서 삭제되고 있다. 후대의 저자가 자신이 지니고 있

던 본문의 특정한 표현을 삭제하는 것은 그 표현들이 더 이상 자신의 시대 상황에 맞지 않거나 자신의 신학 사상을 발전시키는 것을 방해하기 때문일 것이다. 즉 레위기 저자는 농경법으로서의 휴경법을 암시하는 '갈지 말고 묵혀 두어서'를 삭제함으로써 독자들이 자신의 본문을 단순히 하나의 농경법으로 이해하는 데 만족하지 않는다.[18] 또한 레위기는 이스라엘의 가난한 백성이 먹고 '남은 것'을 들짐승이 먹는다는 출애굽기의 본문에 동의하지 않고 이스라엘 백성과 이방인, 사람과 짐승이 동일한 자격으로 안식년 잔치에 참여할 수 있음을 명시한다.[19]

그렇다면 이러한 이상주의적 율법은 어디에 근거하고 있는가?

후대의 율법 제정자는 어리석게도 선행하는 규정을 더 실천하기 어렵게 만들고 있는가?

아니면 비교적 실천 가능한 현실적인 법을 더욱 이상화하였는가?

이처럼 선행 율법 규정을 손질한 레위기 25장 저자의 손길과 개정 동기를 성결법전의 모태가 되고 있는 제사장 법전의 창조신학(창 1-2:4상)에서 찾을 수 있다.

② 창세기 1장 1절-2장 4절상의 창조신학과 레위기 25장 1-7절의 안식년

위에서 살펴본 바와 같이, 레위기 25장의 저자는 자신이 가지고

---

18 그러나 민영진, 『평화.통일.희년』, 247, 291은 휴경이 토지의 생산성을 높일 것이라는 암시가 레위기의 안식년 규정에 강하게 나타나 있다고 해석한다.

19 자세한 내용은 필자의 "Les enjeux théologiques des bénéficiaires de l'année sabbatique (Lev 25,6-7)," 34-38을 참조하라.

있었던 대본에 들어 있는 안식년 제도를 현실적으로 실천 가능하게 하는 표현들을 오히려 삭제함으로 자신의 율법을 더 이상화하는 것으로 보인다. 이러한 점에서 많은 학자들은 레위기 25장의 안식년 제도가 단지 메시아 시대의 이상 가운데에서만 실현될 수 있는 법으로 판단한다.[20]

그러나 이러한 삭제 행위는 철저히 자신이 서있는 신학 전통에 근거하고 있는 사실을 주목해야 한다. 자신의 신학을 근거지우고 있는 제사장 전통의 창조신학을 따르면(창 1:1-2:4상), 삼일째 하나님이 창조하신 땅은 육일째 사람이 창조되기 전 스스로 식물을 내며, 인간과 짐승은 이러한 식물을 먹는다(창 1:11-12, 29-30). 즉 레위기 25장에서 7년째 해에 땅이 내는 소산물을 인간과 짐승이 먹을 수 있다는 사항은 창세기의 창조신학에 근거하고 있는 것으로,[21] 레위기 저자는 창세기의 창조신학을 역사 가운데 실현하도록 이스라엘 백성들을 독려한다. 이러한 점에서 서론에서 언급했듯이 레위기 안식년이 실현가능한 법인가 혹은 이스라엘 역사에서 실현된 적이 있는가에 대한 질문은 레위기의 안식년법이 가지고 있는 신학의 관점에서 제기해야 하는 질문이다.

레위기 안식년은 그 율법의 실현 가능성에 대해 독자들에게 관심

20　예를 들어, E. Cazelles, *Le Lévitique*, La Sainte Bible 3 (Paris: Cerf, 1958), 114.
21　박동현, "그 땅이 안식하도록 하라!," 『예언과 목회 IV』 (서울: 한국장로교출판사, 1996), 294; 동저, "네 형제가 가난해져서(레 25장 다시 읽기)," 358-361; F. Bianchi, "Das Jobeljahr in der hebräischen Bibel und in der nachkanonischen jüdischen Texten," in G. Scheuermann ed., *Das Jobeljahr im Wandel: Untersuchungen zu Erlaßjahr- und Jobeljahrtexen aus vier Jahrtausenden*, Forschung zur Bibel 94 (Würzburg: Echter, 2000), 61; E. S. Gerstenberger, *Das dritte Buch Mose: Leviticus*, ATD 6 (Göttingen: Vandenhoeck & Ruprecht, 1993), 343; K. Grünwaldt, *Das Heiligkeitsgesetz Leviticus 17-26: Ursprüngliche Gestalt, Tradition und Theologie*, BZAW 271 (Berlin: de Gruyter, 1999), 395; Sun-Jong Kim, "Les enjeux théologiques des bénéficiaires de l'année sabbatique (Lev 25,6-7)," 38-43.

을 환기시키고 있지 않고, 이스라엘 역사가 제사장 창조신학의 법칙 가운데 운행될 것을 발견하도록 암시하고 있기 때문이다. 이러한 점에서 '레위기의 안식년'이 실현 가능한가 아닌가의 문제는 마치 창세기에 기술된 창조 이야기가 사실인가 아닌가에 대한 질문과 동일한 차원을 가지고 있다고 말할 수 있다.

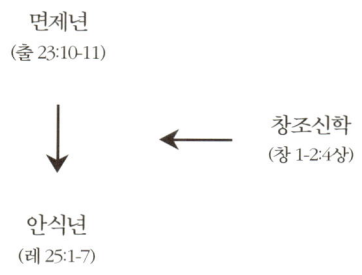

2) 레위기 25장 희년의 기원

지금까지 살펴본 것처럼, 레위기 25장의 안식년이 자신을 둘러싼 구약 주변 세계에서 그 기원을 찾을 수 있고, 더 나아가 직접적으로 출애굽기 23장의 휴경법과 창세기 1장의 창조신학이라고 하는 두 축에 뿌리를 박고 있다면, 레위기 25장의 희년법 역시 한편으로 구약 주변 세계에, 다른 한편으로 구약성경의 율법인 안식년법에 그 근거를 두고 있다.

(1) 역사적 기원: 구약 주변 세계의 기원[22]

이미 주전 18세기 이전 구약 주변 세계에서 반포된 고대 메소포타미아의 미샤룸(mišarum)법과 고대 바벨론의 안두라룸(andurarum)은 레위기 25장의 규정과 매우 유사한 내용을 담고 있다. 먼저 미샤룸법은 당시 임금이 등극할 때 기존의 사회질서를 새롭게 하기 위한 방편으로 빚을 면제하고, 노예를 해방시키며, 잃은 토지를 회복할 것을 명령한다. 안두라룸 역시 빚의 면제, 노예 해방, 토지 회복을 선언한다.

이러한 사회적 차원에서 구약 주변 세계의 법이 구약의 희년법과 공통점을 가지고 있다면, 차이점 역시 분명하게 나타난다. 구약 주변 세계의 법의 경우 임금이 임의적인 필요에 따라 비정기적으로 선포하는 반면, 희년은 하나님이 제정하신 법으로 주기적으로 삶 가운데 실천해야 하는 것이다. 또한 주전 18세기의 함무라비법전을 따르면 이러한 해방법의 혜택을 누릴 수 있는 사람들은 자유 시민(awilum)뿐이고 중상 계급(muškenum)과 노예(wardum)는 그러한 권리를 누리지 못한다. 이와 달리, 레위기의 희년법에서는 노예 상태에 빠진 모든 이스라엘 백성이 해방을 맞이한다.[23]

이처럼 안식년법의 경우와 마찬가지로 구약 율법은 주변 세계의 법을 문자 그대로 받아들이는 것이 아니라, 자기화, 곧 신학화하고

---

[22] 레위기 희년법의 고대 중동 배경은 이미 매우 많은 연구가 이루어졌다. 따라서 본 연구는 필요한 부분만 짧게 언급하고 대표적인 다음의 문헌들을 소개하는 것으로 만족한다. 이종근, "히브리 성서의 희년과 메소포타미아의 미샤룸 제도," 75-90; J. Lewy, "The Biblical Institution of Derôr in the Light of Akkadian Documents," *EI* 5 (1958), 21-31; M. Weinfeld, "Sabbatical Year and Jubilee in the Pentateuchal Laws and their Ancient Near Eastern Background," in T. Veijola ed., *The Law in the Bible and its Environment* (Göttingen: Vandenhoeck & Ruprecht, 1990), 39-62; J. S. Bergsma, *The Jubilee from Leviticus to Qumran*, 19-30

[23] 강사문, "희년법의 성서적 의미," 21.

있는 사실을 발견할 수 있으며, 이것은 레위기 25장의 형성 과정에서 더욱 철저하게 진행된다.

(2) 문학적 기원: 레위기 25장 안식년의 연속과 확장으로서의 희년

위에서 살펴본 것처럼 레위기 25장의 희년법은 구약 주변 세계의 법과 유사한 정신과 원리를 공유하고 있다. 이러한 점에서 레위기의 저자가 자신의 신학 체계 안에서 주위에 이미 존재하고 있었던 법을 자기화했을 가능성을 쉽게 예상할 수 있다. 그런데, 성경의 증언을 따르면 레위기의 희년법은 7년마다 지켜야 하는 안식년법에 근거한다(레 25:8). 따라서 희년에도 역시 안식년에서와 마찬가지로 경작과 추수는 금지된다(레 25:10-12). 이러한 점에서 안식년이 가지고 있는 땅의 휴식의 정신에 토지 반환과 노예 해방 규정이 덧붙여짐으로써, 희년법은 레위기 안식년법의 연속성 상에 확장·발전된다.[24] 다시 말해, 희년법은 7일, 7년 주기법에 따라 안식일과 안식년의 정신을 극대화한다.

이러한 점에서 내용의 측면과 형식의 측면에서 희년은 안식년에 기초하고 있는 것이 사실이다. 그러나 이러한 표면적인 연속성에 사로잡혀 희년이 안식년의 발전이자 결론이라고까지 주장하는 것은 본문이 제기하는 주요한 문제들을 제대로 인지하지 못하도록 방해한다.

첫째, 희년의 종국적 중요성을 강조하고 안식년의 지위를 상대화하는 오류이다. 사실 희년법은 구약성경의 세 법전 가운데 레위기의 성결법전에만 등장하는 반면, 7년법, 소위 '안식년법'은 계약법전,

---

[24] 레위기의 희년법이 신 15:12-18의 노예 해방법 역시 전제로 하고 있다는 입장도 있으나, 이것은 이 글의 연구 범위를 넘어선다.

성결법전, 신명기법전에 모두 등장한다. 희년(사 61:1-2) 선포가 누가복음에서 예수 그리스도의 첫째 설교로 소개됨으로써(눅 4:18-19) 그 기초가 되고 있는 안식년보다 많은 관심을 끈 것이 사실이다.[25]

그러나 안식년을 단지 희년의 예비법 정도로만 여길 경우 레위기의 안식년이 가지고 있는 보편정신은 희석되고 말 위험이 있다. 희년이 이방인을 혜택에서 제외시킴으로써 민족주의적 한계를 가지고 있는 반면, 안식년은 인간과 인간, 인간과 짐승 사이의 담을 허문다.

둘째, 안식년과 희년의 연속성만을 강조할 경우 이들 사이에 존재하는 불연속의 문제를 설명해야 한다. 앞서 지적한 '들짐승'과 '거류자'가 출애굽기 23장과 레위기 25장, 또 레위기 25장 내에서 파생시키는 충돌의 문제는 레위기 25장의 안식년과 희년 규정이 서로 다른 역사적 기원을 가지고 있지만, 이들이 레위기 25장이라는 동일한 본문의 자리에 함께 위치하게 된 본문의 최종 형성 과정을 상정하도록 만든다.

4. 레위기 25장의 형성에 대한 가설과 편집 의도

레위기 안식년의 수혜자를 안식년 본문 아래에서만 해석할 때, 어느 누구도 그 수혜자 명단이 가족 구성원을 뜻한다고 단언하기 힘들 것이다. 이러한 추론은 주지했듯이 안식년이 희년법의 기초로 설정됨으로써 이차적으로 파생되는 개념이며, 이것은 십계명의

---

[25] 눅 15장 탕자의 비유에 나타난 희년 모티브를 위해서는 필자의 "Lecture de la parabole du fils retrouvé à la lumière du Jubilé," *NT* 53 (2011), 211-221을 참조하라.

열째 계명에 나타난 가족 구성원 명단과 비교함으로 설명된다. 이러한 과정 가운데 자신의 대본에서 누락되지 않고 유지된 '들짐승'은 분문의 자리에서 대본이 가지고 있지 않던 새로운 의미를 지니게 된다. 독자들은 레위기 25장 본문의 자리에서 '들짐승' 역시 이스라엘의 가족 구성원으로 이해해야 하지만, 실제로 이것은 불가능하다. 이러한 마찰은 안식년이 희년의 기초로 설정됨으로써 파생된 부차적인 결과로 여겨진다.

이러한 마찰은 '거류민'의 경우에도 발생한다. 안식년과 희년을 독립적으로 읽을 경우 본문 내부적으로 '거류민'은 어떤 문제도 야기하지 않는다. 안식년에서의 거류민은 7년째 해 땅에서 저절로 자란 식물을 이스라엘 백성 및 짐승과 함께 먹고, 희년법에서의 거류민은 그가 부유해질 경우 이스라엘 백성을 종으로 삼을 수 있거나, 반대로 이스라엘 백성이 거류민의 후손 가운데에서 종을 삼을 수 있다.

문제는 이러한 '거류민'을 레위기 25장 전체에서 해석할 경우이다. 희년법의 기초가 되는 안식년법에서 거류민은 수혜자로 등장하는 반면, 안식년법의 확장인 희년법에서 거류민은 이스라엘을 위협하는 자로 나타나는 분열적인 모습은 이러한 두 율법이 서로 독립적인 기원을 가지고 따로 존재하고 있었는데, 후에 레위기 25장 혹은 성결법전의 최종 편집자가 이러한 이질적인 두 율법을 동질적인 7년 주기법으로 결합한 결과로 추론할 수 있다.

이러한 점에서 독자들은 비록 잠정적으로나마 희년이 49년째 해인가 50년째 해인가의 문제에 대해 바르게 접근할 수 있을 것이다. 이러한 질문 역시 역사적으로 서로 독립적인 법이 문학적으로 동질적인 법으로 묶이게 된 과정에서 발생하게 된 것으로 보인다. 구약 주변 세계에서 비정기적으로 실행된 유사 희년법이 정례화되는 과정, 또한 안식년의 기초 위에 이루어지는 과정 가운데 레위기 25장은 한 편에서 49년째 되는 해(레 25:8-9)를, 다른 한 편에서 50년째 되는 해(레 25:10-13)를 규정하고 있다.

성서의 증언을 따르면 '희년'은 일종의 확대된 '안식년'이다. 그러나 이러할 경우 '안식년'과 '또 다른 안식년' 사이에 존재하는 충돌과 불연속을 이해하기 쉽지 않다. 이러한 문제는 안식년과 희년의 기원을 역사적인 측면과 문학적인 측면으로 구분하여 이해할 때야 비로소 그 문제가 발생한 원인을 추정할 수 있다.

이처럼 안식년과 희년의 기원을 역사적인 측면과 문학적인 측면에서 구분하여 살펴봄으로써 레위기 25장의 형성사를 추적하고 두 율법 사이에 나타나는 충돌과 불연속을 이해하려고 시도해 보았다면, 다음으로 성결법전의 최종 편집자가 어떠한 의도를 가지고 안식년과 희년을 레위기 25장 안에 동질적인 법률로 묶었는가에 대해 생각해 볼 필요가 있다. 이를 위해서는 레위기 25장이 성결법전 전체에서 어떤 위치를 차지하고 있는지 살펴보아야 한다. 또한 이러한 레위기 25장에 위치된 안식년과 희년의 자리를 살펴보기 위해서 간접적으로 성결법전 내에서 다른 율법들과 비교해 볼 필요가 있다. 이러한 관점에서 레위기 23장의 절기법은 독자들의 눈길을 사로잡는다.

레위기 23장은 안식일, 유월절, 무교절, 속죄일, 초막절 등의 절기를 규정하고, 레위기 25장은 안식년과 희년을 규정한다. 또한 희년을 안식년(7년)이 7회 반복된 다음 해(7x7 +1년)로 규정한 것이 레위기 23장 15-16절에 규정되어 있는 맥추절의 모델 - 즉 유월절이 지난 지 일곱째 주 다음 날(7x7 +1일) - 을 따름으로써,[26] 레위기

---

26 희년 주기가 맥추절 주기를 따르고 있다는 가설은 이미 많은 학자들이 제기했다. M. Weinfeld, "Sabbatical Year and Jubilee," 58; idem, *Deuteronomy and the Deuteronom-*

25장을 23장과 분리하여 이해할 수 없다. 또한 이스라엘과 애굽 부모 밑에서 태어난 사람이 이스라엘 하나님의 이름을 모독한 이야기(레 24:10-33)가 레위기 23장과 25장 사이에서 '거류민'(גר)과 '본토인'(אזרח)을 병렬하여 사용함으로써(16, 22절), 레위기 25장의 안식년과 희년을 이러한 이질적인 민족 구성원의 관점에서 읽을 것을 제안한다.[27] 이러한 사실에서 독자들은 레위기 23-25장이 하나의 큰 단락을 형성하고 있음을 알 수 있다.[28]

이 글은 레위기 25장의 저자가 각기 독립된 법으로 안식년과 희년을 가지고 있었을 것을 가정한다. 그는 레위기 23-25장의 절기법의 큰 범위 안에서 그 결론부에 7년 주기법을 위치시킴으로 하나님의 창조질서와 정의가 장엄하게 구현되어야 할 것을 강조한다. 더 나아가 이러한 안식년법의 중요함은 단지 레위기 23-25장의 단락에서만 암시되는 것이 아니라, '축복과 저주'의 내용으로 성결법전을 마무리하는 레위기 26장에서 이스라엘 백성들이 땅의 안식을 보장하지 않을 경우 포로로 끌려가게 될 것이라는 경고를 통해 다시 한 번 그 중요성을 강조한다(레 26:33-35, 42-43).[29]

이처럼 레위기 25장의 안식년과 희년은 단지 땅의 휴경, 노예 해

---

ic School (Oxford: Clarendon, 1972), 220; J. Wellhausen, *Prolegomena to the History of Israel* (Atlanta: Scholars Press, 1994), 118-119; J. Milgrom, *Leviticus 23-27*, 2163, 2166; B. A. Levine, *Leviticus*, 169-170.

[27] 레 24장이 23-25장의 단락 안에서 차지하고 있는 위치를 위해서는 L. M. Trevaskis, "The Purpose of Leviticus 24 within its Literary Context," *VT* 59 (2009), 295-312를 보라. 그러나 이 논문은 레 24장이 다음 장의 내용을 준비하고 있는 사실을 발견하지 못한다.

[28] 레 23-25장의 문학적 통일성을 위해서는 V. Wagner, "Zur Existenz des sogennanten 'Heiligkeitsgesetzes,'" *ZAW* 86 (1974), 312-316을 참조하라.

[29] 성결법전에서 레 25장과 26장의 관련과 26장에서 안식년의 중요성을 위해서는 G. A. Anderson, *Sin: A History* (New Heaven - London: Yale University Press, 2009), 55-74를 보라.

방, 토지 환원 등과 관련된 법률적 의미만을 가지고 있지 않다. 이 것은 제사장 전통의 창조신학(창 1-2:4상)을 역사화하고 성결법전의 결론(레 26장)에서 하나님의 율법에 대한 순종의 척도로 나열되며, 히브리 성서 타낙(Tanakh)의 마지막 구절인 역대하 36장 21절[30]이 다시 한 번 안식년의 실천 여부를 언급함으로써 이스라엘의 존립 여부를 결정짓는 상징적인 율법으로 작용한다. 하나님, 땅, 백성의 바른 관계가 유지되도록 규정하는 안식년법과 희년법을 레위기 25장 안에 위치시킴으로써, 성결법전과 히브리 성경의 최종 편집자는 단순한 율법 규정을 넘어 새로운 신학적 의미를 두 율법에 부여하게 된다.

5. 맺음말

지금까지 안식년과 희년 사이에 존재하는 충돌과 불연속성의 문제에 착안하여, 이 글에서 레위기 25장이 내재적으로 지니고 있는 문제를 이해하려고 시도했다. 희년을 안식년의 연속성 위에서만 바라볼 때, 독자들은 이들 법이 상호 충돌하는 면을 주목하지 못하거

---

30 대하의 마지막 구절 36:22-23은 스 1:1-3과 동일하다. 대하 36:22-23이 앞으로 다가올 이스라엘 역사를 희망으로 선포하기 위한 후대의 첨가인지 본래 이 책에 속하는지 논란이 많다. 이를 위해서는 다음의 연구들을 참조할 수 있다. H. G. M. Williamson, *1 and 2 Chronicles*, NCBC (Grand Rapids: Eerdmans, 1982), 419; E. L. Curtis and A. A. Madsen, *A Critical and Exegetical Commentary on the Books of Chronicles*, ICC (New York: Charles Scribner, 1910), 423; S. J. De Vries, *1 and 2 Chronicles*, FOTL 11 (Grand Rapids: Eerdmans, 1989), 423; S. Japhet, *I & II Chronicles: A Commentary*, OTL (Louisville: John Knox, 1993), 509; W. Johnstone, *1 and 2 Chronicles, vol.2, 2 Chronicles 10-36. Guilt and Atonement*, JSOTS 254 (Sheffield: Sheffield Academic Press, 1997), 274-276.

나 무시할 수밖에 없다. 두 율법이 보여주는 충돌과 불연속성은 과거 독립된 법으로 존재하고 있던 안식년과 희년을 하나의 통합된 법률 규정으로 묶으려는 저자와 편집자의 고뇌를 바라보게 한다.

레위기 25장은 서로 다른 기원을 가지고 있는 두 율법을 동일한 하나의 신학적 관점에서 관련시킨다. 이러한 과정 가운데 출애굽기의 '들짐승'은 레위기에서 새로운 의미를 지니게 되고, 독립된 주체로서 '거류민'은 그 정체를 파악하기 힘든 야누스적 존재로 드러난다. 그러나 이러한 충돌은 성서 저자와 최종 편집자의 기술적인 어수룩함을 폭로하지 않는다. 오히려 이러한 충돌과 불연속성은 하나의 문학적 단서로서, 쉽게 지나칠 수 있는 과거의 역사가 지니고 있는 의미와 저자의 치열한 창작 활동에 함께 참여하도록 성경을 읽는 독자들을 이끈다.

제6장

토라! 율법인가, 이야기인가?:
레위기 25장의 안식년 규정을 중심으로

1. 율법서의 성격에 관한 최근 논의

히브리 성경 타낙(Tanak)의 첫 구성요소인 토라(תורה)가 그리스어 노모스(νόμος)로 옮겨진 이래 흔히 율법서로 불리지만, 토라는 단순히 율법도 율법서도 아니다.[1] 이는 단지 이들 용어가 '가르치다'라는 뜻을 가진 토라의 어원 야라(ירה)의 의미를 제대로 반영하지 못하기 때문이 아니라, 토라가 율법 이외에 이야기(narrative), 더 나아가 시문 또한 포함하고 있기 때문이다.[2]

---

[1] 이 글은 2011년 4월 25일 장로회신학대학교 제68회 성서학 심포지움에서 발표한 것을 수정·보완한 것이다. 심포지움에 초대해 주신 배희숙 교수님(성서학연구원장)과 글의 내용과 구성, 우리말 표현에 대하여 세심하게 조언해주신 박동현 교수님께 감사한다. 「신학논단」 64 (2011), 7-22에도 실려 있다.
　이 논문에서 '토라'는 히브리 성경 '타낙'의 첫 구성요소인 오경을 말하고, '율법'은 토라에 들어 있는 중심 장르를 말한다.

[2] 박동현, 『구약성경개관』 (서울: 장로회신학대학교출판부, 2010), 41. 이 글에서 '이야기'는 문학 장르로서 영어의 'narrative'를 번역하기 위해 사용한다. 학자에 따라서는 이를 '설화(說話)'로 옮기기도 하지만, 이것은 '1. 있지 아니한 일에 대하여 사실처럼 재미있게 말함. 또는 그런 이야기. 2. 〈문학〉 각 민족 사이에 전승되어 오는 신화, 전설, 민담 따위를 통틀어 이르는 말'을 뜻하기에, 성경의 'narrative'를 옮기기에 적당하지 않다. 국립

그런데, 토라를 단지 율법서로 정의할 수 없는 더욱 중요한 이유는 토라가 이처럼 율법 이외의 다른 문학 장르를 포함하고 있기 때문만도 아니다. 그것은 토라가 사실상 하나의 거대한 이야기를 이루고 있기 때문이다. 즉, 토라는 그 첫머리에서 하나님이 세상을 창조하신 이야기(창 1장)로부터 시작하여 그 마지막에서는 모세가 죽는 이야기로 마무리된다(신 34장). 이처럼 토라에 나타나는 율법이 이야기의 한 부분으로 등장하는 점[3]에서 토라는 단순한 율법서가 아니라, 율법을 포함하고 있는 이야기로 불러야 한다.

지금까지 많은 구약성경 연구가들은 율법[4]과 이야기[5]를 독립적으로 연구해 왔다. 대부분의 연구를 따르면, 이야기는 단지 율법이 선포된 배경으로, 율법은 토라의 최종 편집자가 기존에 존재하고 있던 이야기 가운데 적절한 장소에 삽입한 것으로 여겨진다.[6] 그러나 이러할 경우 율법과 이야기는 서로 이질적인 것으로, 이들이 가지고 있는 유기적인 상관관계를 표현하지 못한다. 토라의 율법은 일차적으로 그 율법이 선포된 이야기 가운데 해석해야 하는데, 이

국어원 표준국어대사전 (http://stdweb2.korean.go.kr/search/List_dic.jsp) 참조.

3 J. Joosten, "L'imbrication des codes législatifs dans le récit du Pentateuque: le cas du 'Code de Sainteté' (Lévitique 17-26)," in Ed. Lévy ed., *La codification des lois dans l'antiquité. Actes du Colloque de Strasbourg 27-29 novembre 1997* (Paris: De Boccard, 2000), 125.

4 예를 들어, F. Crüsemann, *Die Tora: Theologie und Sozialgeschichte des alttestamentlichen Gesetzes* (München: Chr. Kaiser, 1997).

5 대표적으로 R. Alter, *The Art of Biblical Narrative* (New York: Basic Books, 1981); M. Sternberg, *The Poetics of Biblical Narrative: Ideological Literature and the Drama of Reading* (Bloomington: Indiana University Press, 1985); J. Fokkelman, *Reading Biblical Narrative: A Practical Guide* (Leiden: Deo Publishing, 1999).

6 성결법전에 대한 이러한 입장을 위해서는 K. Grünwaldt, *Das Heiligkeitsgesetz Leviticus 17-26: Ursprüngliche Gestalt, Tradition und Theologie*, BZAW 271 (Berlin – New York: W. de Gruyter, 1999), 23-130을 참조하라.

럴 때에라야 비로소 토라에 등장하는 이야기는 비단 가상적 배경으로 단순하게 처리되는 것이 아니라, 오경의 저자 혹은 최종 편집자가 이러한 진술된 이야기 가운데 율법을 배치한 동기를 파악할 수 있다.

이 글에서 토라가 과연 무엇인지, 율법인지 이야기인지, 이들을 포함한 집합체인지, 아니면 그 이상인지, 토라를 다시 이해하고자 한다. 이것은 토라를 구성하는 율법과 이야기를 더 주의 깊게 관찰하고, 이들이 형성하는 유기적 관계를 파악함으로써 가능하다. 제한된 면을 통해 이러한 연구 목적을 효과적으로 달성하기 위해, 이 글에서는 레위기의 안식년 본문(레 25:1-7)을 하나의 예로 선정한다. 안식년 본문에 대한 고찰은 다음과 같은 점에서 유리하다.

첫째, 안식년 규정은 레위기 25장 전체에서 이야기 혹은 설교 요소를 가지고 있기 때문이다.

둘째, 레위기의 안식년 본문은 토라에서 창조신학과 구원신학을 결합하는 역할을 수행하며 안식년의 신학뿐 아니라 토라의 주요 신학을 드러내기 때문이다.

물론 안식년이라는 단 하나의 예가 토라에 나타나는 모든 율법과 이야기의 관계를 일반화하기에는 한계가 있다. 그러나 안식년 규정을 중심으로, 현재 진행 중에 있는 토라 연구, 율법과 이야기 사이에 존재하는 관계를 파악하는 데 일조할 것으로 기대한다.

2. 이야기 성격을 띠는 레위기 25장 1-7절

레위기 25장 1-7절의 안식년 본문이 율법인가, 이야기인가의 질문은 어리석어 보인다. 이 본문은 분명히 성결법전(레 17-26장)의 마지막 단락(레 25:1-26:46)[7]에 위치하여, 이스라엘 백성들이 가나안 땅에 들어가서 지켜야 할 법으로 명시되고 있기 때문이다.

> 여호와께서 시내산에서 모세에게 말씀하여 이르시되 이스라엘 자손에게 말하여 이르라 너희는 내가 너희에게 주는 땅에 들어간 후에 그 땅으로 여호와 앞에 안식하게 하라(레 25:1-2).[8]

문학 형식의 차원에서 바라볼 때, 레위기에는 단지 두 개의 이야기만 존재한다. 10장의 나답과 아비후의 이야기와 24장 10-16절에 나타나는 하나님의 이름을 모독하는 사람의 이야기가 바로 그것이다. 안식년 규정을 포함한 나머지 모든 레위기 본문은 율법에 해당한다.

그러나 안식년 규정을 읽는 독자들은 과연 이 본문이 진정한 의미에서 율법인지 질문할 수 있다. 우선적으로 이 법은 현실에서 실천할 수 없는 법으로 여겨진다. 이스라엘 백성들이 6년 동안 땅을 경작한 후, 7년째 되는 해에 동시에 이스라엘 온 땅을 쉬게 해야

---

[7] 레 25장과 26장은 첫 구절(레 25:1)과 마지막 구절(레 26:46)에 '시내산'을 언급함으로써 독립적인 단락을 구성한다. '시내산'은 7:37과 27:23에도 나와 단락을 마무리 짓는다. H. L. Ginsberg, *The Israelian Heritage of Judaism*, Texts and Studies of the Jewish Theological Seminary of America 24 (New York: JTS, 1982), 100은 레 25-26장 단락을 '시내산 계약'(The Mount Sinai Covenant)으로 부른다.

[8] 본 연구에서 성경본문을 인용할 때, 개역개정판을 사용한다.

한다는 것은 이상에서만 실현 가능한 것으로 보인다.[9] 이런 질문에 대하여, 최근 루시아니(Luciani)는 레위기 25장의 문학 구조를 분석함으로써, 율법의 문학 형식으로 기록된 안식년 본문 배후에는 백성들이 먹을 양식에 대해 가지고 있는 근심에 대하여, 하나님은 1년 혹은 2년 동안의 휴경 동안에도 먹을 양식을 충분히 제공해 주신다는 확신을 선포한 설교 혹은 이야기 요소가 존재하고 있다고 주장한 바 있다.[10]

1) 창세기 47장 등에 비추어 본 레위기 25장 연구의 문제점

루시아니가 안식년 본문을 단지 하나의 율법 조항으로 여기지 않고, 이야기를 통해 선포된 설교의 요소를 발견했다면, 안식년 본문은 실제로 이스라엘 역사에서 일어났던 이야기의 축소판(laws as miniature narratives)[11]이라고 주장한 커마이클(Carmichael)의 입장은 주목할 만하다. 이 저자의 문제의식은 그 동안 안식년 본문을 구약 주

---

[9] 수많은 문헌 중 예를 들어, E. Cazelles, *Le Léitique*, La Sainte Bible 3 (Paris: Cerf, 1958), 114.

[10] D. Luciani, "Le jubilé dans Lévitique 25," *RTL* 30 (1999), 473; idem, *Sainteté et pardon, vol. 2 : Guide technique*, BETL 185B (Leuven – Paris – Dudley: Peeters, 2005), 418의 문학 구조 분석을 따르면, 레 25장의 교차 대구[A(2aβ-7절), B(8-13절), C(14-17절), D(18절), E(19절), X(20-22절), E'(23절), D'(18절), C'(25-34절), B'(35-43절), A'(44-55절)] 구조 중앙에, 안식년과 희년의 실천 가능성을 보장하는 하나님의 축복의 말씀(20-22절)이 위치한다. 이러한 분석이 가지고 있는 문제점을 아래 141쪽 이하에서 더 자세하게 다룰 것이다.

[11] C. M. Carmichael, *The Spirit of Biblical Law* (Georgia: Georgia University Press, 1996), 49.

변 세계[12]에서 행하던 농업 관습에 비추어 해석[13]하는 것에 이의를 제기하는 것에서 출발한다.[14] 커마이클은 구약성경의 율법이 이스라엘 역사에서 발생한 사건들을 전제로 하여 기술되었다는 가설 아래, 안식년법의 배경을 구약 주변 세계에서 찾기 전에 율법을 탄생시킨 대본(Vorlage)으로 작용하고 있는 구약성경의 이야기에서 찾아야 한다고 주장한다.

커마이클은 비교문학의 방법을 통해 레위기 25장의 안식년/희년 본문을 창세기 47장에 나타나는 요셉 이야기에 견주어 해석한다. 그는 비록 레위기 저자가 애굽에서 발생한 배경을 명시하고 있지 않지만, 안식년법은 애굽에서 고난받은 조상들의 삶에 대한 기억을 반영한다고 주장한다.[15] 이러한 주장이 가능한 까닭은 두 본문 안에 상당한 유비가 나타나기 때문이다. 커마이클은 먼저 두 본문에 공통으로 등장하는 7년 주기에 주의를 기울인다. 다음으로 그는 희년 본문이 언급하고 있는 6년째 해에 산출된 풍성한 농작물이 다음 3년 동안까지도 충분하게 제공될 것이라는 내용(레 25:21-22)은 창세기 47장에 기록되어 있는 흉년 동안에도 모든 사람들이 먹을 수 있는 풍요한 시기를 상기시킨다고 주장한다.[16]

---

[12] 서양학계에서는 보통 '고대 근동'(The Ancient Near East)이라고 하지만, 이 글에서는 박동현, 『구약학개관 개정증보판』(서울: 장로회신학대학교출판부, 2010), 86의 제안을 따라 유럽 중심의 이런 표현 대신에 구약 주변 세계라는 표현을 쓰기로 한다.

[13] 대표적인 입장을 위해서는 M. Weinfeld, *Social Justice in Ancient Israel and in the Near East* (Jerusalem: Magness Press, 1995), 152-178을 보라.

[14] C. M. Carmichael, *The Spirit of Biblical Law*, 8; idem, "The Sabbatical/Jubilee Cycle and the Seven-Year Famine in Egypt," *Bib* 80 (1999), 224-227; idem, *Illuminating Leviticus: A Study of Its Laws and Institutions in the Light of Biblical Narratives* (Baltimore: The John Hopkins University Press, 2006), 124-127.

[15] C. M. Carmichael, "The Sabbatical/Jubilee Cycle," 228.

[16] C. M. Carmichael, "The Sabbatical/Jubilee Cycle," 229.

계속해서 그는 두 본문에서 대비되는 내용을 제시하는데, 애굽 사람들이 흉년을 겪은 뒤 바로의 노예가 되었다면(창 47:25), 가나안 땅에서 이스라엘 백성들은 하나님의 노예, 하나님의 종이 되었다는 것이다.[17] 커마이클은 레위기 25장의 저자는 창세기 47장의 내용을 개작했는데, 가나안 땅에서 이스라엘 백성들은 애굽의 질서를 따르지 말고, 하나님의 질서를 따라야 할 것을 에둘러 말했다는 것이다(레 18:3). 이러한 주장을 입증하기 위해, 그는 두 본문 사이에 존재하는 공통된 어휘를 든다. 이것은 '소유(지)'(אֲחֻזָּה; 창 47:11, 27 // 레 25:10, 13, 41)와 '엄하게'(בְּפָרֶךְ; 출 1:13, 14 // 레 25:43, 46, 53; 겔 34:4)로서, 특별히 '엄하게'라는 표현이 출애굽기와 레위기, 또한 에스겔의 한 구절에만 나타나는 사실은 안식년법과 요셉 이야기 사이에 끊을 수 없는 관계가 존재함을 입증한다고 주장한다.[18]

희년법에서 이스라엘 백성들이 자신의 동족을 엄하게 다스리면 안 되는 것은 애굽에서 종으로 겪었던 삶을 회상하며 살아야 하기 때문이라는 것이 그의 논지이다. 이러한 점에서 커마이클은 이들 단어가 두 본문에 공통적으로 사용된 것이 단지 우연에 의한 것이 아니라, 요셉 이야기가 안식년/희년법을 제정하는 데 영감을 주었다고 주장한다.[19]

안식년법을 요셉 이야기에 빗대어 해석한 커마이클의 시도는 매우 흥미롭고 독창적이다. 그러나 독자들은 그의 논증을 신중하게

---

[17] 커마이클은 자신의 스승이 제안한 출애굽의 '주인의 변화'(change of master) 모델을 제시하지만, 이 표현과 스승의 문헌을 명시하지 않는다. 이 모델을 위해서는 D. Daube, *The Exodus Pattern in the Bible*, All Souls Studies II (London: Faber and Faber, 1963)를 보라.

[18] 커마이클을 따르면 율법은 이야기와 끊을 수 없는 관계에 있다. C. M. Carmichael, *Illuminating Leviticus*의 결론의 제목이 'The Inseparability of Biblical Laws and Narratives'이다(161–166).

[19] C. M. Carmichael, "The Sabbatical/Jubilee Cycle," 233–234.

검토해야 한다. 이를 위해, 구약의 세 법전(계약법전, 성결법전, 신명기 법전)에 나타나는 율법을 창세기의 이야기에 비추어 해석하는 커마이클의 전형적인 방법[20]을 해석학적 입장에서 신랄하게 비판한 레빈슨(Levinson)에 귀 기울일 필요가 있다.

레빈슨은 커마이클의 성서해석 방법에는 치명적인 약점이 있는데, 그것은 바로 율법 본문을 법 전승의 맥락에서보다 이야기에 대한 알레고리로 여긴다는 것이다.[21] 즉 커마이클의 주석은 새로운 형태의 미드라쉬적 학가다(neo-midrash haggadah 혹은 neo-midrash eisegesis)에 해당한다는 것이다. 이러한 랍비식의 해석은 많은 경우 본문들에 나타나는 공통된 단어를 유추하여 해석하는 경향이 있는데, 레빈슨은 이러한 방식을 '창조적 언어학'(creative philology)이라 부른다.[22] 이 연구와 관련된 본문에서는 '엄하게'라는 용어가 바로 이에 해당한다. 레빈슨이 바르게 지적했듯이, 성경의 율법은 이야기에 유추하여 그 근원을 해석하는 동시에, 이전에 존재하거나 동시대에 기록된 병행 율법들과의 관계 안에서 연구해야 한다.[23]

---

[20] C. M. Carmichael, *The Origins of Biblical Law: The Decalogues and the Book of the Covenant* (Ithaca: Cornell University Press, 1992); idem, "Laws of Leviticus 19," *HAR* 9 (1995), 239-256; idem, "Forbidden Mixtures in Deuteronomy XXII 9-11 and Leviticus XIX 19," *VT* 45 (1995), 433-448; idem, *Law, Legend, and Incest in the Bible: Leviticus 18-20* (Ithaca: Cornell University Press, 1997).

[21] B. M. Levinson, *"The Right Chorale": Studies in Biblical Law and Interpretation*, FAT 54 (Tübingen: Mohr Siebeck, 2008), 226, 236.

[22] B. M. Levinson, *"The Right Chorale": Studies in Biblical Law and Interpretation*, FAT 54, 241-243. 그는 이 용어를 J. Heinemann, *Darkhe ha-Aggadah* (Jerusalem: Magness, 1970), 108에서 빌린다. 또다른 비판을 위해서는 F. Crüsemann, *Die Tora*, 22, n. 70; J. Milgrom, *Leviticus 17-22*, AB 3 A (New York: Doubleday, 2000), 1347-1348을 참조하라.

[23] 신명기의 경우, B. M. Levinson, *Deuteronomy and the Hermeneutics of Legal Innovation* (New York: Oxford University Press, 1997); 이영미 옮김, 『신명기와 법 혁신의 해석학』 (오산: 한신대학교출판부, 2008). 레위기의 경우, 아래 137쪽 이하를 참조하라.

커마이클의 주석 방법론이 가지고 있는 일반적인 문제에 대한 레빈슨의 지적 이외에, 커마이클의 방법론의 장점을 인정하여 수용한다 할지라도, 레위기 25장의 안식년법과 창세기 47장의 요셉 이야기 사이에 존재하는 신학의 차이 역시 간과할 수 없다. 우선적으로 레위기 안식년은 창세기 47장에서와 같이, 흉년(רעב)[24]을 언급하지 않는다. 마카비상 6장에서 안식년이 재앙의 해로 묘사되는 경우가 있지만,[25] 구약성경은 안식년도 희년도 결코 재앙의 해로 규정하지 않는다.[26] 반대로 인간이 땀 흘려 일하지 않아도 다른 피조물과 함께 먹을 수 있는 축복의 해이다.[27]

또한 레위기 25장의 안식년은 6년째 되는 해에 다음 해를 위하여 식물을 저장하라고 명하지 않는다. 이것은 흉년을 대비하여 곡식 창고에 저장하는 요셉의 계교와는 거리가 멀다. 물론 이러한 차이는 미드라쉬가 가지고 있는 문학 창조 과정에 의한 각색에서 기인한 것으로 이해할 수 있다. 그러나 문제는 두 본문 사이에는 극명한 신학의 차이가 존재한다는 사실에 있다. 흉년을 대비하는 요셉의 계획이 하나님이 주신 지혜로부터 말미암는다면,[28] 제사장 전

---

24   창 12:10(x 2); 26:1(x2); 41:27, 30(x2), 31, 36(x2), 50, 54(x2), 55, 56(x2), 57; 42:5; 43:1; 45:6, 11; 47:4, 13(x2), 20; 출 16:3; 신 8:3; 28:48; 32:24 (오경의 용례).

25   J. Pastor, "The Famine in 1 Maccabees: History or Apology?," in G. G. Xeravits and J. Zsengellér eds., *The Books of the Maccabees: History, Theology, Ideology*, Papers of the Second International Conference on the Deuterocanonical Books, Pápa, Hungary, 9-11 June, 2005, SJSJ 118 (Leiden - Boston: Brill, 2007), 31-43 참조.

26   안식년과 희년을 동일한 단락으로 설정한 커마이클의 주장은 신중하지 않다. 레 25장의 안식년과 희년이 가지고 있는 충돌과 불연속성을 위해서는 김선종, "레위기 25장의 형성: 안식년과 희년의 연속성과 불연속성,"「장신논단」 40 (2011), 96-117을 참조하라.

27   J.-F. Lefebvre, *Le jubilé biblique: Lv 25 - exégèse et théologie*, OBO 194 (Fribourg: Editions Universitaires, 2003), 77 참조.

28   요셉 이야기가 가지고 있는 지혜문학적 요소를 위해서는 G. von Rad, "Josephges-

통에 속하는 레위기 25장은 지혜학파의 저술 활동과는 거리가 멀다.

레위기 25장의 안식년법과 창세기 47장 요셉 이야기 사이에 조화시키기 힘든 차이가 존재한다면, 토라의 다른 부분에서 인간의 지혜와 노력 없이 오직 하나님의 은혜로 백성들이 생존한 경험을 전하는 이야기를 찾아야 한다.

독자들은 출애굽기 16장과 민수기 11장에 있는 만나와 메추라기의 이야기를 떠올릴 수 있다. 이스라엘 백성들이 일곱째 해에 어떠한 일도 해서는 안 되듯이, 이들은 광야에서 일곱째 되는 날에는 만나를 주워서는 안 되었다. 이러한 내용적 연관성 외에 주목해야 하는 점은 안식년법 본문과 만나 이야기 본문이 공통적으로 '야웨를 위한 안식'(שַׁבָּת לַיהוָה)이라는 제의적 표현을 사용하고 있다는 점이다(출 16:25; 레 25:2, 4). 이들 본문은 같은 용어와 동일한 신학의 주제를 발전시킴으로 하나님에 대한 신뢰와 은혜를 강조한다.

그러나 만나 이야기에서 6일째 되는 날에는 그 다음 날 양식을 위하여 이틀 분의 양을 준비하는 것(출 16:22)과 달리, 안식년법에서는 6년째 되는 해에 안식년을 위해 양식을 비축하라는 언급이 전혀 없다. 안식년의 소출이 아닌, 안식년 자체가 먹을 것이 된다.[29] 또한 만나 이야기는 7일 주기에 관한 이야기로서, 엄밀히 말해 7년 주기법인 안식년법의 기원을 설명하는 이야기로 적합하지 않다.[30]

---

chichte und ältere Chokma," in *Congress Volume. Copenhagen 1952*, VTS 1 (Leiden: Brill, 1953), 120-127을 보라. 그러나 요셉 이야기의 지혜를 구약성경의 지혜문학과 달리 이해해야 한다는 주장을 위해서는 M. V. Fox, "Wisdom in the Joseph Story," *VT* 51 (2001), 26-41을 참조하라.

29 '그리고 그 땅의 안식이 너희에게 먹을거리가 될 것이다'(레 25:6aα의 사역).

30 2010년 5월 12일 바젤대학교에서 필자와 나눈 대화에서 한스 페터 마티스(Hans-Peter Mathys) 교수는 안식년법이 실현된 적 없는 이상적인 법이기 때문에, 안식년법에 상응하는 이야기가 존재하지 않는 것은 당연하다고 주장한다.

2) 창세기 1장 1절-2장 4a절과 레위기 25장 1-7절의 관련성

만나와 메추라기 이야기가 레위기 25장의 안식년 규정에 나타나는 언어와 사상을 공유하는 것은 분명하지만, 이들 이야기는 광야에서 벌어졌던 단편적인 사건을 전달하는 이야기에 불과하다. 이들 이야기가 안식년 규정을 제정하게 한 특별한 동기를 부여했다고까지 생각하기는 어렵다.

이와 달리 레위기의 안식년 규정에 사상적인 전거를 제공한 이야기를 발견할 수 있는데, 이것은 창세기 1장에 나타나고 있는 창조 이야기(creation narrative)이다. 물론 창세기 1장의 창조 이야기도 안식년과 달리 7일 주기를 말하고 있는 점에서, 만나와 메추라기 이야기와 크게 다를 바 없다고 생각할 수 있다. 그러나 만나와 메추라기 이야기가 이스라엘 백성이 광야를 지나던 일시적인 시간에 벌어졌던 에피소드에 해당한다면, 창조 이야기는 전 우주적 창조질서를 언급하고 있는 점에서, 만나와 메추라기 이야기와는 그 차원이 다르다.

이 글에서는 일곱째 해에 땅을 경작하지 않고도 생존할 수 있다는 안식년 규정의 진술을 인간의 지혜로 말미암은 해결방안이 아님을 밝혔다. 이것은 바로 하나님과 땅이 베푼 은혜에 기인한다. 이러한 근거는 다름 아닌 태초의 창조질서에서 발견된다. 인간보다 앞서 창조된 땅은 인간의 간섭 없이 스스로 각종 식물을 낸다(창 1:11-12). 이러한 땅이 내는 식물은 인간과 짐승 모두에게 먹을거리가 된다(창 1:29-30).[31] 더 나아가, 이스라엘 백성과 이방인, 또한

---

31 더 자세한 내용과 참고문헌을 위해서는 Sun Jong Kim, "Les enjeux théologiques des bénéficiaires de l'année sabbatique (Lev 25,6–7)," *ZAW* 122 (2010), 38–43. 성결법전의 땅이 가지고 있는 인격성을 위해서는 박동현, "처음 땅에 대한 첫 번째 이야기:

인간과 짐승이 완전히 같은 자격으로 안식년의 소산물을 누릴 수 있다(레 25:6-7)는 성결법전(H)의 보편주의 정신은, 하나님은 태초에 '이스라엘 백성'을 창조하신 것이 아니라, '인간'(אדם)과 '짐승'을 창조하시고, 그들을 차별 없이 보호하신다는 제사장 신학(P)의 보편주의에 기인한다.[32]

이러한 점에서 레위기 25장은 하나님의 창조신학을 이스라엘 역사 가운데 구체적으로 실현하고자 안식년법을 제정한 것으로 보인다. 이러한 의미에서 안식년 규정은 요셉 이야기에서 착안되었다고 주장한 커마이클의 주장은 수정해야 한다. 이스라엘 백성은 안식년 동안 하나님의 창조질서와 출애굽의 구원의 역사[33]를 묵상하며, 그들의 역사 가운데 구체적으로 하나님의 창조질서가 수행됨을 경험하도록 요청받는다. 이러한 점에서 레위기 25장의 안식년 규정은 단순한 농경법이 아니요, 그 심층부에 하나님의 창조신학과 구원신학, 율법과 이야기가 절묘하게 결합되어 있다.

하나님 보시기에 좋은 땅은?(창 1:11-12)," 『예언과 목회 [I]』 (서울: 한국장로교출판사, 1993), 324-331; 박동현, "네 형제가 가난해져서(레 25장 다시 읽기)," 『예언과 목회 [IV]』 (서울: 한국장로교출판사, 1996), 358-361; 본서 제4장 "성결법전의 땅"을 참조하라.

32 일부 학자들은 창 1장이 성결법전에 속하는 것으로 생각한다. Howard Eilberg-Schwartz, "Creation and Classification in Judaism: From Priestly to Rabbinic Concepts," *HR* 26 (1987), 357-381; E. Firmage, "Genesis 1 and the Priestly Agenda," *JSOT* 82 (1999), 111-112; J. Milgrom, "HR in Leviticus and Elsewhere in the Torah," in R. Rendtorff and R. A. Kugler eds., *The Book of Leviticus: Composition and Reception*, SVT 93 (Leiden: Brill, 2003), 33.

33 레 25장이 설정하는 안식년 규정의 배경은 출애굽을 경험한 이후 시내산에서 벌어진다.

3. 율법 성격을 띠는 레위기 25장 1-7절

위에서 레위기 25장의 안식년 본문이 가지고 있는 이야기 요소(설교 혹은 교훈의 요소)를 시작으로 하여, 율법에 상응하는 것으로 제시된 요셉 이야기와 만나, 메추라기 이야기, 더 나아가 안식년의 기본 원리로 작용하고 있는 창조 이야기가 안식년 본문과 가지고 있는 관계를 살펴보았다. 이러한 입장은 안식년이 가지고 있는 신학의 의미를 입체적으로 이해하는 데 기여한다. 그리고 더 나아가 하나의 율법을 그저 자구적으로 이해하지 않고, 실제 일어났거나 일어날 수 있는 현실을 기반으로 하여 제정되었을 것이라고 추측하게 한다.[34]

그러나 레위기 안식년 본문이 법으로서 가지고 있는 가치와 중요성을 간과해서는 안 된다. 비록 현실적으로 실행하기 어려운 법으로 보이지만, 성결법전의 마지막 구절은 성결법전이 법(חק)과 율례(משפט)임을 명시(레 26:46; 참조. 27:34)함으로써, 그러한 법을 실제로 행하라고 요구한다. 이를 다시 말하면, 성결법전의 율법 조항들은 단순히 삶을 위한 교훈과 가르침으로서의 의미뿐 아니라, 문자적인 의미에서의 율법으로 지켜야 함을 의미한다.[35] 이러한 점에서 안식년법은 지킬 수 있는가의 가능성의 문제가 아니라, 지켜야 하는 당위의 문제를 제기한다.

위와 같은 안식년 본문을 법으로 이해해야 한다는 기본 전제를 바탕으로, 다음 단락에서 레위기의 안식년 본문이 단순히 신앙의 교훈을 전달할 뿐 아니라, 율법으로 여겨야 하는 근거를 자신의 대

---

34 C. M. Carmichael, *Law and Narrative in the Bible*: *The Evidence of the Deuteronomic Laws and the Decalogue* (Ithaca – London: Cornell University Press, 1985), 13–23.
35 J. Joosten, "Moïse a-t-il recelé le Code de Sainteté?," *BN* 84 (1996), 81.

본(Vorlage)인 계약법전의 휴경법(출 23:10-11)[36]과의 대조와 성결법전의 시내산 단락(레 25-26장)에 대한 관찰을 통해 살펴볼 것이다.

1) 출애굽기 23장 10-11절과 레위기 25장 1-7절

먼저 독자들은 소위 안식년법이라고 불리는 7년법이 구약성경의 세 법전에 모두 등장하고 있는 사실을 주목해야 한다.[37] 이들은 모두 7년째 되는 해에 해야 할 일을 언급하고 있는데, 문헌학적으로 출애굽기 23장 10-11절의 휴경법 본문이 레위기 25장 1-7절의 안식년 본문과 신명기 15장 1-11절 면제년 본문의 모태가 되었을 것이라는 점에는 거의 모든 학자들이 동의한다.[38]

문제는 왜 동일한 해에 대한 규정이 세 법전을 통해 서로 다른 모습으로 나타나고 있는가의 문제이다. 출애굽기와 레위기의 제7년에 관한 규정이 농사일에 관련되어 있다면, 신명기의 면제년은 빚의 면제와 관련된 경제 규정이다. 율법에 대한 이러한 개정 작업이 나타나고 있는 사실은 구약성경의 율법이 단지 과거에 발생했던 사건에 대한 축소판으로서의 의미만 지니고 있는 것이 아니라, 이스라엘 백성이 그들이 처한 사회에서 구체적으로 실천할 수 있도록 법조문을 고친 것이라고 추측하게 한다.[39] 많은 개정 작업 중

---

36 비록 출 23장에서 휴경 문제는 11절 첫머리에만 나오고, 23:10-11의 관심이 안식년 소출의 사용에 있지만, 본 연구는 소위 안식년으로 불리는 제7년에 관한 법을 구분하기 위해, 출애굽기의 안식년 규정은 '휴경법'으로, 레위기의 안식년 규정은 '안식년법'으로, 신명기의 안식년 규정은 '면제년법'으로 부른다.

37 세 본문의 비교를 위해서는 G. Lasserre, *Synopse des lois du Pentateuque*, SVT 59 (Leiden: Brill, 1994), 7.

38 참고문헌을 위해서는 본서 제5장 "레위기 25장의 형성"의 각주 6을 참조하라.

39 B. M. Levinson, *Legal Revision and Religious Renewal in Ancient Israel* (Cambridge:

에 눈에 두드러지는 몇 가지를 살펴보자.

출 23:10-11	레 25:2aβ-7
	2aβ 너희는 내가 너희에게 주는 땅에 들어간 후에 그 땅으로 여호와 앞에 안식하게 하라
10 너는 여섯 해 동안은 너의 땅에 파종하여 그 소산을 거두고	3 너는 육 년 동안 그 밭에 파종하며 육 년 동안 그 포도원을 가꾸어 그 소출을 거둘 것이나
11 일곱째 해에는 갈지 말고 묵혀두어서	4 일곱째 해에는 그 땅이 쉬어 안식하게 할지니 여호와께 대한 안식이라 너는 그 밭에 파종하거나 포도원을 가꾸지 말며
	5 네가 거둔 후에 자라난 것을 거두지 말고 가꾸지 아니한 포도나무가 맺은 열매를 거두지 말라 이는 **땅의** 안식년임이니라
네 백성의 가난한 자들이 먹게 하라 그 남은 것은 들짐승이 먹으리라 네 포도원과 감람원도 그리할지니라	6 안식년의 소출은 너희가 먹을 것이니 너와 네 남종과 네 여종과 네 품꾼과 너와 함께 거류하는 자들과
	7 네 가축과 네 땅에 있는 들짐승들이 다 그 소출로 먹을 것을 삼을지니라

독자들이 위의 두 본문을 비교하여 읽을 때, 법이 의도하는 내용에서 큰 차이를 느끼지 못할 수도 있다. 출애굽기와 레위기의 두 법 모두 6년 동안 땅을 경작하고 7년째 되는 해에는 땅을 쉬도록 명하고 있기 때문이다. 그러나 레위기 안식년법의 제정자가 자신이 지니고 있던 대본에 상당히 많은 개정 작업을 한 흔적을 발견할 수 있다.

Cambridge University Press, 2008), 57–88.

첫째, 출애굽기에서 '너의 땅'이라는 표현은 레위기 25장의 7절만 예외로 하고 모두 '그 땅,' 즉 '이스라엘 땅'으로 일반화된다. 이것은 출애굽기의 휴경법이 이스라엘 백성이 개인적으로 자신의 땅에서 6년 동안 경작하고 7년째 해에 땅을 쉬도록 함으로 개개인이 자신의 토지에서 서로 다른 시간에 이 법을 실행할 수 있다는 해석을 가능하게 한다. 반면, 레위기의 안식년법은 '너희,' 즉 '이스라엘 백성'이 '그 땅,' 즉 '이스라엘 땅' 전체를 동시에 쉬게 해야 한다고 확언했음을 발견하게 한다. 이것은 레위기 저자가 과거에 존재하고 있던 출애굽기의 모호한 부분을 명시한 것으로 생각할 수 있다.[40]

둘째, 출애굽기에 나타나는 '갈지 말고 묵혀두어서'라는 표현이 레위기 본문에서는 사라진다.

셋째, 출애굽기에서는 '네 백성,' 즉 '이스라엘 백성'의 '가난한 자들'이 안식년의 소산을 먹을 수 있는 것으로 명시되는 반면, 레위기에서는 '너희,' 즉 '가난한 자들'뿐 아니라 땅의 소유주로서의 '이스라엘 백성,' 더 나아가 남종, 여종, 품꾼, 거류민 등 이방인들 역시 안식년 수혜자 명단에 포함된다.

넷째, 출애굽기에서는 이스라엘의 가난한 자가 먹고 '남은 것'을 들짐승이 먹을 수 있다면, 레위기에서는 들짐승뿐 아니라 '네 가축,' 즉 '집짐승' 역시 안식년의 혜택을 누리고, 이들 짐승이 단지 사람이 먹고 남은 것을 먹지 않고, 인간과 동일한 지위를 가지고 안식년 잔치에 참여한다.

이러한 개정 단서들은 레위기의 안식년법이 단순한 농경법으로서가 아니라, 앞에서 살펴보았듯이 창세기의 창조질서를 율법을 통

---

[40] 사실 이 논쟁은 그리 단순하지 않다. 더 자세한 사항을 위해서 필자의 *Se reposer pour la terre, se reposer pour Dieu*, BZAW 430 (Boston – New York: Walter de Gruyter, 2012), 31–40을 참고할 수 있다.

해 현실화하고, 실제 역사 가운데 실천하도록 하는 법으로 작용하고 있음을 보여준다. 출애굽기 23장 10-11절이 구체적인 휴경법을 암시한다면, 레위기의 안식년법은 휴경이라고 하는 농경법을 통한 생산 방식이 아니라 땅 자체가 생명을 낳는다는 사상에 기초한다. 또한 레위기의 안식년법은 인간 사이에 존재하는 인종과 사회의 담을 허물고, 더 나아가 인간과 동물의 벽을 제거함으로써 창조 당시 보편주의적인 하나님의 창조질서를 구체적인 삶 가운데에서 바라보도록 한다.[41]

2) 레위기 26장 34-35, 43절

이처럼 레위기 안식년법의 제정자는 자신이 처한 상황과 자신이 전수받은 신학에 적합하도록 과거의 법을 개정한 사실을 발견할 수 있다. 이것은 단순히 법이 삶에서의 신앙적 교훈과 가르침을 주기 위해 기록된 것이 아니라, 실제 삶에서 실천하도록 기록되었다고 생각할 수 있다. 이러한 점에서 안식년 율법 이면에 흐르고 있는 설교의 요소를 발견한 루시아니의 해석은 과거의 율법을 오늘날 사문화된 조항으로서가 아니라 입체적으로 바라보게 하는 동시에, 법으로 제정된 본문의 의미를 퇴색시킬 수 있는 단점 또한 가지고 있다. 그러나 독자들은 과연 레위기 25장에 기록된 안식년 규정이 오늘날 현대적 의미에서의 '법'에 해당 하는가 질문할 수 있다.

사실 구약성경의 율법은 현대적 의미에서 실정법의 의미만을 가

---

[41] 더 자세한 내용을 위해서는 필자의 "Les enjeux théologiques des bénéficiaires de l'année sabbatique (Lev 25,6-7)," 38-43와 "The Group Identity of the Human Beneficiaries in the Sabbatical Year (Lev 25:6)," *VT* 61 (2011), 71-81을 참조할 수 있다.

지고 있지 않고, 종교법, 사회법, 관습법 등의 다양한 의미를 지니고 있다.[42] 위에서 인용한 레위기 25장 본문 자체가 표면적으로 볼 때 이스라엘 백성들이 가나안 땅에 들어가 지켜야 할 법으로 나타나고 있는 것은 쉽게 발견할 수 있다. 그러나 동시에 안식년 본문이 가지고 있는 교훈을 강조함으로 인하여 법이 가지고 있는 실천적 가치보다 그 신앙적 의미를 부각한 시도 역시 살펴보았다. 이러한 점에서 레위기 안식년법을 율법으로 인정할지라도, 과연 어떠한 차원의 법인지, 즉, 종교적 이상을 제시하는 법인지,[43] 일종의 규범인지,[44] 혹은 실제로 지켜야 하는 법인지 질문할 수 있다.

이러한 질문에 대하여 오늘날 현대법의 관점에서 접근할 경우, 토라의 율법을 시대착오적으로 잘못 이해하는 오류를 범할 수 있다. 레위기의 안식년법이 어떠한 차원의 법인가 이해하기 위하여, 과연 레위기의 저자는 안식년 규정을 어떻게 기술하고 있는지 따져 보아야 한다. 레위기 25장 밖에서 바라보는 안식년에 대한 레위기 저자의 시각을 독자들은 레위기 26장에서 발견할 수 있다.

> 너희가 원수의 땅에 살 동안에 너희의 본토가 황무할 것이므로 땅이 안식을 누릴 것이라 그때에 땅이 안식을 누리리니, 너희가 그 땅에 거주하는 동안 너희가 안식할 때에 땅은 쉬지 못하였으나, 그 땅이 황무할 동안에는 쉬게 되리라(레 26:34-35).

---

42 D. Patrick, *Old Testament Law* (Atlanta, GA: John Knox Press, 1985), 1-12.
43 이러한 입장을 이해서는 F. R. Kraus, "Ein zentrales Problem des altmesopotamischen Rechts: was ist der Codex Hammurabi?" *Genava* 8 (1960), 283-296; Y. Amit, "The Jubilee Law – An Attempt at Instituting Social Justice," in H. Graf Reventlow and Y. Hoffman eds., *Justice and Righteousness: Biblical Themes and their Influence*, JSOTS 137 (Sheffield: JSOT Press, 1992), 47-59.
44 J. Milgrom, *Leviticus: A Continental Commentary* (Minneapolis: Fortress Press, 2004), 1-3; 김영진, 『너희는 거룩하라』 (서울: 이레서원, 2009), 21.

> 그들이 내 법도를 싫어하며 내 규례를 멸시하였으므로 그 땅을 떠나서 사람이 없을 때에 그 땅은 황폐하여 안식을 누릴 것이요 그들은 자기 죄악의 형벌을 기쁘게 받으리라(레 26:43).

레위기 26장은 성결법전을 마무리하는 장으로, 하나님 말씀에 대한 순종은 복을 가져오고, 불순종은 저주 혹은 심판을 가져온다는 내용을 담고 있다. 특별히 레위기 26장은 제사장 신학의 관점에서 이스라엘 백성이 당할 포로의 운명을 예견한다.[45]

위의 레위기 26장 본문이 관심을 끄는 것은 이스라엘 백성이 포로의 운명을 겪게 될 이유가 바로 레위기 25장의 안식년법을 지키지 않아서라고 명시하고 있는 사실이다. 즉, 레위기 26장은 레위기 25장의 안식년을 단지 하나님을 향한 신뢰와 복을 교육하기 위한 설교의 가르침만을 담고 있는 것이 아니라, 실제 율법으로 인식하고 있다. 가나안 백성들이 부정한 성범죄로 말미암아 가나안 땅에서 토해냄을 당했듯이(레 18:24-30; 20:22-26), 이스라엘 백성은 땅이 안식할 권리를 무시함으로 더 이상 땅의 주인노릇을 할 수 없게 된다.[46] 이러한 점은 오늘날의 독자들이 레위기 25장의 안식년 본문을 단순히 신앙의 가르침으로만 아니라, 문자적인 의미에서의 법으로 인식하도록 한다.

---

[45] 이것이 사후 예언이든 실제적인 예고이든, 이 연구의 논지를 바꾸지는 않는다.
[46] 본서 제4장 "성결법전의 땅"을 보라.

4. 맺음말

지금까지 이 글에서 레위기 25장의 안식년 본문이 인간 생존의 문제에 직면하여 하나님을 신뢰하라는 설교의 요소, 동일한 신학 전통에 속한 창조 이야기와의 유비를 통한 창조질서와 구원신학의 역사화, 또한 자구적 의미에서 법으로서 가지고 있는 요소들을 살펴보았다. 이러한 연구 결과는 구약성경의 율법을 율법이라는 문학 장르로만 이해할 것이 아니라, 구체적인 이야기의 배경 속에 이해하는 동시에, 율법으로서 지니고 있는 가치를 결코 상실해서는 안 될 것을 주지시킨다. 이것은 곧, 토라의 율법은 이야기를 내포한 율법이라는 사실을 알려준다. 이러할 때 우리는 과거 율법과 이야기를 서로 다른 이질적 장르의 문학으로 여겨, 마치 이들을 물과 기름처럼 이해한 벨하우젠의 오류에서 벗어날 수 있다.[47]

그러나 이러한 오류를 피할 셈으로 율법과 이야기의 독특한 장르와 본문의 역사를 무시하고, 최종 본문의 공시성만을 강조한 커마이클식의 미드라쉬 방식의 해석은 본문이 가지고 있는 본래 의미에 독자가 가지고 있는 선입견을 주입하는 자기 해석(eisegesis)의 결과를 낳게 되는 사실도 깨닫게 된다. 결론적으로 율법과 이야기를 독자적인 문학 형식이 손상되지 않은 상태에서 이해하되, 이들은 상대방의 존재가 자신 안에 내포되어 있다는 인식 아래 서로를 유기적인 관계 아래 이해해야 할 것이다.

이 글의 첫머리에서 제기한 문제로 돌아가 보자.

'토라! 율법인가, 이야기인가?'[48]

47　G. Hepner, *Legal Friction: Law, Narrative, and Identity Politics in Biblical Israel*, Studies in Biblical Literature 78 (New York: Peter Lang, 2010), 5.

48　이 질문은 이미 N. Lohfink, "Die Priesterschrift und die Geschichte," in J. A. Emer-

토라는 율법이자 이야기이다. 더 정확히 말하자면, 이야기를 내포한 율법(narrative law)이자 율법을 반영하는 이야기(nomo-narrative)⁴⁹이다. 독자들은 율법을 지킴으로 과거 신앙의 선조들이 받았던 은총과 고난의 역사를 재현하고, 이야기를 듣고 낭독하는 과정 중에 율법의 권위를 새롭게 드러낸다.⁵⁰ 이러한 점에서 율법과 이야기는 동전의 서로 다른 면에 해당하고, 닭과 달걀의 문제를 제기한다.

토라의 경우처럼 율법과 이야기가 하나의 문헌 안에 혼재되어 있는 경우는 매우 드문데, 대부분 구약 주변 세계 법전의 경우, 율법 조문들은 이야기 구조 안에 배치되어 있지 않고, 여러 상이한 율법 조항들이 단순히 나열되어 있을 뿐이다.⁵¹ 이러한 점에서 다른 양식의 옷을 입어 표현된 율법과 이야기는 고대 이스라엘만의 자기 이해를 반영하며, 이러한 의미에서 곧 이것은 과거의 사건을 현재화하는 원인론(etiology)의 기능을 한다.⁵² 율법과 이야기로서의 토라,

---

ton et al., eds., *Congress Volume. Göttingen 1977*, SVT 29 (Leiden: Brill, 1978), 189-191에서 행했다.

49　'nomo-narrative'라는 표현을 위해서는 G. Hepner, *Legal Friction*, 5를 보라.

50　J. Joosten, "L'imbrication des codes législatifs dans le récit du Pentateuque," 138-139 참조.

51　최근 우리말로 소개된 구약 주변 세계의 법전을 위해서는 채홍식 역, 『고대 근동 법전과 구약성경의 법』(의정부: 한님성서연구소, 2008)을 참고할 수 있다. J. W. Watts, "Rhetorical Strategy in the Composition of the Pentateuch," *JSOT* 68 (1995), 3-22; idem, *Reading Law: The Rhetorical Shaping of the Pentateuch*, The Biblical Seminar 59 (Sheffield: Sheffield Academic Press, 1999); idem, "The Rhetoric of Ritual Instruction in Leviticus 1-7," in R. Rendtorff and R. A. Kugler eds., *The Book of Leviticus: Composition and Reception*, SVT 93 (Leiden: Brill, 2003), 100은 율법과 이야기가 결합된 것을 포로기 이후 율법의 공적 낭독의 배경에서 찾는다. 그러나 이 문제는 성서 히브리어에 대한 언어학적 접근과 마찰을 일으킨다. 이것은 차후 연구 과제로 남겨 놓기로 한다.

52　P. J. van Dyk, "The Function of So-Called Etiological Elements in Narratives," *ZAW* 102 (1990), 19-33; B. J. Schwartz, "The Priestly Account of the Theophany and Lawgiving at Sinai," in M. V. Fox et al., eds., *Texts, Temples and Traditions: A*

이것은 구약 주변 세계의 법전에서 발견할 수 없는 이스라엘만의 독특한 자기 표현 방식이자, 하나님의 자기 계시이다. 토라는 사문화되지 않고 이야기 가운데 살아 역사하며, 죽어가는 인간과 사회, 피조세계를 새롭게 변혁(히 4:12-13)하도록 끊임없이 해석되고 개정된다.[53]

    Tribute to Menahem Haran (Winona Lake: Eisenbrauns, 1996), 103-134.

[53] 최근 이루어진 율법과 이야기의 역동적 관계에 의한 본문 해석의 예를 위해서는 J. P. Burnside, "Exodus and Asylum: Uncovering the Relationship between Biblical Law and Narrative," *JSOT* 34 (2010), 243-266; Sun-Jong Kim, "Lecture de la parabole du fils retrouvé à la lumière du Jubilé," *NT* 53 (2011), 211-221.

제7장

성결법전의 들짐승

1. 머리말

짐승은 우주에서 어떠한 위치를 차지하고 있는가?
이성을 소유한 가장 고등한 존재로 스스로를 규정하는 사람에게 이러한 질문은 우스꽝스러워 보인다. 이성과 영혼이 없어 본능과 충동의 지배를 받는 짐승은 그야말로 지능이 떨어진 생명체로서, 철저하게 사람의 통제를 받아야 하는 존재로 여겨지기 때문이다.[1] 애완동물은 사람에게 기쁨과 즐거움과 위로를 주는 존재지만 사나운 짐승은 사람이 힘으로 제압하여 길들여야 한다는 생각이 일반인들에게 자연스럽게 깔려 있다. 그러나 이처럼 사람이 스스로를 짐승과 구별하는 것은 생물학적으로 사람이 짐승의 한 종류에 불과하다는 것을 인정하고 싶지 않은데서 기인하기도 한다.[2]
이러한 인간 중심적인 생각은 학문의 세계에서도 주된 흐름을 이

---

1 이 글은 『신학이해』 48 (2015), 95-119에도 실려 있다. 이 문제를 위해서는 도미니크 레스텔, 『동물도 지능이 있을까?』, 김성희 옮김 (서울: 민음인, 2006)를 참조하라.
2 데즈먼드 모리스, 『털 없는 원숭이: 동물학적 인간론』 (서울: 문예춘추사, 2011)은 사람을 하나의 짐승으로 여겨 사람의 본성을 연구한다.

어왔다. 아리스토텔레스(Aristoteles)와 데카르트(Descartes)를 비롯한 서양의 고대와 근대 철학자들은 짐승을 하나의 기계로 취급하고, 전통 신학 역시 짐승은 사람의 지배를 받아야 하는 존재로 여겨, 이를 뒷받침하는 성경구절들을 증거 본문으로 사용해 왔다.[3] 그러나 과학기술의 발달에 비례하여 생태계가 파괴되는 것을 목도한 사람들은 사람이 우주의 중심이라는 전통적인 견해에 회의적인 태도를 보이기 시작했다. 지구 생명 공동체 가운데 사람이야말로 가장 잔인하고 파괴적인 존재라는 생각에 공감하게 되었다. 생태학에 주목하기 시작했고, 이에 따라 짐승이 가지고 있는 권리와 사람이 짐승에 대해 가져야 하는 책임의식, 짐승윤리(animal ethics)에 대한 관심이 높아졌다.

짐승이 우주에서 갖는 위치를 논하고, 짐승이 누려야 할 권리를 사람이 따져보는 것은 한량(閑良)이나 하는 소일거리가 아니다. 이것은 사람의 생존을 위하여 어쩌면 어느 무엇보다 시급한 일 가운데 하나가 되었다. 짐승을 이용하여 실험하고, 짐승을 사육하여 돈을 벌며, 마음껏 짐승을 먹어대지만, 짐승이 사람에게 위협을 가할 때에는 짐승을 강제로 폐기한다. 이에 따라 짐승이 반란을 일으키기 시작했지만,[4] 사람은 너무나 서서히 그 위험을 느끼고 있다. 2015년 세계와 대한민국을 강타한 메르스(중동호흡기증후군)는 사람에게 학대 받은 짐승이 사람에게 부메랑을 던진 사건이다.

지금까지 많은 철학자, 사회학자, 인류학자, 종교학자, 신학자, 생물학자, 윤리학자, 성서학자들이 생태계의 위기와 짐승의 권리에

---

3 자세한 내용과 이에 대한 문헌을 위해서는 김진석, 『동물의 권리와 복지』(서울: 건국대학교 출판부, 2005), 293-301; 이영미, "구약의 토라와 신약의 율법 2-동물과 육식에 대한 구약신학적 성찰," 「Canon & Culture」 5 (2011), 217-220을 보라.
4 마크 롤랜즈, 『동물의 역습』, 윤영삼 옮김 (서울: 달팽이, 2004)은 그 제목이 매우 흥미롭다.

대해 연구했다면,[5] 이 글에서는 특별히 그 관심을 이스라엘에서 가장 종교적인 인물 가운데 하나였던 제사장들이 짐승에 대하여 어떠한 입장을 가지고 있었는지 살펴보고, 그들이 주는 메시지를 듣고자 한다.

2. 성결법전과 '들짐승'의 용례

이 글에서는 특별히 레위기의 성결법전(레 17-26) 안에서도, 레위기 25장과 26장에 연구 범위를 한정한다. 레위기를 연구하는 학자들은 레위기 17-26장을 레위기 19장 2절 등에 나오는 '너희는 거룩하라 이는 나 여호와 너희 하나님이 거룩함이니라'[6] 등의 구절에 따라, 성결법전(Holiness Code, Heiligkeitsgesetz, Code de Sainteté)으로 부른다. 그 가운데 특별히 레위기 25-26장을 레위기에 나타난 시내산 단락으로 이름 짓는데, 이는 이 두 장의 처음과 마지막 구절(25:1; 26:46)에서 '시내산'이라는 지명이 가운데 본문을 둘러쌓음으로, 이 두 장에 특별한 중요성을 부여하고 있기 때문이다. 오경의 시내산 단락(출 19장-민 10장)은 이스라엘 백성이 시내산에 도착한 것을 배경으로 기록되어 있는데, 특별히 '시내산'이 한 단락의 처음

---

[5] 강성열 편, 『구약성서와 생태신앙』 (서울: 땅에쓰신글씨, 2005); 김균진, 『생태학의 위기와 신학』 (서울: 대한기독교서회, 1991); 위르겐 몰트만, 『창조 안에 계신 하느님』, 김균진 역 (서울: 한국신학연구소, 1999); 마크 베코프, 『동물 권리 선언: 우리가 동물의 소리에 귀 기울여야 하는 여섯 가지 이유』, 윤성호 옮김 (서울: 미래의창, 2011); 앤드류 린지, 『동물 신학의 탐구: 같은 하나님의 피조물』, 장윤재 옮김 (대전: 대장간, 2014); 김진석, 『동물의 권리와 복지』; 피터 싱어, 『동물 해방』, 김성한 옮김 (고양: 인간사랑, 2002); A. Linzey, *Animal Theology* (Urbana: University of Illinois Press, 1994) 등.

[6] 이 글에서는 특별한 언급이 없는 한 개역개정을 인용한다.

과 마지막을 감싸는 것은 그만큼 그 단락의 내용을 강조하기 위해서이다.[7]

짐승은 가축을 가리키는 '집짐승'과 야생 동물을 가리키는 '들짐승'으로 나눌 수 있다. 레위기에는 집짐승에 해당하는 히브리 낱말 '브헤마'(בְּהֵמָה)가 31번 나타나고, 들짐승에 해당하는 '하야'(חַיָּה)는 9번 나타난다(레 5:2; 11:2, 27, 47[x2]; 17:13; 25:7; 26:6, 22). 그런데 이 글의 주제어인 들짐승과 관련하여 레위기의 시내산 단락은 독자들에게 특별한 관심을 끈다. '들짐승'이라는 낱말이 25장의 안식년 본문에 한 번(25:7), 26장의 순종과 불순종의 단락에 각각 한 번씩 나타나서(26:6, 22) 특별한 기능을 하기 때문이다.

비록 독자들이 자세히 본문을 읽지 않더라도, 성결법전의 저자가 무의식적으로 우연히 또는 임의적으로 '짐승'이라는 낱말을 언급했기보다, 특정한 신학의 의도와 목적을 가지고 이 낱말을 배치한 것은 아닌가라는 질문을 던질 수 있다. 이러한 문제의식에 따라 레위기 25장에서 들짐승이 차지하는 위치와 행하는 기능, 다음으로 레위기 26장의 축복과 저주의 단락에서 들짐승이 수행하는 신학의 기능을 차례대로 살펴보도록 하자.

1) 레위기 25장의 들짐승(25:7)

레위기 25장 1-7절은 출애굽기 23장 10-11절, 신명기 15장 1-11절과 함께 이른바 안식년을 규정하는 본문이다. 그런데 이들

---

[7] 레위기에서 '시내산'은 다섯 번 나타나는데, 단지 지리의 배경을 설명하기 위한 목적이 아니라, 모두 율법을 마무리하거나 시작하는 기능을 한다(7:38; 23:40; 25:1; 26:46; 27:34). S. E. Balentine, *Leviticus*, Interpretation: A Bible Commentary for Teaching and Preaching (Louisville: John Knox Press, 2002), 193 등을 참조하라.

의 세부 규정에는 적지 않은 차이점이 있다. 우선 출애굽기와 레위기의 안식년 규정이 땅과 땅의 소산물에 대한 규정을 담고 있다면, 신명기는 빚의 면제라는 돈의 문제를 다루고 있다.[8] 그렇다고 해서 출애굽기와 레위기의 규정이 완전하게 같지도 않다. 그도 그럴 것이, 만일 두 본문이 어떤 것에 대해 완전히 같게 규정한다면, 굳이 서로 다른 두 개의 책이 같은 규정을 불필요하게 반복할 필요가 없기 때문이다. 레위기의 안식년 규정에 나타난 들짐승이 행하는 기능을 알아보기 위해서는 레위기의 안식년의 대본(Vorlage)으로 여겨지는 출애굽기의 휴경에 대한 규정을 살펴보면 도움이 된다.

출애굽기 23장 10-11절의 내용은 비교적 간단한데, 그 규정을 요약하여 살펴보면, 이스라엘 백성은 6년 동안 땅을 경작할 수 있지만, 7년째 해에는 땅을 놀려야 한다. 그런데 출애굽기의 휴경의 해에 대한 규정은 특별히 안식년 동안 땅이 산출한 소산물을 분배하는 우선순위에 관심을 기울인다. 출애굽기의 휴경 규정을 따르면, 안식년의 소산물은 우선적으로 이스라엘 백성의 가난한 사람이 누려야 한다. 그리고 남은 것은 들짐승에게 주어야 한다.

> 너는 여섯 해 동안은 너의 땅에 파종하여 그 소산을 거두고 일곱째 해에는 갈지 말고 묵혀두어서 네 백성의 가난한 자들이 먹게 하라 그 남은 것은 들짐승이 먹으리라 네 포도원과 감람원도 그리할지니라(출 23:10-11).

물론 그렇다고 해서, 이스라엘 백성 가운데 부자나 집짐승, 또한 이스라엘 땅에 사는 외국인들이 안식년에 굶어야 하는 것은 아니다. 그들 모두가 안식년의 혜택을 누리지만, 출애굽기에 나타나

---

[8] 김선종, "면제년의 땅(신 15:1-11)," 「장신논단」 44 (2012), 13-32.

는 계약법전의 일반적인 특징처럼, 출애굽기의 휴경의 해에 대한 규정 또한 사회의 약자에 대한 관심과 배려를 표방하는 것을 알 수 있다.[9]

그렇다면 레위기 25장 1-7절의 경우는 어떠한가?

일반적으로 많은 사람들은 레위기 25장의 안식년은 그저 출애굽기 23장의 휴경 규정을 더 자세하게 설명하거나 확장한 것으로 단순하게 생각한다. 그러나 이들은 두 본문 사이에 있는 차이를 깊이 생각하지 못한 것으로 판단할 수 있다. 여러 이유에서 레위기의 안식년 규정은 제사장의 신학에 따라 신학화된 것으로 볼 수 있다. 우선 출애굽기의 휴경의 해에 대한 규정은 땅의 실제적인 휴경과 소산물의 분배에 관심을 갖는다면, 레위기의 안식년 규정은 단지 땅을 놀리는 것을 말하는 차원에서 머무르지 않고, 땅이 쉬는 것을 규정하며, 이것은 곧 하나님이 쉬시는 차원으로까지 끌어 올린다.

땅이 안식하는 것은 곧 하나님이 안식하는 것이다(레 25:2, 4). 땅이 쉬는 것은 사람의 필요를 위하여 땅을 놀리는 농경법의 차원이 아니라, 마치 사람이 안식일에 자신이 하는 일을 멈추고 쉼을 얻듯이, 땅도 안식년에 자신이 하는 일을 멈추고 쉼을 얻는다. 안식일에 사람이 자기가 하는 일을 멈추고 하나님의 은총을 구하듯이, 땅도 6년 동안 자기가 하는 일을 멈추고 하나님이 주실 쉼을 구한다. 이러한 점에서 땅의 안식은 종교적인 차원으로까지 격상된다.

이러한 레위기의 안식년의 신학 경향은 안식년을 누리는 수혜자들에서도 추론할 수 있다. 앞에서 이미 언급한 것처럼, 출애굽기의 휴경 규정을 누리는 우선적인 계층은 이스라엘 백성 가운데 가난한 사람과 짐승 가운데에서도 들짐승으로 주변부에 위치한 존재

---

9 구약의 율법에 대한 기본적인 연구를 위해서는 D. Patrick, *Old Testament Law* (London: SCM Press, 1986)를 참조하라.

들이다. 그러나 레위기의 안식년 규정은 특별히 안식년의 수혜자를 완전수인 일곱으로 나열하는데, 이들은 이스라엘 백성, 남종, 여종, 품꾼, 거류하는 사람, 집짐승과 들짐승이다.

> 안식년의 소출은 너희가 먹을 것이니 너와 네 남종과 네 여종과 네 품꾼과 너와 함께 거류하는 자들과 네 가축과 네 땅에 있는 **들짐승들**이 다 그 소출로 먹을 것을 삼을지니라(레 25:6-7).

이러한 수혜자의 측면에서 볼 때, 레위기의 안식년 규정은 단순히 출애굽기의 휴경의 해에 대한 규정을 더 자세하게 설명하거나 확장한 것이 아니라는 사실을 알 수 있다. 출애굽기의 휴경 규정과 달리 레위기의 안식년 규정에는 이스라엘 백성과 외국인, 부자와 가난한 사람, 집짐승과 들짐승의 차별이나 우선순위가 나타나지 않기 때문이다. 출애굽기의 휴경의 해에 대한 규정을 따르면, 들짐승은 이스라엘 백성의 가난한 사람이 먹다가 남은 것(יתר)만 먹을 수 있다. 이것은 "상 아래 개들도 아이들이 먹던 부스러기를 먹나이다"(막 7:28)라고 말한 수로보니게 여자의 말을 떠올리게 한다. 그런데 이와 달리 레위기의 안식년 규정을 보면, 들짐승과 집짐승은 단지 사람이 먹고 남은 음식을 먹는 것이 아니라, 사람과 동등한 지위를 갖고 안식년을 누리는 것으로 나타난다.[10]

이것은 레위기의 안식년에서 인종의 벽, 사회 계층의 벽, 더 나아가 사람과 짐승 사이에 존재하는 모든 벽이 허물어지는 것을 보여준다. 이것은 제사장 신학이 가지고 있는 보편주의에 근거하는 것으로, 하나님이 창조하신 세상을 구성하는 모든 피조물은 마치

---

10 K. Elliger, *Leviticus*, HAT 4 (Tübingen: J. C. B. Mohr, 1966), 349-351.

하나의 가족이었던 것으로 이해하는 것이다.[11] 결론적으로 레위기 25장 1-7절의 안식년 단락에서 들짐승은 존재론적으로 사람과 동등한 위치를 차지하여, 안식년의 소산을 사람과 함께 평화롭게 나누어 먹는 이상적인 창조신학을 역사에 구현하는 기능을 한다.

창세기의 창조 이야기를 보면, 하나님은 사람과 짐승보다 땅을 먼저 만드시고, 사람의 경작 여부와 상관없이 땅으로 하여금 식물을 내게 하시는데, 그 식물을 사람과 짐승이 함께 먹을 수 있는 것을 알 수 있다(창 1:29-30).[12] 사람과 짐승을 비롯한 하나님의 모든 피조물은 우주적 가족의 구성원을 이룬다.[13]

그렇다면 레위기 25장과 함께 레위기의 시내산 단락을 이루며, 동시에 순종과 불순종의 문제를 언급함으로써 성결법전의 결론 역할을 하는 레위기 26장에서 들짐승은 어떠한 기능을 수행하는지 살펴보자.

2) 레위기 26장의 들짐승

레위기 26장은 출애굽기 23장 20-33절과 신명기 28장과 함께 구약성경에서 대표적인 순종과 불순종에 따른 축복과 저주를 언급

---

[11] 더 자세한 분석을 위해서는 Sun-Jong Kim, "Les enjeux théologiques des bénéficiaires de l'année sabbatique (Lev 25,6-7)," *ZAW* 122 (2010), 33-43; idem, "The Group Identity of the Human Beneficiaries in the Sabbatical Year (Lev 25:6)," *VT* 61 (2011), 71-81을 보라.

[12] 본서 제6장 "토라! 율법인가, 이야기인가?: 레위기 25장의 안식년 규정을 중심으로"를 보라. 사람이 육식을 하지 말고 채식을 해야 하는가의 문제는 이 논문의 관심사는 아니다.

[13] 최근에 윤리학계에서는 짐승을 사람에 대한 '동료 피조물'로 여긴다. 이를 위해서는 김형민, "그리스도교의 신학적 동물윤리," 박상언 엮음, 『종교와 동물 그리고 윤리적 성찰』(서울: 모시는 사람들, 2014), 153-155를 보라.

하는 본문이다. 이들 세 장은 각기 성결법전과 계약법전과 신명기 법전의 결론에 해당하여, 이들 법전이 규정하는 법을 지키는 경우에는 하나님이 복을 내려 주시지만, 규정을 어기고 불순종할 때에는 하나님이 자신의 백성에게 벌을 내리신다는 가르침을 준다. 축복에 대한 약속이 단순히 기복신앙을 나타내는 것이 아니고, 저주에 대한 경고가 하나님의 무자비한 본성을 드러내기 위함도 아니다. 이것은 하나님이 백성에게 제정해 주신 법과 가르침을 백성이 잘 지키도록 동기를 유발하기 위한 목적을 가지고 있다. 이러한 축복과 저주가 계약 문서의 마지막에 나타나는 것은 함무라비법전과 같은 구약 주변 세계의 법전에서도 흔하게 볼 수 있다.[14]

이를 다른 말로 표현하면, 백성이 하나님께 순종할 때에는 하나님과 이스라엘 백성이 맺은 계약이 잘 유지되지만(레 26:3-13, 40-45), 백성이 하나님께 불순종할 때에는 하나님과 이스라엘 백성이 맺은 계약이 파기되는 것을 말한다(레 26:14-39). 다시 말해 레위기 26장은 순종과 불순종으로 그 짜임새를 구분할 수 있지만, 또한 계약신학의 관점에서 볼 때, 순종은 계약이 유지됨을, 불순종은 계약이 파기됨을 나타내는 것으로 볼 수 있다. 레위기에 '계약'(בְּרִית)이라는 낱말이 모두 10번 나타나는데(레 2:13; 24:8; 26:9, 15, 25, 42[x3], 44, 45), 레위기 26장에만 8번 나타나는 점은 레위기 26장이 계약신학의 관점에서 축복과 저주를 기술하는 사실을 반영한다.[15] 그런데 흥미로운 사실은 이러한 축복과 저주, 계약 유지와 계약 파기의 단락에 '들짐승'이라는 낱말이 한 번씩 나타나서(26:6, 22) 고유한 신학의 기능을 수행하고 있는 점이다.

---

14   S. E. Balentine, *Leviticus*, 198.
15   본서 제8장 "성결법전의 계약신학"을 보라.

(1) 레위기 26장에 나타나는 사나운 들짐승(26:6)

먼저 이스라엘 백성이 하나님께 순종하여 하나님과 맺은 계약이 바르게 유지될 때의 경우는 어떠한가?

이때에는 하나님과 사람과 모든 피조물의 관계가 조화로운데, 대표적으로 이스라엘 땅에서 사나운 짐승이 사라지고 전쟁이 멈추어 이스라엘에 평화가 임한다.

> 내가 그 땅에 **평화**를 줄 것인즉(וְנָתַתִּי שָׁלוֹם בָּאָרֶץ) 너희가 누울 때 너희를 두렵게 할 자가 없을 것이며 내가 **사나운 짐승을 그 땅에서 제할 것이요**(וְהִשְׁבַּתִּי חַיָּה רָעָה מִן־הָאָרֶץ) 칼이 너희의 땅에 두루 행하지 아니할 것이며(레 26:6).

이 본문에서 '사나운 짐승'으로 번역된 히브리 낱말 '하야 라아'(חַיָּה רָעָה)는 자구적으로 '나쁜 짐승' 또는 '악한 짐승'을 가리키며, 곧 맹수를 뜻한다.[16] 고대 세계에서 특별히 맹수는 사람의 적이었다. 사람이 생존하기 위해서 고대인들은 '사람이냐, 짐승이냐?'의 이분법적인 사고를 가졌던 것이 사실이다.[17] 짐승은 사람의 생명을 해쳤으며, 예언서에서도 맹수는 사람이 하나님의 말씀을 어길 때 하나님이 이스라엘 백성을 벌하시기 위해 보내시는 존재로 나타난다(사 18:6; 렘 15:3; 겔 5:17; 14:21; 33:27; 호 2:12 등).[18] 질병과 맹수와 칼과 기근은 하나님이 이스라엘을 심판하시는 대표적인 수단으로서, 서로 짝을 이루어 나타난다(겔 5:17; 14:21 등).

16　H. Rinngren, "חָיָה chāyāh," TDOT IV, 342–343.

17　E. S. Gerstenberger, *Leviticus*, OTL (Louisville: Westminster John Knox Press, 1996), 408.

18　D. E. Gowan, *Eschatology in the Old Testament* (Philadelphia: Fortress Press, 1986), 98.

그런데 레위기 26장 6절에서 볼 수 있듯이, 이스라엘 백성이 하나님의 복을 누린다고 할 때, 한 가지 중요한 표지가 바로 하나님이 이스라엘 백성을 위협하는 사나운 짐승을 이스라엘 땅에서 몰아내신다는 것이다. 랍비 시므온은 야웨께서 맹수를 제거한다는 표현(הִשְׁבַּתִּי חַיָּה רָעָה)은 실제로는 그들을 길들여 사람과 함께 살게 하도록 하는 것을 뜻한다고 해석하기도 한다.[19] 이러한 해석이 가능한 것은 이사야 11장 6-9절은 어린아이가 사자와 같은 사나운 짐승을 이끌고 다닌다는 미래의 비전을 보여주기 때문이다.

여하튼 레위기 26장 6절은 사람들이 사나운 짐승으로부터 위협을 당하고, 농작물의 피해를 당하던 고대 이스라엘의 단면을 드러낸다. 성경에는 백성들이 사자나 곰 등의 맹수들의 피해를 입은 내용이 나타나기도 하는데(삿 14:5; 왕하 2:24 등), 예를 들어, 하나님의 사람 엘리사를 놀린 아이들이 곰에게 짓밟혀 죽는다. 이것을 확대 해석하면, 하나님을 무시한 이스라엘 백성은 사나운 짐승에게 엄청난 피해를 입을 수밖에 없음을 알려준다.[20]

하지만 레위기의 저자는 단지 이러한 현실에서 들짐승이 이스라엘 백성에게 입히는 피해를 말하는데서 머무르지 않고, 성결법전의 시내산 단락에서 특별한 신학의 기능을 하는 것으로 들짐승을 신학의 소재로 활용한다.[21] 이러한 점은 순종과 불순종에 따르는 축복과 저주를 말하는 신명기 28장에는 '들짐승'이라는 낱말이 아예 나

---

19 J. Milgrom, *Leviticus 23-27*, AB 3B (New York: Doubleday, 2001), 2296. B. Janowski, "Auch die Tiere gehören zum Gottesbund," B. Janowski, U. Neumann-Gorsolke, and U. Glessmer eds., *Gefährten und Feinde des Menschen. Das Tier in der Lebenswelt des alten Israel* (Neukirchen-Vluyn: Neukirchener Verlag, 1993), 1-14도 이와 비슷한 입장을 보인다.

20 G. J. Wenham, *The Book of Leviticus*, NICOT (Grand Rapids: Eerdmans, 1979), 329; J. Milgrom, *Leviticus 23-27*, 2296.

21 E. S. Gerstenberger, *Leviticus*, 408.

오지 않는 점에서도 그러하다.[22]

또한 예언자 에스겔은 이스라엘 백성이 죄에서 돌이켜 하나님께 돌아오면 하나님은 이스라엘과 평화의 계약을 맺고 사나운 들짐승을 땅에서 없애 버리시겠다는 말씀을 대언하는데, 이 표현은 앞의 레위기 26장 5절의 표현과 거의 같다.[23]

> 내가 또 그들과 화평의 언약을 맺고(וְכָרַתִּי לָהֶם בְּרִית שָׁלוֹם) 악한 짐승을 그 땅에서 그치게 하리니(וְהִשְׁבַּתִּי חַיָּה רָעָה מִן־הָאָרֶץ) 그들이 빈 들에 평안히 거하며 수풀 가운데에서 잘지라(겔 34:25).

타우너(Towner)는 에스겔이 사람의 삶을 위협하는 들짐승을 최소한 16번이나 언급하여, 마치 들짐승에게 강박관념을 가지고 있는 것 같다고 말한다.[24] 그러나 제사장 출신 예언자 에스겔은 레위기에 나타난 제사장의 전승과 신학을 숙지하여, 이들을 이스라엘에 대한 구원 신탁과 심판 선언에 활용했을 것으로 충분히 예상할 수 있다.

독자들이 하나님과 땅과 사람과 들짐승이 갖는 역학관계를 제사장 신학의 관점에서 바라본다면, 하나님이 세상을 창조하실 때, 태고의 짐승들을 제어하신 모습을 떠올릴 수 있다. 창세기와 욥기와 시편과 이사야 등 창조 전승을 포함하는 단락들은 라합이나 리워야단과 같은 태고의 짐승이 하나님께 대항했지만, 하나님의 권세

---

22   대신에 신 28장에는 '집짐승'이 네 번 나타난다(28:4, 11, 26, 51).
23   레위기와 에스겔서의 언어적 상관관계를 위해서는 A. Hurvitz, *A Linguistic Study of the Relationship between the Priestly Source and the Book of Ezekiel*, Cahiers de la Revue biblique 20 (Paris: J. Gabalda, 1982)을 보라. 레 26:6과 겔 34:25에서 개역개정은 같은 히브리 낱말 '샬롬'(שָׁלוֹם)을 레 26:6에서는 '평화'로, 겔 34:25에서는 '화평'으로 옮기고, 같은 히브리 낱말 '하야 라아'를 레 26:6에서는 '사나운 짐승'으로, 겔 34:25에서는 '악한 짐승'으로 서로 다르게 번역한다.
24   W. S. Towner, "The Future of Nature," *Interpretation* 50 (1996), 27.

아래에 복종하게 되었다는 이야기를 전한다(욥 26:12; 시 74:14; 89:10; 사 27:1; 51:9).[25] 예수님 역시 광야에서 40일 동안의 시험을 이겨내신 후 들짐승(θηρίον)과 함께 지내시며, 천사들에게 시중을 받으시는데(막 1:13),[26] 이러한 본문은 하나님의 아들 예수 그리스도 역시 피조세계를 통치하는 권세를 가지고 있는 사실을 선언한다.[27]

이처럼 사람의 역사와 사람이 살아가는 구체적인 삶에서 사람이 하나님의 말씀에 순종하여 하나님의 다스리심을 받아들일 때, 하나님의 창조질서가 구체적인 역사 한가운데에서 구현되는 사실을 독자들은 확인할 수 있다. 사람이 사나운 들짐승의 피해를 받지 않고 살아가는 것은 하나님의 말씀에 순종하여 복을 누리는 중요한 표지이다.

(2) 레위기 26장에 나타나는 들짐승(26:22)

순종의 단락에서 하나님은 가치중립적인 용어로서 단순한 들짐승이 아니라, 사나운 짐승, 곧 맹수를 이스라엘 땅에서 몰아내시거나 길들이신다. 이것은 하나님과 사람과 모든 피조물의 관계가 평화롭게 유지되는 것을 암시한다는 사실을 확인하였다.

그런데 백성이 하나님께 불순종하여, 저주와 벌을 받을 때 들짐승(חַיַּת הַשָּׂדֶה)은 어떠한 모습으로 백성에게 나타나는가?

---

25 하경택, "'창조와 종말' 주제를 위한 동물의 신학적 의의," 「구약논단」 30 (2008), 137-138.
26 들짐승에 해당하는 히브리 낱말 '하야'는 칠십인경에서 보통 '테리온'(θηρίον)으로 번역되는데, 이 낱말은 복음서에서 마가복음에만 유일하게 단 한 번 나타난다.
27 하나님이 주무시고, 예수님 역시 폭풍우에서 주무시는 것 또한 신으로서의 권세를 드러낸다. 이를 위해서는 김선종, "깊은 잠(타르데마)의 신학적, 상징적 의미," 「성경원문연구」 36 (2015), 99-115를 보라.

> 내가 **들짐승**을 너희 중에 보내리니 그것들이 너희의 자녀를 움키고 (שִׁכֵּל) **너희 가축을 멸하며**(וְהִכְרִיתָה אֶת־בְּהֶמְתְּכֶם) 너희의 수효를 줄이리니 너희의 길들이 황폐하리라(레 26:22).

하나님이 백성에게 복을 내려주실 때에는 단순한 들짐승이 아닌 사나운 짐승, 맹수를 쫓아내시거나 길들이신다. 이것은 하나님이 사람과 다른 짐승에게 위협을 가하는 적대적인 세력을 몰아내시는 사실을 보여준다.[28]

하지만 하나님께 벌을 받고 저주를 당할 때에, 하나님은 사나운 짐승을 이스라엘 백성에게 보내시는 것이 아니라, 단순히 들짐승을 백성에게 보내셔서 자녀를 죽이고, 집짐승을 잡아먹게 하시며, 이스라엘 백성을 쇠하고 황폐하게 만드신다. 이것은 사람이 타락했을 때 하나님이 내리신 홍수의 상황을 떠올리게 한다. 하나님이 물을 통하여 사람을 심판하시고, 세상을 재창조하실 때, 단지 사람만이 타락한 것이 아니라 모든 살(כָּל־בָּשָׂר) 곧 모든 생명체가 타락했기 때문이다(창 6:12).

이러한 해석이 가능한 것은 창세기 6장 11절에서는 온 땅이 하나님 앞에서 부패했다고 말하는 점에서 그러하다. 이처럼 사람뿐 아니라 짐승도 타락했고, 사람이 사람을 죽이고, 들짐승이 집짐승을 죽이며, 사람과 짐승이 서로 죽이는 것은 사람과 짐승을 포함한 온 세상이 타락한 모습을 상징한다.[29] 이처럼 하나님과 사람이 맺은

---

28 타르굼 네오피티는 이 단락에 나타나는 들짐승을 여러 제국으로 이해한다. A. Marx, *Lévitique 17-27*, CAT III b (Genève: Labor et Fides, 2011), 197을 보라.

29 N. Lohfink, *Theology of the Pentateuch: Themes of the Priestly Narrative and Deuteronomy* (Minneapolis: Fortress Press, 1994), 205; H. J. Stipp, "Alles Fleisch hatte seinen Wandel auf der Erde verdorben (Gen 6,12). Die Mitverantwortung der Tierwelt an der Sintflut nach der Priesterschrift," *ZAW* 111 (1999), 167–186.

계약이 깨지는 단락에서 메뚜기와 벌레를 포함하여 들짐승이 나타나서 백성을 저주하는 것은 구약성경뿐만 아니라(신 28:38, 39, 42; 렘 8:17), 세피레 조약 등 구약 주변 세계의 다른 외교 조약에도 나타난다.[30]

저주의 맥락에서 하나님이 백성에게 사나운 짐승이 아니라 들짐승을 보내셔서 심판하시는 데에서 중요한 특징을 발견할 수 있다. 먼저 하나님은 이스라엘 백성을 심판하는 도구로 들짐승을 사용하신다는 점이다. 축복의 단락에서 하나님은 사나운 짐승을 몰아내셨다. 그렇다면 저주의 단락에서 독자들은 하나님이 다시 사나운 짐승을 보내실 것을 예상할 수 있다.

하지만 사나운 짐승이 아니라, 단순한 들짐승이 사람을 심판하는 도구가 되었다는 것은 더욱 의미심장하다. 그것은 특별히 레위기 25장의 안식년 규정에서 바라볼 때, 들짐승은 사람과 평화로운 관계 속에서 안식년의 혜택을 누리는 우주적 가족의 구성원이기 때문이다. 이스라엘 백성이 땅이 안식을 누리는 것을 방해하고, 다른 피조물들을 자신의 아래에 놓고 학대하자, 그동안 평화로운 관계를 유지했던 다른 피조물이 항거한다.

오늘날 조류독감과 광우병과 구제역과 메르스를 일으키거나 앓는 소, 돼지, 닭, 칠면조, 낙타, 박쥐를 보는 것과 다름이 없다.[31] 이러한 차원에서 오늘날 짐승의 반란은 더욱 구슬프다. 레위기의 시내산 단락에서 사람을 심판하는 짐승은 들짐승이다. 그러나 구제역과 메르스 등을 야기한 짐승은 단지 들짐승뿐 아니라, 사람과 함께

---

30 J. E. Hartley, *Leviticus*, WBC 4 (Nashville: Nelson Reference, 1992), 465.
31 구제역에 대한 최근의 신학적 반성을 위해서는 조현철, "구제역(口蹄疫)의 회상과 공장식 축산 – 인간과 동물의 관계에 대한 신학적 성찰," 「신학사상」 163 (2013), 85–123을 보라.

살아가며 사람에게 유익을 주는 집짐승도 포함하기에 그러하다. 게르스텐베르거(Gerstenberger)는 레위기 26장 22절에 나타나는 들짐승은 사실상 맹수라고 해석하고 있는데,³² 그럴 경우 맹수가 이스라엘 백성의 자녀와 집짐승을 해치는 것은 쉽게 이해할 수 있다. 그러나 레위기의 안식년에서 사람과 평화로운 관계를 유지했던 그 들짐승이 레위기 26장의 저주의 문맥에서 사람을 해침으로 수행하는 신학의 기능은 설명하지 못한다.

게르스텐베르거의 설명이 옳지 않은 것은 에스겔 5장 17절과 14장 15, 21절에는 하나님이 사람을 심판하시기 위해 사나운 들짐승(חַיָּה רָעָה)을 보내신다고 명시하는 점에서 그러하다. 이와 달리 레위기의 저주의 단락에서는 사람과 집짐승을 적대시하는 것은 단지 사나운 들짐승뿐 아니라, 중립적인 의미에서 들짐승이다. 안식년 규정에서 사람과 평화를 누리고 하나님의 보호를 받는 대상이자 하나님과 계약을 맺은 대상(호 2:18; 욘 4:11 등)³³이 저주의 상황에서는 하나님이 사람을 심판하는 수단으로 변한다. 레위기 26장 22절에서 들짐승의 피해를 받는 대상은 어린이와 집짐승인데, 이 구절을 에스겔 14장 21-22절에 비교해 볼 때, 레위기가 말하는 저주가 얼마나 비극적인지 알게 된다.³⁴

> 주 여호와께서 이같이 이르시되 내가 나의 네 가지 중한 벌 곧 칼과 기근과 사나운 짐승(חַיָּה רָעָה)과 전염병을 예루살렘에 함께 내려 사람

---

32 E. S. Gerstenberger, *Leviticus*, 417.
33 B. Janowski, "Auch die Tiere gehören zum Gottesbund," 1-14; A. de Pury, *Homme et animal Dieu les créa. Les animaux et l'Ancien Testament*, Essais bibliques 25 (Genève: Labor et Fides, 1993), 73-77.
34 Sun-Jong Kim, *Se reposer pour la terre, se reposer pour Dieu: l'année sabbatique en Lv 25,1-7*, BZAW 430 (Boston – New York: Walter de Gruyter, 2012), 169-173.

과 짐승을 그 중에서 끊으리니(לְהַכְרִית מִמֶּנָּה אָדָם וּבְהֵמָה) 그 해가 더욱 심하지 아니하겠느냐 그러나 그 가운데에 피하는 자가 남아 있어 끌려 나오리니 곧 자녀들(בָּנִים וּבָנוֹת)이라 그들이 너희에게로 나아오리니 너희가 그 행동과 소행을 보면 내가 예루살렘에 내린 재앙 곧 그 내린 모든 일에 대하여 너희가 위로를 받을 것이라(겔 14:21-22).

레위기 26장과 달리, 예언자 에스겔은 하나님의 심판으로 인한 절망의 상황에서 희망을 남겨 놓는다. 아이히로트(Eichrodt)는 이것을 '가혹한 위로'라고 표현하기도 한다.[35] 에스겔 14장에서 성인과 집짐승이 사나운 들짐승의 피해를 입지만, 어린이들은 살아남는 것과 달리, 레위기 26장 22절에서 들짐승이 '자식을 잡아먹'[36]는다. 곧 에스겔에서는 자녀들이 사나운 들짐승의 공격에서 살아남는데, 이것은 하나님이 내리시는 심판 속에도 미래를 위한 흐릿한 희망이 있는 것을 암시한다. 예언자 이사야 역시 새 하늘과 새 땅의 비전에서 '거기는 날 수가 많지 못하여 죽는 어린이와 수한이 차지 못한 노인이 다시는 없을 것이라'(사 65:20)고 말한다.

레위기 26장의 저주의 단락에서 아이들이 들짐승에게 죽음을 당하는 것은 어른이 피해를 입는 것보다 훨씬 더 가혹하다. 이것은 세대가 중단되는 것이요, 모든 미래의 가능성을 뿌리부터 없애버리는 것이기 때문이다. 오늘날의 상식으로는 이해하기 힘들지만, 하나님이 이스라엘을 심판하실 때 아이들을 죽이신다(렘 15:7). 또한

---

[35] W. Eichrodt, *Der Prophet Hesekiel*, ATD 22/1 (Göttingen: Vandenhoeck & Ruprecht, 1959), 111.

[36] 공동개정의 번역이다. 여기에 해당하는 히브리 동사는 '샤칼'(שׁכל)로서 '자녀를 잃다'는 뜻을 갖는다. 레 26:22에는 겔 14:21에서처럼 '아들들과 딸들'(בָּנִים וּבָנוֹת)이라는 표현은 나오지 않지만, 동사가 자녀를 함축한다. 레 26:22에서 '너희 가축을 멸하며'라는 표현과 겔 14:22에서 '짐승을 끊으리니'라는 표현에 해당하는 히브리어는 '카라트 브헤마'로 같은 표현이다.

이러한 방식은 이집트에서 노예생활을 하는 히브리 사람들을 해방하기 위하여 하나님이 이집트의 파라오에게 사용하신 방법이기도 했다(출 12:29). 파라오의 계교에서 히브리 어린이들이 살아남는 것이 하나님께로부터 오는 희망을 상징한다면(출 2:1-10), 반대로 어린이들이 들짐승에게 상해를 입고 죽는 것은 하나님의 심판을 상징한다.

사람이 하나님께 불순종하여 죄를 지을 때, 하나님의 계약의 대상이었고 안식년의 소산물을 사람과 함께 나누던 들짐승이 사람과 하나님, 사람과 사람, 사람과 짐승 사이에 유지된 평화를 깨뜨리게 된다. 지금까지 많은 학자들이 사람이 짐승에게 가하는 학대와 비윤리적인 실험 등을 문제시했지만, 짐승이 사람에게 가하는 재앙과 그 신학적 원인에 대해서는 그리 많은 관심을 기울이지 않았다. 최근 대한민국의 기독교 출판계에서 인기 있는 루이스(C. S. Lewis)는 짐승이 고통당하는 것이 사람이 타락한 결과로서 생긴 것이라는 개념을 받아들이지 않는다.[37]

사람은 근시안적으로 땅을 파괴하여 도시 문명을 이루고, 짐승을 잔인하게 제어하고 사육하여, 배를 불려 왔다. 그러나 사람이 우주 공동체의 일원임을 잊고, 우주의 지배자라는 인간 중심주의적 사고를 여전히 가지고 다른 피조물들과의 관계를 깨뜨리고 지배하며 압제하려고 할 때, 짐승이 사람에게 억눌린 채로 살아가지 않고, 결국 사람의 생명을 위협하는 데까지 이르게 된다.[38]

요약하면 다음과 같다.

---

[37] C. S. Lewis, *The Problem of Pain* (London: Geoffrey Bles, 1940), 123.
[38] G. Kaufman, "A Problem for Theology: The Concept of Nature," *HTR* 65 (1972), 337-338은 사람이 자연의 한 구성원인가 아니면 자연을 능동적으로 변형시키는 존재인가의 논쟁을 소개한다.

레위기 성결법전의 시내산 단락(레 25–26장)에서 '들짐승'이라는 낱말은 세 번 나타난다.

첫째, 레위기의 안식년 규정에서 들짐승은 사람과 집짐승과 함께 일곱 계층의 안식년 수혜자를 이루어, 다른 피조물들과 함께 안식년에 나온 땅의 소산물을 평화롭게 먹는다(25:6-7).

둘째, 사람이 하나님의 말씀에 순종할 때에는 하나님이 복을 내려주시는데, 복에 대한 여러 표지 가운데 하나가 이스라엘 땅에서 사나운 들짐승이 없어지거나, 또는 길들여지는 것이다(26:6).

셋째, 사람이 하나님의 말씀에 불순종하고 죄를 지어 하나님께 벌을 받을 때, 하나님은 이스라엘 백성에게 들짐승을 보내셔서 어린이들과 집짐승을 잡아먹게 하신다(26:22).

이처럼 레위기 25장 7절과 26장 6, 22절에는 들짐승, 사나운 들짐승, 들짐승이 차례대로 언급되어, 들짐승은 단지 사람의 지배를 받아야 하는 대상이 아니라, 사람이 하나님께 순종하는가, 불순종하는가에 따라 사람과 평화로운 관계를 유지하거나 사람을 심판하는 하나님의 도구로 등장한다.

3. 짐승과 피조물에 대한 사람의 지위

생태계의 파괴 앞에, 또한 사람에 대한 짐승의 공격에 마주하여 사람은 짐승을 비롯한 피조물과 어떤 관계를 맺어야 하는가?

다른 말로, 사람은 다른 피조물에 대하여 어떤 지위를 가지고 있는가?

더 구체적으로 말한다면, 성결법전은 우주 안에서 사람의 지위를 어떻게 자리매김하고 있는가?

지금까지 많은 학자들은 사람을 하나님이 창조하신 세상에서 가장 높은 자리를 차지하는 존재로 해석하였다. 사람은 우주의 중심이고 꼭대기에 있으며, 청지기로서 다른 모든 피조물을 다스릴 책임이 있다. 히버트(Hiebert)는 제사장 전통의 문서(P)와 야웨 문서(J)가 자연에 대한 사람의 지위에 대하여 다른 개념을 가지고 있다고 주장한다.[39] 그는 제사장 전통의 문서가 '카바쉬'(כבשׁ)라는 낱말을 사용하여 사람을 다른 피조물을 '정복'하는 존재로 규정하는 반면(창 1:28), 야웨 문서는 땅을 '경작'하는 존재로 규정한다고 분석한다. 여기에서 히버트는 '경작하다'에 해당하는 히브리 동사는 '아바드'(עָבַד)로서, '섬기다'라는 뜻을 가지고 있는 점에 주목한다(창 2:5). 곧 정복하는 존재와 섬기는 존재로 대비시킨다.

히버트의 관찰이 흥미로운 것은 사실이지만, 그의 논의는 더 깊은 분석을 필요로 한다. 제사장 전통의 문서(P)와 연속선에 있는 성결법전(H)은 이러한 인간상을 보충하는 점에서 그러하다. 레위기 18장과 20장을 따르면, 사람이 죄를 지으면 땅을 더럽히게 되고, 더럽혀진 땅은 반대로 사람을 쫓아낸다(18:24-30; 20:22-26). 이러한 점에서는 이스라엘 백성에게나 외국인에게 예외가 없다. 또한 레위기 25장에서 땅은 '나지르'(나실인)로 규정되어(25:5), 하나님 앞에 정결함과 거룩함을 유지해야 할 인격체로 묘사된다. 이러한 점에서 사람은 단지 땅을 비롯한 다른 피조물을 다스리고 정복하는 주체가 아니라, 짐승과 땅의 직접적인 영향을 받는 대상이기도 하다.[40]

또한 성결법전은 짐승을 마음대로 살생하여 먹는 것을 금지한다.

---

[39] T. Hiebert, *The Yahwist's Landscape: Nature and Religion in Early Israel* (New York – Oxford: Oxford University Press, 1996), 140-149.

[40] 더 자세한 분석을 위해서는 본서 제4장 "성결법전의 땅"을 참고하라.

아무 곳에서나 짐승을 도살할 수 없고, 도살 장소를 성소로 제한한다. 짐승 도살 역시 거룩한 절차를 거쳐야 한다. 피를 먹는 것을 금지함으로써 짐승이 가지고 있는 생명의 존엄성을 보장한다(레 17). 소나 양이나 염소가 태어나면, 그 새끼를 이레 동안 어미 품에 그대로 둘 것을 명령하고, 어미와 새끼를 같은 날에 죽여서는 안 된다(22:27-28).

그리고 앞에서 살펴본 것처럼 안식년의 소산물은 단지 사람만 먹는 것이 아니라, 집짐승과 들짐승도 사람과 동등한 지위를 가지고 먹음으로써 그들의 생명을 보존할 수 있다(25:6-7). 엘리거(Elliger)는 안식년 규정을 고대 이스라엘에 있었던 민간신앙의 관점에서 이해하여, 7년째 해에 땅에서 저절로 자라난 것을 땅에 있는 풍요의 영에게 바친 것으로 해석한다.[41] 이러한 해석을 통하여 엘리거는 땅을 비롯한 피조물이 가지고 있는 존엄성을 강조한다.

물론 사람 이외에 짐승이나 땅을 비롯한 피조물의 생명을 강조하기 위하여 자연 안에 신성이 있다고 말하기 어려운 것은 사실이다.[42] 그러나 사람이 다른 피조물을 지나치게 비신화화(demythologization)하게 되자, 자연에 깃들어 있는 존엄성을 인정하지 않고, 자연을 마음대로 이용해도 좋다고 무의식적으로 생각하게 된 것도 사실이다. 따라서 오늘날 비신화화 과정을 지난 시대에 비록 자연에 대한 애니미즘적 사고는 인정하지 않더라도, 피조물이 가지고 있는 신의 생명성과 거룩함을 강조하는 것은 우주의 생명 공동체의 일부로서 사람이 피조세계에 대하여 가져야 하는 바른 자세이다.[43]

---

41 K. Elliger, *Leviticus*, 257, 350. 이러한 논의를 위해서는 본서 제2장 "성결법전의 민간신앙"도 참조하라.
42 W. S. Towner, "The Future of Nature," 34-35.
43 구약성경은 피조물의 신성을 보증한다는 주장을 위해서는 S. Schroer, "The Forgotten

4. 맺음말

신학이란 무엇인가?

신학은 단지 신에 대하여 논하는 추상적이고 사변적인 학문이 아닙니다. 신학은 사람이 세상에서 겪는 치열한 삶의 문제를 제기하고 진단하며, 그에 대한 입장과 해결책을 구체적으로 제시한다. 참된 신학은 사람이 중심이 되고, 사람을 우상화하는 사고 체계를 거부하며, 삼위일체 하나님의 관점에서 문제를 해석한다. 그때에야 비로소 사람은 우주의 중심이 아니라, 하나님이 만드신 세상과 우주 공동체 속의 일부분에 불과한 존재임을 자각하게 된다.

2015년 메르스라는 이름으로 박쥐와 낙타가 사람에게 행한 무차별한 공격 앞에, 사람은 자신의 자존심을 내려놓고, 짐승을 비롯한 피조세계에 저지른 잔인한 학대를 돌이켜본다. 그리하여 사람의 무능함을 다시금 깨닫는다. 짐승들이 서식지를 잃고 구슬피 우는 울부짖음을 듣는다.

사람이 짐승과 함께 먹을거리는 나눈다는 레위기의 안식년 규정의 정신은 단지 이상적인 창조신학 안에서만 가능한 것이 아니다. 참으로 하나님께 순종하고, 다른 피조물을 존중하며, 스스로 자신이 쓴 면류관을 내려놓을 때, 사람은 소, 돼지, 낙타, 박쥐, 닭 등과 다시 화해할 수 있다. 사나운 짐승이 사람과 집짐승과 함께 평화의 공동체를 일굴 수 있다.

세상이 아픈 것은 사람이 병들었기 때문이 아닌가?

사람과 짐승과 온 누리가 병들어 신음하는 이때에, 길가에 떨어

Divinity of Creation: Suggestions for a Revision of Old Testament Theology in the 21th Century," A. Lemaire ed., *Congress Volume Ljubljana*, SVT 133 (Leiden – Boston: Brill, 2010), 321-337을 보라.

진 꽃잎이 으깨어지는 것, 새벽 눈길에 자신의 부끄러운 발자국이 찍히는 것을 염려하여 선뜻 발길을 떼지 못하고 서있는 사람이 새삼 그립다.[44]

---

44 유승도, "1996, 봄의 끝에서," 『작은 침묵들을 위하여』 창비시선 188 (서울: 창작과비평사, 1999), 38의 시구에서 따와서 바꾼 것임.

제8장

성결법전의 계약신학

1. 머리말

종교를 그 라틴어 어원에 따라 '(경전을) 다시 읽다(relego)' 혹은 '(신과 인간을) 다시 묶다(religo)'로 설명하든,[1] '신이나 초자연적인 절대자 또는 힘에 대한 믿음을 통하여 인간생활의 고뇌를 해결하고 삶의 궁극적인 의미를 추구하는 문화 체계'[2]로 정의하든, 종교가 신의 본질과 관련되어 있는 사실은 부인할 수 없다. 종교에 대한 이러한 일반적인 생각은 오토(R. Otto)와 엘리아데(M. Eliade)의 종교학 고전에서도 쉽게 발견할 수 있는데,[3] 종교적인 것, 성스러운 것은 절대

---

[1] 이 논문은 2013년도 정부(교육부)의 재원으로 한국연구재단의 지원을 받아 연구되었음 (NRF-2013S1A5A8025581). 이 글은 2013년 4월 19일 한영신학대학교에서 열린 제92차 한국구약학회 춘계학술대회에서 발표한 것을 보완한 것이다. 귀한 논찬을 해주신 배정훈, 우상혁 박사님께 감사드린다. 「Canon&Culture」 8 (2014), 195-222에도 실려 있다. B. M. Wheelock, *Latin: An Introduction Course Based on Ancient Authors* (New York: Barnes & Nobles, 1963), 425, 435.

[2] http://stdweb2.korean.go.kr/search/List_dic.jsp (국립국어원 표준국어대사전).

[3] 루돌프 옷토, 『성스러움의 의미: 신관념에 있어서의 비합리적 요소 그리고 그것과 합리적 요소와의 관계에 대하여』, 길희성 역 (왜관: 분도출판사, 1994); 멀치아 엘리아데, 『성과 속: 종교의 본질』, 이동하 역 (서울: 학민사, 1993).

타자와 관련하여 세속을 초월하고 세상과 차별성을 가지고 있는 것으로 여겨진다.

종교가 정치와 경제 등 세상의 문제에서 초탈해야 한다는 것은 당위적으로는 옳지만, 이러한 생각이 단순화될 경우 종교의 본질을 오도할 위험 역시 가지고 있다.[4] 이미 오래 전 구약 주변 세계와 히브리 성경에서조차 신과 인간, 혹은 신과 그 백성의 관계는 정치 조약의 언어와 형식으로 표현되고 있다.[5] 고대 민족의 신은 자신의 백성을 보호할 책임이 있고, 반대로 백성은 신이 부여하는 계명을 지키고 순종할 의무가 있다. 특별히 이러한 쌍방의 관계는 구약성경에서 '계약(ברית)'으로 표현된다. 그런데 고대 세계에서 신이 제정한 계명은 단지 종교나 윤리 차원의 율법뿐 아니라, 가정과 사회와 국가 안에서, 더 나아가 국가와 국가 사이의 경제 질서 역시 다루고 있다.[6]

고대로부터 정치, 경제, 종교는 완전히 이질적이지 않고, 인간 현실의 동일한 근원을 각자의 입장에서 설명하고 해석하는 체계라고 말할 수 있다. 이러한 점에서 종교는 정치와 경제 등 세속의 문제를 초월하지만, 동시에 그들을 포괄한다고 말하는 것이 더 정당

---

4 신학이 경제학과 유리될 때의 위험성에 대해서는 M. D. Meeks, *God the Economist: the Doctrine of God and Political Economy* (Minneapolis: Fortress Press, 1989), 19–21을 참조하라.

5 G. E. Mendenhall and G. A. Herion, "Covenant," ABD 1, 1179; J.-G. Heintz, "Alliance humaine – Alliance divine: documents d'époque babylonienne ancienne & Bible hébraïque – Une esquisse –," *BN* 86 (1997), 66; 박준서, 김영진, "고대 근동의 국제 관계와 국제 조약에 관한 비판적 연구,"「구약논단」12 (2002), 171–211. 대한민국의 정치 상황에 대한 계약신학적 조망을 위해서는 박신배, "계약신학의 새로운 모색,"「신학사상」149 (2010), 65–92를 참조하라.

6 구약 주변 세계의 법에 대한 일부 본문과 이에 대한 우리말 연구를 위해서는 김영진, 『율법과 법전: 율법과 고대근동의 법 연구』(서울: 한들, 2005); 채홍식 역『고대 근동 법전과 구약성경의 법』(의정부: 한님성서연구소, 2008) 등을 참조할 수 있다.

하다. 국가와 정치를 만인에 대한 만인의 투쟁 상태라고 말한 근대의 정치철학자 홉스(T. Hobbes)가 정치론과 더불어 하나님의 존재, 실체, 또한 속성에 대해 자신의 사상을 표출한 것은 이러한 거룩함과 속됨이 가지고 있는 뗄 수 없는 관계를 잘 보여준다.[7]

이 연구는 정치와 종교, 경제와 종교가 가지고 있는 구체적이고 현실적인 문제에서 비롯하여, 그들이 가지고 있는 근본의 문제를 인류 문명의 근원 중 하나인 고대 중동 문명과 구약성경의 법전 중 하나인 성결법전에서 그 이론적 해답을 찾으려는 동기에서 출발한다. 종교법전으로서의 성결법전이 내포하고 있는 계약신학을 연구하고, 계약신학의 틀로 성결법전을 바라봄으로써, 성결법전과 성결법전의 계약신학을 바르게 이해하는 동시에, 국제 정치 조약과 경제윤리에 대해 가지고 있는 상관관계에 대한 하나의 착안점을 제공하려 시도할 것이다.

2. 연구사

계약신학은 이미 구약 일반과 특정 인물, 또한 구약 주변 세계의 조약과 관련하여 많은 연구 결과를 낸 분야이다. 대표적으로 아이히로트(W. Eichrodt)는 그의 『구약신학』에서 '계약'이라는 틀로 구약성경을 관통하고 있고,[8] 폰 라트(G. von Rad)는 시내산 계약과 신명기 계약의 공통 구조를 이끌어 냄으로써 계약신학이 가지고 있는 삶

---

7   김용환, 『리바이어던: 국가라는 이름의 괴물』 (파주: 살림출판사, 2008), 96-149.

8   W. Eichrodt, *Theologie des Alten Testaments*, Teil 1-3 (Leipzig: J. C. Hinrichs, 1933-1939).

의 자리를 추적한다.[9] 일부 학자들은 하나님이 특정 인물(노아, 아브라함, 모세, 다윗 등)과 맺은 언약에 관심을 기울임으로써 하나님이 이스라엘 백성과 맺은 계약 형태와의 유비를 발견하려고 시도한다.[10] 그런데 당시 구약 주변 세계에서 발견할 수 있는 종교 계약 혹은 정치 조약은 구약성경에 나타난 계약신학을 이해하는데 도움을 준다. 이러한 차원에서 신명기에 나타난 계약 사상을 주전 14-13세기의 히타이트 조약,[11] 혹은 주전 7세기 앗시리아의 에살핫돈 조약[12]에 비추어 연구한 것은 이들 책에 나타난 계약신학을 이해하는 데 유용하다.

이들의 연구를 따르면, 구약성경은 진공에서 산출된 것이 아니라 주변 세계의 문학, 종교, 정치와 소통하며, 특별히 신명기의 구조와 신학은 구약 주변 세계의 정치 조약을 요시야 당시 신학화한 것

---

9 G. von Rad, *The Problem of the Hexateuch and Other Essays*, trans. E. W. T. Dicken (Edinburgh: Oliver & Boyd, 1966), 1-78.

10 예를 들어, W. Zimmerli, "Sinaibund und Abrahambund. Ein Beitrag zum Verständnis der Priesterschrift," *ThZ* 16 (1960), 268-280; G. E. Mendenhall and G. A. Herion, "Covenant," 1188-1190; B. W. Anderson, *Contours of Old Testament Theology* (Minneapolis: Fortress Press, 1999), 79-236.

11 G. E. Mendenhall, "Covenant Forms in Israelite Tradition," *BA* 17 (1954), 50-76. 히타이트 법과 그 법의 도덕성에 대한 연구를 위해서는 이종근, "히타이트 법의 도덕성에 관한 연구," 『한국기독교신학논총』 67 (2010), 27-52를 참조하라.

12 R. Frankena, "The Vassal-Treaties of Esarhaddon and the Dating of Deuteronomy," *OTS* 14 (1965), 122-154; M. Weinfeld, "The Loyalty Oath in the Ancient Near East," *UF* 8 (1976), 397-414; H. U. Steymans, *Deuteronomium 28 und die adê zur Thronfolgeregelung Asarhaddons: Segen und Fluch im Alten Orient und in Israel*, OBO 145 (Freiburg Schw: Universitätsverlag, Göttingen: Vandenhoeck & Ruprecht, 1995). 이 조약과 신명기의 병행 본문을 위해서는 J. 맥스웰 밀러, 존 H. 헤이스, 『고대 이스라엘 역사』, 박문재 역 (서울: 크리스챤 다이제스트, 1998), 497-500; 참조, 박준서, 김영진, "고대 근동의 국제 관계와 국제 조약에 관한 비판적 연구," 205-207을 보라. 이러한 입장에 대한 비판적 견해를 위해서는 장미자, "에살하돈 조약(VTE) 저주와 신명기 언약 저주(28장) 비교 연구에 대한 새로운 제언," 『Canon & Culture』 3 (2009), 5-36을 참조하라.

에 해당한다.¹³ 즉 신명기 저자는 구약 주변 세계에서 강대국과 약소국 사이에 존재하는 종주와 봉신 사이의 관계를 진정한 왕인 하나님과 백성 사이의 관계로 치환했다는 것이다.

이처럼 신명기법전과 고대 근동의 정치 조약에 대한 연구에 비해 성결법전에 암시되어 있는 계약신학에 대해서는 많은 학자들이 관심을 기울이지 않았다. 물론 뷔(P. Buis), 로핑크(N. Lohfink), 최근에는 요스튼(J. Joosten)이 성결법전에 나타난 계약신학에 대하여, 계약이라는 용어가 나타나는 단락과 관련하여 일부(Buis, Lohfink), 혹은 성결법전 자체 내의 기능을 파악하는 포괄적인 방식(Joosten)으로 연구하기도 하였다.¹⁴ 그러나 이들의 연구는 신명기법전의 계약신학이나 시내산 계약에 대한 연구에 비해 수적으로 매우 제한되어 있는데, 그것은 다름 아니라 전통적인 역사비평의 관점에서 볼 때 제사장 문서(P)와 성결법전(H)은 바벨론 포로기 이후에 그 이전에 존재한 문서와 전승들에 대한 조합이라는 벨하우젠(J. Wellhausen)식의 이해가 자리 잡고 있는 것과 무관하지 않다.

예를 들어, 로핑크는 성결법전에 나타난 '계약'이라는 용어는 제사장적이지만 그 신학은 오히려 신명기적이라고 주장하는데, 성결법전이 제사장 문서의 신학과 신명기 신학을 종합한 것이기 때문이라는 것이다. 이것은 또한 신명기 학파로부터 계약신학이 도입되

13　M. Weinfeld, "ברית berîth," TDOT II, 268; idem, *Deuteronomy 1-11*, AB 5 (New York: Doubleday, 1991), 25-37.

14　P. Buis, *La notion d'alliance dans l'Ancien Testament*, LD 88 (Paris: Cerf, 1976), 86-91; N. Lohfink, "Die Abänderung der Theologie des priesterlichen Geschichtswerks im Segen des Hekligkeitsgesetzes. Zu Lev. 26,9.11-13," in H. Gese und H. P. Rüger (Hg.), *Wort und Geschichte*, FS K. Elliger, AOAT 18 (Neukirchen-Vluyn: Neukirchener, 1973), 129-136; J. Joosten, "Covenant Theology in the Holiness Code," *ZABR* 4 (1998), 145-164.

었다는 맥커티(D. J. McCarthy)의 주장과 궤를 함께 한다.[15] 이들이 객관적인 역사의 토대 위에서 성경본문을 이해하겠다는 의도는 이해할 수 있지만, 제사장 문서와 성결법전이 이처럼 단순하게 신명기 문서를 전제로 하여 후대에 편집된 것으로 볼 때, 이들만이 독특하게 가지고 있는 계약신학의 존재이유와 그 의미를 바르게 설명하지 못한다는 치명적인 약점이 있다.

이러한 문제의식에서 출발한 요스튼의 연구는 주목할 만하다. 그는 성결법전에 나타난 '계약'이라는 용어의 용례를 통하여 레위기 26장을 분석하고 있으며, 성결법전의 계약신학은 단순히 신명기법전처럼 국제 조약과의 연속성 위에서 이해하지 않고 그 법전이 가지고 있는 종교성을 강조한다. 이러한 차원에서 요스튼은 성결법전이 단순히 신명기법전을 전제로 하여 기록된 문서가 아니라, 신명기와는 다른 전승과 기원을 가지고 있는 독립된 문서라는 가설을 발전시킨다.[16]

즉 그는 성결법전의 계약신학을 단지 신명기법전의 계약신학의 관점에서 이해하지 않고 성결법전 자체의 신학과 언어, 또한 문서의 체계 안에서 이해하려고 노력한다. 그러나 신명기의 계약신학과 차별성을 강조하는 과정에서 성결법전의 계약 사상이 구약 주변 세계의 종교와 가지고 있는 유비를 간과하는 점에서 그의 결론을 쉽게 받아들이기 힘들다. 아래에서 살펴볼 수 있듯이 성결법전 역시 구약 주변 세계의 후기 청동기와 철기 시대의 조약 체결 양식과 내용과 형식[17]에서 유사점을 찾을 수 있다는 점에서 정치 조약과

---

15 D. J. McCarthy, "berît in Old Testament History and Theology," *Bib* 52 (1972), 111.

16 J. Joosten, "Covenant Theology in the Holiness Code," 150-164.

17 A. Grayson, "Akkadian Treaties of the Seventh Century B. C.," *JCS* 39 (1987),

의 관련성을 배제하는 것은 그리 단순하지 않다. 또한 성결법전이 가지고 있는 종교성만 강조할 경우, 참된 종교성이 가지고 있는 세속과의 소통의 문제를 원천적으로 차단할 위험성을 안고 있다. 이것은 종교의 본질과 사회적 기원 자체를 무시하는 오류라고 말할 수 있다.

이러한 점에서 본 연구는 성결법전이 가지고 있는 종교성을 바탕으로 하여, 구약 주변 세계의 정치 조약과의 유비, 성결법전이 가지고 있는 경제윤리를 함께 연구함으로써 종교의 법전이 정치와 경제에 대하여 가지고 있는 포괄성을 밝히려고 시도할 것이다.

3. 성결법전과 계약

1) 성결법전과 성결법전의 거시 구조

성결법전은 1877년 클로스터만(A. Klostermann)이 레위기 17-26장에 이름을 지어 붙인 것으로[18] 지금까지도 성결법전의 존재 여부, 연대, 짜임새 등에 대하여 여러 이견이 존재한다.[19] 이 이름의 근거

127-160; S. Parpola, "Neo-Assyrian Treaties from the Royal Archives of Nineveh," *JCS* 39 (1987), 161-189 등을 참조하라.

[18] A. Klostermann, "Beitrage zur Entstehungsgeschichte des Pentateuch," *ZLThK* 38 (1877), 401-445. 개괄적인 우리말 연구를 위해서는 채홍식, "성결법전(레 17-26)의 형성에 관한 고찰 - 레 19:3-18절을 중심으로 -," 「구약논단」 8 (2000), 59-82를 참조하라.

[19] 예를 들어, C. R. Smith, "The Literary Structure of Leviticus," *JSOT* 70 (1996), 17-32는 문학 구조에 따라 '율법(레 1-7) - 이야기(레 8-10) - 율법(레 11-15) - 이야기(레 16) - 율법(레 17:1-24:9) - 이야기(레 24:10-23) - 율법(레 25-27)'으

는 레위기 19-22장에 나오는 '나 야웨가 거룩하니 너희도 거룩하라'(레 19:2; 20:7, 26; 21:8; 22:35)라는 문구인데, 크놀(I. Knohl)이 레위기 이외의 본문에서 성결법전 저작의 흔적을 발견한 이래,[20] 일부 학자들은 레위기 11장 45절의 동일 문구도 성결법전에 속하는 것으로 여긴다.[21] 성결법전의 존재에 대하여 여러 논란이 있지만, 학자들이 성결법전의 존재를 인정하는 것은 레위기 17-26장이 계약법전(출 20:22-23:33)과 신명기법전(신 12-26장)의 거시 구조와 동일한 구조로 이루어져 있기 때문이다.[22]

〈표 1〉

	계약법전	성결법전	신명기법전
주 계명: 제물 봉헌과 그 장소	출 20:22-26	레 17장	신 12:1-14:21
사회적·제의적 개별 계명들 직무들 (사사, 제사장) 제의적·사회적 개별 계명들	출 21:1-23:19	레 18-20장 레 21-22장 레 23-25장	신 14:22-16:17 신 16:18-18:22 신 19-25장
축복과 저주	출 23:20-33	레 26장	신 27-28장

로 구분한다. M. Douglas, "The Forbidden Animals in Leviticus," *JSOT* 59 (1993), 10의 대칭 구조도 성결법전의 구조를 무력화시킨다.

20   I. Knohl, *The Sanctuary of Silence: the Priestly Torah and the Holiness School* (Minneapolis: Fortress Press, 1995).

21   E. Firmage, "Genesis 1 and the Priestly Agenda," *JSOT* 82 (1999), 113-114; J. Milgrom, *Leviticus 1-16*, AB 3 (New York: Doubleday, 1991), 39-42.

22   아래의 표를 위해서는 에리히 쳉어, 『구약성경 개론』, 이종한 옮김 (왜관: 분도출판사, 2012), 147, 294-295를 참조하라.

2) 성결법전의 '계약'의 용례

일반적으로 계약 행위와 관련된 동사는 계약 체결, 계약 유지, 계약 폐기로 범주화할 수 있다.[23] 이에 따라 레위기 전체를 통하여 10회(레 2:13; 24:8; 26:9, 15, 25, 42[x3], 44, 45), 성결법전에 9회 나타나는 '계약'을 계약 체결 범주에 따라 계약 행위자와 함께 분류하면 다음과 같다.[24]

> 내가 너희를 돌보아 너희를 번성하게 하고 너희를 창대하게 할 것이며 내가 너희와 함께 한 **내 언약**을 이행하리라(레 26:9).

> 내 규례를 멸시하며 마음에 내 법도를 싫어하여 내 모든 계명을 준행하지 아니하며 **내 언약**을 배반할진대(레 26:15).

> 내가 칼을 너희에게로 가져다가 **언약**을 어긴 원수를 갚을 것이며 너희가 성읍에 모일지라도 너희 중에 염병을 보내고 너희를 대적의 손에 넘길 것이며(레 26:25).

> 내가 야곱과 맺은 **내 언약**과 이삭과 맺은 **내 언약**을 기억하며 아브라함과 맺은 **내 언약**을 기억하고 그 땅을 기억하리라(레 26:42).

> 그런즉 그들이 그들의 원수들의 땅에 있을 때에 내가 그들을 내버리지 아니하며 미워하지 아니하며 아주 멸하지 아니하고 그들과 맺은

---

[23] P. Buis, *La notion d'alliance dans l'Ancien Testament*, 16–21.
[24] 본 논문에서는 성결법전에서 계약 체결의 행위에 따른 '계약'의 용례만을 다룬다. 따라서 레 24:8은 고려 대상에서 제외한다. 여기에서 '영원한 계약'은 다음 절에 나오는 '영원한 규례'(חק־עוֹלָם)를 의미하는 것으로 이해할 수 있다. 이 글에서 성경을 인용할 경우 개역개정판 성경전서를 활용한다.

내 언약을 폐하지 아니하리니 나는 여호와 그들의 하나님이 됨이니라 내가 그들의 하나님이 되기 위하여 민족들이 보는 앞에서 애굽 땅으로부터 그들을 인도하여 낸 그들의 조상과의 **언약**을 그들을 위하여 기억하리라 나는 여호와이니라(레 26:44-45).

〈표 2〉

	26:9	26:15	26:25	26:42 (x3)	26:44	26:45
동사	קום 체결·유지	פרר 폐기	קנם 폐기	זכר 유지	פרר 폐기	זכר 유지
계약	בריתי 나의계약	בריתי 나의계약	ברית 계약	בריתי 나의계약	ברית 나의계약	ברית 계약
상대자	너희			야곱,이삭, 아브라함	그들	그들의 조상

독자들은 위의 구절에서 몇 가지 질서를 발견할 수 있다.

첫째, 계약 체결 혹은 유지가 3회, 계약 폐기가 3회 나타남으로, 계약의 유지와 폐기에 대한 긴장이 명확하게 대조된다. 또한 만일 42절에 나타나는 계약 본문이 성결법전에 나타난 계약 체결의 상대자가 아니라 창세기의 조상과 맺은 과거의 계약이라는 점에서 성결법전의 계약신학 대상 본문에서 제외한다면, '계약 체결 – 세 차례에 걸친 폐기 – 계약 유지'의 구조로, 하나님은 계약이 폐기될 위험 속에서도 자신이 백성과 맺으신 계약을 유지하신다는 의미를 발견할 수 있다.

구약에서 계약을 체결(כרת ברית 카라트 브리트)하는데 사용되는 일반적인 동사는 '카라트'인데 비해(오경에서 창 21:32; 26:28; 31:44; 출 34:10, 12, 15, 27; 신 5:2; 7:2), 레위기 26장 9절은 '쿰'의 사역형 '헤킴'을 사용하고 있다(הכים ברית). 이것은 제사장 문서와 성결법전이 특별하게 선호하는 표현으로(창 6:18; 9:9, 11; 17:7, 19, 21; 출 6:4; 겔

16:60, 62; 참조, 신 8:18), 계약 체결에서 하나님의 주도성을 강조하기 위한 것으로 보인다.[25] 이러한 제사장 전문 용어가 계약이라는 용어와 함께 사용될 때, '체결하다'(창 9:9), '유지하다'(겔 16:60에서 קום와 병행), 또는 '성취하다'(신 8:18)로 해석할 수 있다.[26]

다른 한 편, 계약 폐기와 관련된 동사와 명사는 각각 '파라르'(פרר)와 '나캄'(נקם)으로 '헤킴 브리트'의 반의어에 해당한다. 계약의 복수(나캄)는 봉신이 종주를 배반하여 그와 맺은 계약을 어겼을 경우 종주가 처벌할 수 있는 권리를 가리키며,[27] 이러한 나캄의 용례는 주전 8세기의 아람어 세피레 조약에서도 발견할 수 있다(Sefire II, 11-12; III, 22).[28]

둘째, 레위기 26장에서 계약과 관련된 구절은 '나의 계약 – 나의 계약 – 계약 – 나의 계약 – 나의 계약 – 계약'으로 심미적으로 구성되어 있다(AABAAB). 히브리어 '계약'이 쌍방의 계약, 즉 쌍무 계

---

25 S. Amsler, "קום qûm austehen," THAT 2, 640.
26 J. Milgrom, *Leviticus 23-27*, AB 3B (New York: Doubleday, 2001), 2343은 이전에 이미 체결한 계약을 유지하거나 완성하는 의미만 가지고 있는 것으로 생각한다.
27 레 26:25에서 '계약과 관련된 복수의 의미를 위해서는 H. G. L. Peels, *The Vengeance of God: the Meaning of the Root NQM and the Function of the NQM - Texts in the Context of Divine Revelation in the Old Testament*, OTS 31 (Leiden – New York – Köln: Brill, 1995), 83-86, 102-109를 참조하라.
28 세피레는 시리아의 알렙포에서 남서쪽 22Km에 위치한 작은 마을이다. 세피레 조약을 위해서는 A. Dupont-Sommer and J. Starcky, "Une inscription araméennes de Sfiré (stèles I et II)," BMB 13 (1958), 1-125; J. A. Fitzmyer, *The Aramaic Inscriptions of Sefire*, Biblica et Orientalia 19/A (Rome: Pontificio Instituto Biblico, 1995); KAI, 222 A 등을 참조하라. 세피레 조약과 오경의 법전의 관련을 위해서는 최종원, "북서 셈어에 나타난 계약 본문 안에서의 '쉐바'(שבע) – 스피르(Sᵉfire) 비문을 중심으로 –," 「Canon & Culture」6 (2011), 123-151; 최종원, "레위기 26장 14-33절에 나타난 숫자 칠의 의미에 대한 연구," 「구약논단」47 (2013), 12-42를 참조하라. H. F. van Rooy, "The Structure of the Aramaic Treaties of Sefire," *JSem* 1 (1989), 133-139는 세피레 조약과 아래의 3.4.에 나오는 앗수르 조약의 구조가 일치한다고 주장한다.

약을 의미하는지, 일방적인 편무 계약 혹은 의무[29]를 의미하는지 논란이 있지만, 레위기 26장에 네 차례 나타나는 '나의 계약'에서의 일인칭 소유 접미사 '나의'는 하나님과 백성 사이의 관계가 동등한 관계에서 맺어지는 관계가 아닌 것을 드러낸다.[30] 또한 동시에 '나의'(하나님의) 계약을 이스라엘이 파기했다는 내용은 백성들이 의도적으로 하나님께로부터 떠난 사실을 강조하기도 한다.[31]

셋째, 계약을 체결하는 주체는 하나님이지만, 폐기는 하나님(44절)뿐만 아니라 백성도(15절) 할 수 있다는 사실을 알 수 있다. 이것은 백성이 하나님의 계약에 대한 업신여김을 드러낸다. 이러한 사실은 백성들을 지시하는 인칭대명접미사에서도 반영되고 있는데, 성결법전에서 법전을 수여받는 대상인 이스라엘이 항상 2인칭으로 등장하는 반면, 26장에서 3인칭 '그들'은 부정적인 내용의 단락에서 주로 등장하여(26:7, 36, 37, 40, 41, 43, 44) 하나님과 백성 사이의 관계가 소원해졌음을 나타내기도 한다.[32] 그러나 성결법전의 실제적인 마지막 구절에서 하나님은 이러한 패역한 '그들'의 하나님이 되어 주신다(26:45).

그런데 이러한 '계약'이라는 용어는 레위기 26장에서 산발적으로 모여 위와 같은 질서를 갖는 것에 그치지 않고, 레위기 26장의 짜임새를 형성하고, 더 나아가 성결법전 전체를 이해하게 하는 단서로 작용한다.

---

29   E. Kutsch, "ברית obligation," TLOT I, 256-266. '계약'의 어의에 대한 우리말 연구를 위해서는 노희원, "구약의 계약(ברית)에 대한 어의론적 연구," 「신학논단」 12 (1995), 5-35를 참조하라.
30   H. G. L. Peels, *The Vengeance of God*, 107.
31   J. E. Hartley, *Leviticus*, WBC 4 (Dallas: Word Books Publisher, 1992), 464.
32   이러한 3인칭의 용법은 예언서에서도 마찬가지인데, 예를 들어, 암 1-2장에서 심판의 대상은 전형적으로 3인칭으로 나타난다(암 1:3, 6, 9, 11, 13; 2:1, 4, 6).

3) '계약'에 따른 레위기 26장의 짜임새

주석가들이 보는 관점과 해석에 따라 레위기 26장의 짜임새를 다르게 제안하지만, 이들은 공통적으로 '계약'이라는 단어에 따라, 하나님이 주신 율법을 이스라엘이 순종하여 지키면 영과 물질의 복을 받고(3-13절), 그렇지 않으면 저주를 받으며(14-41, 43절), 이러한 심판과 저주가 있음에도 하나님은 이스라엘 백성을 회복시키리라는 내용으로 레위기 26장을 분석한다(42, 44-45절).

〈표 3〉

	Hartley[33] Milgrom[34]	Buis[35]	Joosten[36]
축복	3-13절	3-13절	3-13절
저주	14-29절	14-33절	14-41, 43절
회복	40-45절	34-45절	42, 44-45절
결론	46절	46절	46절

레위기 26장에 대한 이러한 삼중 구조는 '계약'이라는 용어에 따라 다르게 표현될 수 있다. 즉 이스라엘 백성이 하나님의 율법을 지키면, 야웨는 백성과 계약을 맺으실 것이고(9절), 순종하지 않으면 계약을 파기하실 것이지만(15절), 결국 하나님은 백성과 맺으신 계약을 기억하시리라는 것이다(44-45절). 따라서 계약에 대한 폐기는 죄를 지은 이스라엘 백성에 대한 단순한 복수(נקם)가 아니라, 그

---

[33] J. E. Hartley, *Leviticus*, 456-457.
[34] J. Milgrom, *Leviticus 23-27*, 2289-2290.
[35] P. Buis, *La notion d'alliance dans l'Ancien Testament*, 86-91.
[36] J. Joosten, "Covenant Theology in the Holiness Code," 150-152.

들을 훈계하기 위한 목적을 가지고 있다.

이러한 관점에서 볼 때, 이스라엘 백성이 하나님과 맺은 계약을 통해서 바른 관계를 유지하기 위해서는 하나님이 명하신 율례를 지키는 것이 필수적인데, 이 율례는 위의 성결법전의 거시 구조에 나타난 17-25장, 더 나아가 아래에서 볼 수 있는 바와 같이 시내산에서 선포된 레위기 1-25장의 규정을 가리키는 것으로 이해할 수 있다.

4) 성결법전의 조약 체결 양식

위에서 살펴본 바와 같이 주석가들이 '계약'이라는 용어에 따라 레위기 26장의 짜임새를 분석하고 있지만, 이러한 계약신학에 따라 성결법전 전체의 짜임새를 파악하는 데에는 어떠한 관심도 기울이고 있지 않다. 앞에서 언급한 것처럼, 성결법전은 비록 신명기법전처럼 에살핫돈 조약의 구조에 거의 유사하게 구성되어 있지 않다. 그러나 내용적으로 그 법전의 구성 요소와 유사한 내용들을 산발적으로 지니고 있는 점에 주목해야 한다.[37]

첫째, 조약 체결 양식[38]의 서문(preamble)에는 계약을 체결하는 주체가 등장한다. 성결법전에 52회 등장하는 '나는 야웨다(אֲנִי יהוה)'라는

---

37 J. H. Walton, *Ancient Israelite Literature in its Cultural Context: A Survey of Parallels between Biblical and Ancient Near Eastern Texts* (Grand Rapids: Zondervan, 1989), 105. 비록 '계약'이라는 구체적인 용어가 나타나지 않더라도, 내용과 문맥이 계약신학을 드러낼 수도 있는 것은 당연하다. M. Silva, *Biblical Words and their Meaning: An Introduction to Lexical Semantics* (Grand Rapids: Zondervan, 1983), 101-112를 참조하라.

38 이 글에서는 구약 주변 세계에서 발견할 수 있는 조약 체결 양식과 구약성경에서 발견할 수 있는 계약 체결 양식(covenant formula) - 나는 너희의 하나님이 되고, 너희는 나의 백성이 된다(레 22:33; 25:38; 26:45 등) - 을 구분한다.

야웨인지 양식[39]이 바로 계약 주체로서의 하나님을 소개하는 것에 해당한다.[40] 콜레빈스키(A. Cholewiński)와 크놀(I. Knohl)은 야웨의 일인칭 언설(Ich-Rede)이 제사장 토라(Priestly Torah)와 구별되는 성결학파(Holiness School)의 독특한 표현임을 밝힌다.[41] 물론 이러한 야웨의 자기 계시 양식은 출애굽기의 이야기 단락(출 6:6 등)과 십계명 서두(출 20:2,5; 신 5:6, 9; 참조, 너의 하나님 야웨)에도 나타난다. 반면 성결법전에서 야웨 계시 양식의 특징적인 점은 이 양식에 '너희/그/그들을 거룩하게 하는'[42] 야웨로 묘사함으로써, 오경의 다른 책들과 구별되는, 성결법전만이 가지고 있는 하나님의 거룩함을 강조한다.[43]

둘째, 구약 주변 세계에서 종주가 자신의 정체를 밝힌 다음에, 봉신에게 베푼 역사를 서술하는데, 성결법전에서 이에 해당하는 구원사(historic prologue)에 대한 서술은 하나님이 이스라엘에게 베풀어 주신 출애굽의 역사에 해당한다. 레위기는 출애굽 이후 시내산에서 율법을 받는 맥락 안에 기술되어 있는데, 성결법전에는 여러 차례에 걸쳐 출애굽 주제가 등장한다(레 19:35-36; 22:32-33; 23:42-43;

---

39   J. Begrich, "Das priesterliche Heilsorakel," *ZAW* 52 (1934), 81–92.
40   단형(나는 야웨다): 레 11:44, 45; 18:5, 6, 21; 19:12, 14, 16, 18, 28, 30, 32, 37; 21:12; 22:2, 3, 8, 30, 31, 33; 26:2, 45. 장형(나는 너희의 하나님 야웨다): 레 18:2, 4, 30; 19:2, 3, 4, 10, 25, 31, 34, 36; 20:7, 24; 23:22, 43; 24:22; 25:17, 38, 55; 26:1, 13, 44.
41   A. Cholewiński, *Heiligkeitsgesetz und Deuteronomium: Eine vergliechende Studie*, Analecta Biblica 66 (Rome: Biblical Institute Press, 1976), 137; I. Knohl, *The Sanctuary of Silence*, 106–110.
42   성결법전의 특수 용법(나는 너희/그/그들을 거룩하게 하는 야웨다): 레 20:8, 26; 21:8, 15, 23; 22:9, 16, 32; 출 31:13; 겔 20:12 참조.
43   에살핫돈 조약에는 서문 다음에 증인으로서 신들의 명단이 나온다. 구약성경에서 하나님과 이스라엘 사이의 계약 체결에서 신들이 나타나지 않는 것은 당연하다. 하늘과 땅이 이러한 증인 역할을 하는 것으로 암시하는 본문을 찾을 수 있다(신 4:26; 31:28; 32:1; 사 1:2 등). 박준서, 김영진, "고대 근동의 국제 관계와 국제 조약에 관한 비판적 연구," 202-203을 참조하라.

25:38, 42, 55; 26:13, 45 등).

출애굽 관련 본문들에서 독자들은 다음과 같은 사항을 추출해 낼 수 있다.

첫째, 출애굽은 '주인의 변화'(change of master) 모델로 설명할 수 있다.[44] 이스라엘 백성이 애굽에서 바로를 주인으로 모시고 바로의 노예로 살아야 했다면, 하나님은 이스라엘 백성을 속량하시고 자신의 노예로 삼으신다. 그러나 이스라엘 백성은 더 이상 노예가 아니라 성소에서 하나님을 섬기는 종이 된다(25:42, 55). 애굽에서 바로를 주인으로 모시고 바로의 노예(עבד)로 살아야 했던 이스라엘 백성은, 가나안 땅에 들어와 하나님의 성전에서 하나님을 섬기는 종(עבד)으로 변화한다.

둘째, 출애굽 관련 본문에는 하나님이 이스라엘 백성을 애굽에서 해방시킨 이유가 명시되어 있는데, 그것은 이스라엘 백성의 하나님이 되시기 위한 것이다(22:33; 25:38; 26:45). 하나님이 이스라엘에게 하나님이 되시고, 이스라엘은 하나님의 백성이 된다는 계약 체결 양식은 출애굽 사건을 매개로 하여 하나님과 백성의 관계를 드러내는 가장 대표적인 표현 양식이다.

셋째, 애굽에서의 해방 역사를 통하여 야웨가 백성들의 참 하나님이 되었다면, 반대로 백성들은 그러한 은혜의 역사를 통하여 하나님의 계명을 지킬 수 있다(19:36; 22:32-33). 즉 하나님의 은혜와 백성의 율법 준수는 긴밀하게 연관되어 있다.[45] 이러한 점에서 제사장 문서와 성결법전에서 계약 사상은 이스라엘 백성이 하나님께 불순종하였지만 하나님은 무조건적으로 일방적인 계약을 맺어 주셨다

---

44   D. Daube, *The Exodus Pattern in the Bible*, All Souls Series (London: Faber and Faber, 1963).

45   J. Joosten, "Covenant Theology in the Holiness Code," 153 참조.

는 바벨론 포로기 이후를 배경으로 한다는 짐멀리의 주장[46]은 수정할 필요가 있다. 마지막으로 하나님이 애굽에서 이스라엘 백성을 해방시켜 주셨다면, 그들의 자유를 보장하시기 위해 그들이 자치적으로 거주할 땅을 주신다.

〈표 4〉

주인	바로	야웨
신분	바로의 노예(עבד)	야웨의 노예, 야웨의 종(עבד)
거주지	애굽	가나안 땅, 성소

셋째, 구체적인 계약에 대한 법률적 의무 조항(stipulations)은 성결법전, 더 나아가 레위기 1-15장에 나타나고 있는 가정, 사회, 경제, 종교의 영역에서 지켜야 할 모든 법률을 가리키는 것으로 생각할 수 있다. 이것은 위의 출애굽 동기만을 살펴보더라도, 경제(25:38, 42, 55), 사회, 재판(19:35-36; 26:13), 종교(22:32-33; 23:42-43; 25:38; 26:45) 등 여러 차원에서 비롯하는 점에서도 알 수 있다. 성결법전에 이처럼 여러 차원의 윤리적 계명들이 제정된 것에 대해 요스튼은 백성들을 거룩하게 하기 위한 종교적인 목적으로 해석하지만,[47] 이것은 성결법전이 가지고 있는 종교성을 협소화시키는 것으로 오해하게 만들 수 있다. 성결법전이 규정하는 의무 조항은 단지 하나님과 백성 사이의 관계에 제한되어 있지 않고, 사람과 사람 사이의 수평적인 관계에서 구체화된다.

---

46 W. Zimmerli, "Sinaibund und Abrahambund," 205-216.
47 J. Joosten, *People and Land in the Holiness Code: An Exegetical Study of the Ideational Framework of the Law in Leviticus 17-26*, SVT 67 (Leiden – New York: Brill, 1996), 117-118.

성결법전의 마지막 구절(26:46)은 삶의 여러 차원에서 지켜야 할 모든 율법을 포괄하는 것으로 생각할 수 있는데, 이것은 성결법전의 종교성을 보다 넓은 차원에서 읽을 것을 요구한다.

> 이것은 여호와께서 시내산에서 자기와 이스라엘 자손 사이에 모세를 통하여 세우신 규례(הַחֻקִּים)와 법도(הַמִּשְׁפָּטִים)와 율법(הַתּוֹרֹת)이니라 (레 26:46).

여기에서 규례, 법도, 율법은 각각 '호크,' '미쉬파트,' '토라'의 복수 형태인데, '규례'와 '법도'는 성결법전에만 나타지만,[48] '율법'은 제사장 문서에만 나타나는 점[49]은 곧 레위기 26장에 나타나는 계약 준수를 위한 율례를 레위기 1-25장에서 포괄적으로 보아야 하는 것을 말한다.[50] 그런데, 이러한 모든 규정 가운데 특별히 레위기 26장에서 언급하는 안식년에 대한 조항이 계약 위반 사항에 핵심적이다(26:10, 34, 35, 43). 이것은 안식년은 하나님과 백성과 땅이 삶의 여러 측면에서의 조화로운 관계를 명함으로써, 이스라엘 백성이 하나님을 경외하고 모든 피조물을 존중하는 이상의 상태를 보여주기 때문인 것으로 생각할 수 있다.[51]

넷째, 마지막으로 구약 주변 세계의 정치 조약에 공통으로 나타나고 있는 '축복과 저주'(blessings and curses)의 단락으로서 이것은 레위

---

[48] 규례(17:7; 18:3, 4, 5, 26; 19:19, 37; 20:8, 22; 23:14, 21, 31, 41; 24:3, 9; 25:18; 26:3, 15, 43, 46), 법도(18:4, 5, 26; 19:37; 20:22; 25:18; 26:15, 43, 46).

[49] 율법(6:2, 7, 18; 7:1, 7, 11, 37; 11:46; 12:7; 13:59; 14:2, 32, 54, 57; 15:32).

[50] J. E. Hartley, *Leviticus*, 471; A. Marx, *Lévitique 17-27*, CAT IIb (Genève: Labor et Fides, 2011), 211.

[51] S.-J. Kim, *Se reposer pour la terre, se reposer pour Dieu: l'année sabbatique en Lv 25,1-7*, BZAW 430 (Boston-New York: Walter De Gruyter, 2012), 22-25.

기 26장 전체를 장식한다. 이러한 축복과 저주 단락은 신명기 28장과 함께 구약성경에서 특징적으로, 구약 주변 세계의 계약 체결 의식의 결론부와 동일한 양식을 가지고 있다. 주석가들은 이러한 저주와 축복이 가지고 있는 제의적 기능[52]과 사회적 기능[53]을 밝힌 바 있다.

요스튼은 성결법전이 신명기와 같은 방식, 즉 축복과 저주로 법전이 마무리되는 것이 반드시 신명기의 영향이 아니라, 성결법전 자체의 내적인 짜임새와 신학에서 온 것으로 여긴다.[54] 즉 하나님이 거주하시는 이스라엘 땅에서 거룩함을 유지하며 하나님께 순종하면 복을 받고, 그렇지 않으면 벌을 받는다는 것이다. 물론 레위기 26장과 신명기 28장이 그 구체적인 내용에서 차이가 나는 점에 대해서는 동의할 수 있다.

레위기 26장은 농촌을 배경으로 복의 내용이 구성되고 있고, 이에 비해 신명기 28장은 국제 무역관계도 언급한다. 레위기 26장이 '원수의 땅'(레 26:34, 36, 38, 39, 41, 44)에서 벌어질 화를 이야기하는 반면, 신명기 28장은 '원수'(신 28:7, 25, 31, 48, 53, 55, 57, 68)에 대해서만 언급한다. 이것은 레위기가 땅의 생명성과 거룩함, 신명기가 백성의 거룩함에 대하여 관심을 갖는 일반적인 성격에 부합한다.[55] 그러나 레위기와 신명기가 서로 다른 사회 배경에서 기록되었을

---

[52] K. Elliger, *Leviticus*, HAT 4 (Tübingen: J. C. B. Mohr, 1966), 371.

[53] J. S. Anderson, "The Social function of Curses in the Hebrew Bible," *ZAW* 110 (1998), 223-237.

[54] J. Joosten, *People and Land in the Holiness Code*, 117-118. D. R. Hillers, *Treaty-Curses and the Old Testament Prophets*, Biblica et Orientalia 16 (Rome: Pontifical Biblical Institute, 1964), 42와 A. Cholewiński, *Heiligkeitsgesetz und Deuteronomium: Eine vergleichende Studie*, AnBib 66 (Rome: Pontifical Biblical Institute, 1976), 319는 레 26장과 신 28장의 직접적인 연관성을 부인한다.

[55] 더 자세한 내용을 위해서 본서 제4장 "성결법전의 땅"을 보라.

것이라는 가설이, 성결법전이 당시의 주변 세계에서 잘 알려진 정치 조약과 연속성을 가지고 있지 않다는 것을 입증하지는 않는다. 오히려 성결법전은 단지 성소 안에서의 거룩함에만 관심을 가진 것이 아니라, 정치와 경제의 세속과 관련된 문제를 적극적으로 인정하여 제사장 신학의 관점에서 포섭하고 있다고 보는 것이 더 합당할 것이다.

5) 성결법전의 경제윤리

성결법전이 구약 주변 세계의 정치 조약의 형식을 반영함으로써, 단순한 종교 문서가 아니라 정치의 틀을 신학의 영역에 적극적으로 활용한 것으로 볼 수 있다. 이와 더불어 성결법전의 독자들은 성결법전의 주제인 '거룩함'이 여러 세속의 삶 가운데에서 경제의 영역에서도 구체화되는 사실을 발견할 수 있다.

레위기 17-26장의 성결법전에서 이러한 경제윤리가 분명하게 드러나는 곳은 레위기 19장과 25장이다. 먼저 레위기 19장은 18-20장의 가운데에 위치하여, '성윤리(18장) - 거룩한 삶(19장) - 성윤리(20장)'의 얼개 안에서 전개된다. 십계명 단편이 들어 있는 레위기 19장은 앞뒤로 근친상간에 대한 성윤리가 둘러싸고 있음으로, 거룩함은 남녀 사이의 가장 은밀함 가운데에서조차 이룩해야 함을 말한다. 레위기 19장을 1-8절, 9-18절, 19-37절의 세 부분으로 나눌 때, 특별히 9-18절은 "나는 야웨다"라는 후렴구를 기준으로 다섯 부분의 경제와 관련된 삶으로 구분할 수 있다. 가난한 사람에 대한 배려(9-10절: 참조. 23:22), 진실에 대한 존중(11-12절), 품꾼과 힘없는 사람에 대한 배려(13-14절), 부유한 사람에 대한 존중(15-

16절), 이웃에 대한 존중(17-18절)이 그러하다.[56]

또한 19장의 셋째 부분에서는 공평한 저울과 저울추 사용에 대하여 규정함으로써(35-36절) 경제 정의와 사회 정의의 문제를 다룬다. 이러한 점은 성결법전이 거룩함을 이룩하는 구체적인 삶의 방식은 사회의 주변부에 있는 약한 사람을 보호하며 경제의 영역에서 정의로운 방식으로 부를 산출하고 소비하는 하나님의 뜻을 이루어나가는 것이다.[57]

다음으로 레위기 25장은 1-7절의 안식년법과 8-55절의 희년법으로 이루어지는데, 이들 두 규정 모두 경제생활과 관련되어 있다. 특별히 레위기 25장은 성결법전의 계약신학을 다루고 있는 26장과 하나의 단락을 형성하는데, 레위기 25장 1절과 26장 46절의 '시내산'이 이들 두 장의 수미쌍관 구조(inclusio)를 이룬다. 이것은 곧 레위기의 안식년이 하나님과 사람과 땅의 이상적인 관계를 규정하고,[58] 희년에 동족에게 팔린 이스라엘 백성이 해방을 얻고, 잃어버린 자신의 땅을 되찾는 경제의 측면에서의 원상태를 회복하는 것으로 하나님과 백성의 계약관계가 완성됨을 가리킨다. 땅이 하나님의 것이라는 레위기의 선언(25:23)은 결국 땅 위에서 벌어지는 재화 창출과 소비 등의 모든 경제 활동은 하나님의 통치 안에서 이루어져야 함을 강조한다.[59]

계약법전과 신명기법전에서의 노예 해방법(출 21장; 신 15장)과 달

---

56 월터 카이저, 『구약성경윤리』, 홍용표 역 (서울: 생명의 말씀사, 1990), 139-144.
57 강성열, "구약성서의 경제윤리와 사회정의," 「신학이해」 17 (1999), 16-25; 박동현, "구약의 경제윤리(II)," 「구약논단」 7 (1999), 142-144.
58 S.-J. Kim, "Les enjeux théologiques des bénéficiaires de l'année sabbatique (Lev 25,6-7)," *ZAW* 122 (2010), 33-43.
59 크리스토퍼 라이트, 『현대를 위한 구약윤리』, 정옥배 역 (서울: 한국기독학생회출판부, 1995), 69-72.

리, 성결법전은 이스라엘 백성의 노예됨을 인정하지 않으며, 동족에게 팔릴 때 거류민이나 동거인(וְתוֹשָׁב גֵּר)처럼 대할 것을 명함으로써(25:35) 종에 대한 주인의 권리를 제한한다.[60] 이것은 결국 경제의 문제로 유린된 인권이 하나님의 거룩한 뜻으로 본래의 상태를 회복하는 신학 사상을 반영한다. 성결법전의 저자는 이처럼 가난해진 동포를 사랑하고 보호하는 행위가 곧 하나님을 경외하는 행동이라고 밝힌다(25:36).[61]

물론 오경의 계약법전과 신명기법전에서도 위와 같은 경제윤리와 관련된 병행 본문을 찾을 수 있다. 그러나 이들이 주로 인본주의적이고 민족주의적인 차원에서 경제윤리를 반영하고 있는 반면에, 성결법전은 이러한 계명을 하나님의 거룩함을 구현하는 신학의 차원으로 고양시키는 데에 성결법전의 독창성이 있다.

4. 맺음말

대부분 서구의 학자들은 구약의 계약 사상은 신명기에서 비롯된 것으로, 제사장 문헌이나 성결법전이 표방하는 계약신학은 신명기의 계약신학을 전제로 포로기 이후 하나님의 무조건적인 은혜의 사건으로 해석한다. 이에 대해 최근에 성결법전이 신명기와 다른 신학의 색채를 가지고 있는 특징으로부터, 성결법전의 계약신학이 신명기의 계약신학과 다르게 가지고 있는 종교성을 강조한 연구도

---

[60] E. Otto, *Theologische Ethik des Alten Testaments* (Stuttgart – Berlin – Köln: Kohlhammer, 1994), 83.
[61] 박동현, "구약의 경제윤리(I)," 「구약논단」 6 (1999), 25.

발견할 수 있다.

그러나 구약 주변 세계의 조약 체결 구조에 비추어 성결법전을 읽을 때, 그 안에 산발적으로 흩어져 있는 계약의 구조를 재구성할 수 있다는 점에서 성결법전은 국제 조약에 무지한 제사장 그룹의 산물이 아닌 것을 추정할 수 있다. 바로 여기에 성결법전이 그 종교성과 함께, 정치와 경제윤리에 대하여 가지고 있는 신학의 창조성이 드러난다. 이 지점에서 거룩함이 바로 사회적 의미로 발현되고 사회적 차원으로 고양되는데, 성결법전이 표방하는 거룩함은 성소의 울타리를 벗어나, 종교와 사회, 가정과 국가, 정치와 경제의 모든 영역에서 구체화할 것을 요구하는 사실을 확인할 수 있다.

제2부

성결법전의 윤리

제1장 제물 도살법과 짐승윤리(레 17:1-9)
제2장 근친상간법과 성윤리, 가정윤리(레 18:1-6, 24-30)
제3장 십계명과 사회윤리(레 19:1-10, 32-37)
제4장 몰렉 제사와 교육(레 20:1-8)
제5장 제사장의 가정생활과 이혼의 문제(레 21:1-8)
제6장 제사 공동체와 타자의 윤리(레 22:10-16, 31-33)
제7장 야웨의 명절과 호모 라보란스(레 23:23-25, 33-44)
제8장 눈에는 눈, 이에는 이: 복수의 윤리학(레 24:15-23)
제9장 희년과 경제·사회윤리(레 25:8-55)

제1장

제물 도살법과 짐승윤리
(레 17:1-9)

레위기 17-26장은 성결법전이라고 불린다. 레위기 19장 2절 등에 나오는 "너희는 거룩하라. 이는 나 여호와 너희 하나님이 거룩함이니라"는 구절에서 따온 말이다. 사람들이 레위기를 어렵게 생각하여 읽기 꺼리는 이유는 레위기 안에 이야기가 거의 없고, 대부분 법으로 이루어져 있기 때문이다.

레위기는 제사법(1-7장), 정결법(11-15장), 성결법(17-26장)으로 구성되어 있고, 이것을 크게 두 부분으로 나눌 때 후반부는 17장부터 시작한다. 일반적으로 레위기의 전반부(1-16장)가 성소 안에서의 거룩함을 말한다면, 후반부(17-26장)는 성소 밖, 곧 일상생활에서의 거룩함을 다룬다. 교회 안에서 예배를 통해 거룩해진 신앙인은 교회 밖에서도 거룩한 삶을 살아야 한다는 것이다. 이처럼 레위기의 성결법전은 참 신앙인이란 교회 안팎의 모습이 다르지 않은 사람이라는 단순한 가르침을 준다.

성결법전은 거룩한 장소와 관련된 제물을 도살하는 법(17장), 성윤리(20; 22장), 약자 보호법과 정치와 경제윤리(19장), 제사장과 대제사장의 혼례, 상례, 자녀교육 등의 가정생활(21-22장), 거룩한 시간과 관련된 야웨의 명절(23장)[1], 복수동태법(24장), 안식년과 희년(25장), 순종과 불순종에 따른 복과 저주(26장) 등을 다룬다. 성결법전은 제물을 도살하는 장소를 먼저 다루는데, 일상생활에서의 거룩함은 무엇보다 예배의 삶을 바르게 구현해야 한다는 것과 사람이 사는 데 가장 기본이 되는 식생활에서부터 거룩함을 이루어야 한다는 생각이 들어 있다.

1. 제물 도살법

먼저 3-4절을 보면 소, 양, 염소를 잡을 때 진영 안이든 진영 밖이든, 만남의 천막(회막) 어귀에서 제물을 잡아야 한다. 그렇지 않을 경우 피 흘린 사람, 곧 살인 행위를 한 사람으로 여겨 공동체로부터 축출해야 한다는 것이다. 4절과 9절에 나오는 "백성 중에서 끊어진다"는 말은 공동체에서 쫓아낸다는 말을 뜻한다.[2] 짐승의 생명이라도 피를 함부로 흘리면 안 되는 이유는 육체의 생명은 피에 있고, 피는 죄를 속하는 기능을 하기 때문이다(11절).

제물을 잡을 때 반드시 만남의 천막 앞에서 잡아야 하는 것을 오늘날의 실생활에 적용하면, 제사와 제물 도살을 통제하기 위한 목적이 있다.[3] 다시 말해 제사의 오염을 막고 짐승의 생명권을 보장하

---

[1] 개역개정이 번역하는 '절기'는 '한 해를 스물넷으로 나눈, 계절의 표준이 되는 것'(표준국어대사전)을 뜻하기에, 레 23장이 말하는 여러 축일을 적절하게 표현하지 못하여, 명절로 옮긴다.
[2] 자세한 내용을 위해서는 노세영, "끊어짐(Kareth)의 형벌의 의미 – 제사장 전승을 중심으로 –," 「구약논단」 21 (2015), 9-32를 보라.
[3] 김선종, "〈서평〉 ZeBible," 「성경원문연구」 35 (2014), 351-369.

려는 의도를 가진다. 7절에 예전에 음란하게 섬기던 숫염소에게 제사하지 말라는 말이 이러한 목적과 의도를 나타낸다. 예전에 음란하게 섬겼다는 것은 이집트에서 이방 신에게 제사를 드렸던 과거 이스라엘의 잘못을 지적하는 표현이다. 백성은 반드시 제물을 만남의 천막 앞에서 잡아야 하고, 이것은 영원히 지켜야 할 규정이다. 짐승을 제물로 잡아 죽일 때 만남의 천막 이외의 장소에서 잡는 것은 우상 숭배로 여겼던 것이다.

그러나 이스라엘 백성은 하나님이 주신 가나안 땅에 들어가서 이러한 오염된 예배를 드리기를 계속했다. 높은 곳을 뜻하는 산당은 가나안 사람들이 풍요를 약속해 준 바알과 아세라를 섬기는 곳이었다. 이스라엘 백성은 가나안 땅에 들어가 정착생활을 할 때, 가나안 사람들이 제사하던 산당에서 그들이 섬겼던 바알을 야웨 하나님과 동시에 섬겼다. 당시 이스라엘 백성 가운데 많은 사람들이 야웨 하나님에게 아내가 있다고 믿었다.

기원전 8세기의 유적지인 쿤틸렛 아즈루드(Kuntillet 'Ajrud)와 키르벳 엘-콤(Khirbet el-Qom)에서 발굴된 비문에는 '야웨와 그의 아세라'라고 하는 놀라운 표현이 등장하는데, 이것은 신들도 결혼하고 자식을 낳는다고 생각한 가나안 종교의 영향을 받았던 이스라엘의 민간신앙을 반영한다.[4] 성경은 유일신 하나님과 잘못된 민간신앙 사이의 투쟁에서 승리한 이야기를 담고 있다. 이스라엘의 일반 가정이 가지고 있던 가족 종교(family religion)와 이스라엘 종교의 엘리트 지도자가 수행한 국가 또는 공식 종교(state religion 또는 public religion)의 갈등과 대화가 암시되어 있는 것이다.[5] 그래서 레위기 17장은 제사하는 사

---

[4] 더 자세한 내용을 위해서는 본서 제2장 "성결법전의 민간신앙"과 강승일, "야웨 하나님의 아내?,"「구약논단」40 (2011), 123-144 등을 보라.

[5] 라이너 알베르츠,『이스라엘 종교사 I, II』, 강성열 역 (서울: 크리스챤 다이제스트,

람이 자기 임의대로 제사할 경우에 이방 종교의 영향을 받는 것을 막기 위해 짐승을 하나님께 제물로 드릴 때에는 반드시 만남의 천막 들머리로 가져와야 한다고 말하고 있다.

그림1 | 쿤틸렛 아즈루드

그림2 | 키르벳 엘-콤

2003-2004); 존 H. 월튼, 『고대 근동 사상과 구약성경』, 신득일, 김백석 옮김 (서울: CLC, 2017), 193-233을 참조하라.

이러한 레위기의 조치는 오늘날 교회와 그리스도인에게 중요한 가르침을 준다. 그리스도인은 무엇보다 정통 교회 안에서 정통 교리를 바르게 배워야 한다는 것이다. 이단 교리에 대한 엄중한 경고를 하고 있다. 우리나라의 교회와 사회에 이단이 아무런 제재를 받지 않고 난립하고 있는 것은 종교사회학의 측면에서 기성 종교가 제 기능을 하지 못하기 때문이다. 고대 이스라엘 종교에서 건전한 민간신앙은 공식 종교로부터 받아들여진 반면에, 그렇지 않은 민간신앙은 퇴출된 역사를 볼 수 있다.

어느 사회의 건강 상태는 종교가 사회에 미치는 영향성으로도 판단할 수 있는데, 한 사회에 이단 종교가 큰 영향을 끼칠수록 그만큼 그 사회가 불안정하다는 것을 뜻한다. 기독교 역사가 오래된 독일과 프랑스 등은 국가와 종교가 깊이 관련되어 있다. 대부분의 유럽 국가는 루터교회와 개혁교회만을 정식 교회로 인정하고 나머지 교단은 소수 종파로 여기기 때문에 구조적으로 이단이 활동하기가 쉽지 않다. 현대종교에서도 국가와 종교의 관계가 민감하듯이, 이미 고대 이스라엘 종교도 건강한 종교와 가나안 종교에 오염된 종교 사이의 갈등이 본문에 투영되어 있는 점을 행간을 통해 알 수 있다.

숫염소에게 제물을 갖다 바치지 말라는 것은 오늘날 건강하지 않은 민간신앙에 대해서도 경고한다. 교회에서 신앙생활을 하며 하나님을 섬기면서도 동시에 미신적인 신앙을 갖는 것을 경계하는 것이다. 예를 들어, 새해 운수에 관심을 갖거나 점을 보는 것, 꿈 해몽에 대해 지나친 관심을 갖는 것은 기독교 신앙에 맞지 않는다. 기독교가 주는 가르침은 사람의 운명과 앞길은 오직 하나님께만 달려 있다는 것이다. 하나님만이 사람의 삶의 주인이시다.

2. 피를 먹지 마라

레위기 17장은 짐승을 제물로 잡을 때 만남의 천막 들머리에서 잡아야 한다고 가르친다. 그런데 단지 제물로 드리는 짐승뿐 아니라 일상생활에서 먹는 식용 가축 역시 만남의 천막으로 끌고 와서 잡아야 한다고 말한다. 식용을 위한 도축도 종교적인 것, 거룩한 종교 행위로 여겼던 것이다. 8절에 따르면 이것은 이스라엘 사람이나 거류민이나 마찬가지로 지켜야 했다. 이 점이 신명기의 사상과 차이를 보이는데, 신명기 14장 21절에 의하면 정결법은 거룩한 백성인 이스라엘만 지키면 되는 것으로서 이방인은 굳이 그것을 지킬 필요가 없었다.

그러나 레위기 17장 10절 이하에서는 이방인 역시 이스라엘 백성처럼 정결법을 지켜야 한다고 말하는데, 만약 이방인이 정결법을 어길 경우 하나님이 거하시는 거룩한 땅을 더럽힐 위험이 있기 때문이다.

> 너희는 너희의 하나님 여호와의 성민이라 스스로 죽은 모든 것은 먹지 말 것이나 그것을 성중에 거류하는 객에게 주어 먹게 하거나 이방인에게 파는 것은 가하니라 너는 염소 새끼를 그 어미의 젖에 삶지 말지니라(신 14:21).

> 이스라엘 집 사람이나 그들 중에 거류하는 거류민 중에 무슨 피든지 먹는 자가 있으면 내가 그 피를 먹는 그 사람에게는 내 얼굴을 대하여 그를 백성 중에서 끊으리니(레 17:19).

위의 레위기 17장 10절은 피를 먹지 말라고 명령한다. 앞서 언급했듯이 피 안에는 생명이 있고, 피가 죄를 속하기 때문이다. 생명

을 얻기 위해서는 그에 해당하는 생명을 포기하고 희생해야 한다는 동종주술의 기능이 숨어 있다.[6]

오늘 현대인의 관점으로는 이해하기 힘들고 시행하기 힘든 규정이다. 제물뿐 아니라 식용을 위한 도살도 만남의 천막으로 끌고 와야 한다는 것을 오늘날의 상황으로 바꾸면 집에서 소고기나 돼지고기나 닭고기 등을 먹기 위해서는 먼저 집짐승을 교회에 끌고 와서 잡아야 한다는 말과 같기 때문에 그러하다. 그럼에도 도살에 관한 레위의 영성 또는 종교와 윤리적 가르침은 오늘날 심각한 도축 문제에 경각심을 불러일으킨다는 점에서 매우 중요하다. 다른 한편으로 신명기는 12장에서 중앙 성소를 요구하지만, 레위기는 지방에서의 복수 성소를 인정하기 때문에 레위기의 규정이 신명기보다 실행 가능하다.[7]

오늘날 생태계가 파괴되어 사람과 짐승 사이의 관계가 서로 적대적이다. 조류독감, 구제역, 메르스, 살충제 달걀 등은 오늘날 매우 심각한 문제로, 예전에는 상상조차 하기 힘든 일이었다. 축산업의 규모가 커지자 사람들은 자신의 이익을 최대화하기 위해서 짐승의 생명권을 무시한 채, 소, 돼지, 닭, 오리 등을 사육한다. 이것은 그들을 병들게 하고, 병은 지나치게 좁은 공간에서 빠르게 퍼져 나간다.

이처럼 사람의 삶을 위협하기도 하는 전염병은 결국 사람의 욕심과 죄에서 비롯한다. 최근에 일반윤리와 기독교윤리에서 중요한 분야 가운데 하나가 짐승윤리(animal ethics)이다. 사람도 먹고 살

---

[6] 강승일, "고대 이스라엘 종교에서 피의 다양한 기능 및 종교사회적 배경," 「한국기독교신학논총」 82 (2012), 27-48.

[7] 레위기와 신명기의 도살 규정의 관계를 위해서는 박선진, "신명기의 생축 도살 규정에 관한 전승사적 연구," 「구약논단」 6 (1999), 27-52를 보라.

기 힘든데, 무슨 짐승윤리를 연구하느냐고 생각할 사람도 있을 것이다. 그러나 분명한 사실은 사람이 짐승에게 가한 학대가 부메랑이 되어 인간의 삶을 위협한다. 이에 기독교윤리학자들은 사람과 다른 피조물의 관계가 깨지게 된 원인을 인간의 지나친 욕심에서 찾고, 인간 이외의 다른 피조물의 권리 역시 보장해야 한다고 주장한다.

우리나라 사람들이 1년 동안 먹는 소, 돼지, 닭 등의 가축이 대략 10억 마리에 이른다. 그런데 가축의 도살에 관한 통제가 제대로 이루어지지 않고 있다. 원칙적으로는 가축을 이산화탄소 등으로 기절시킨 다음에 도축하고 피를 빼야 하는데, 살아있는 상태에서 짐승을 죽일 경우에 그 짐승의 고통이 매우 크다는 것을 누구나 쉽게 생각할 수 있다. 한편으로 이미 10여 년 전 구제역이 일어났을 때부터 수많은 가축을 살처분하여 심각한 토양 오염이 발생했다. 고기든 채소든 사람이 먹는 음식은 사람의 생명을 살찌우기 위한 것이 되어야 한다. 그런데 사람의 건강과 생명보다 돈벌이에 더 많은 관심을 기울일 때 문제가 발생한다. 그래서 레위기 17장이 식용을 위한 가축을 도살할 때에도 만남의 천막 앞으로 끌고 와야 한다는 것, 피를 먹지 말라는 것은 하나님의 거룩함을 식생활에서부터 민감하게 생각해야 한다는 고차원적인 가르침을 준다. 더 나아가 짐승의 생명의 존엄성까지 지키려고 하는 창조주 하나님의 고귀한 뜻이 드러난다.

물론 레위기 17장에 나오는 피를 먹지 말라는 가르침은 윤리적 이유와 함께 종교적인 이유로도 이해해야 한다. 당시 고대인들은 마술적이고 미신적인 이유로 피를 마셨다. 피에는 생명이 있기 때문에, 피를 먹음으로써 생명을 연장할 수 있다고 생각하기도 했고, 또 야생 동물의 피를 먹음으로써 야생 동물이 가지고 있는 힘과 에

너지를 얻을 수 있다고 생각했다. 하지만 성경은 사람의 생명을 주관하시는 분은 오직 하나님 한 분밖에 없다고 선언하고 있다. 삶과 죽음을 주관하시는 분은 오직 하나님뿐이시지, 다른 방법과 도리로는 사람의 삶을 주관할 수가 없다.

3. 윤리적 가르침

레위기 17장의 말씀을 통해서 현대인은 두 가지 가르침을 생각해 볼 수 있다.

첫째, 모든 제사 행위를 성소에 집중시킴으로써 이방 종교의 위험을 차단하시려는 하나님의 뜻을 발견할 수 있다. 오늘날 그리스도인 역시 건강한 교회 안에서의 신앙생활을 통해서 하나님의 바른 가르침을 얻고 건강하게 신앙생활을 영위해야 한다.

둘째, 제사와 식용을 위한 가축 도살 또한 만남의 천막에서 실시하여 온 피조물의 생명을 귀하게 여기시는 하나님의 뜻을 깨닫는다.

이러한 윤리적 가르침은 성결법전의 신학에서 도출되는 것으로, 신학과 윤리, 이론과 실천이 결국 하나임을 말한다. 짐승 도살에 관한 규정은 오늘날 생태계가 파괴된 결과로 야생 짐승과 집짐승이 사람과 적대관계를 이루어 사람의 식생활뿐 아니라 생존마저 위협하는 현실에 깨달음을 준다. 사람이 욕심을 비우고 절제하는 삶을 살아갈 때에야 비로소 하나님의 모든 피조물이 조화롭고 평화로운 관계를 이룰 수 있다는 가르침이 바로 그것이다. 성결법전은 성소 안에서의 거룩함을 성취하는 것뿐만 아니라, 종교생활과 더불어 식생활에 이르기까지 모든 삶에서의 거룩함을 강조한다. 하나님의 거룩함은 삶의 구체적인 차원에까지 직접적으로 개입하고 삶을 통제하며, 모든 삶을 조화롭게 한다.

피를 먹지 말라는 가르침을 통해 생명의 주인은 오직 하나님께 있다는 가르침을 다시 일깨운다. 사람에게 생명을 주시니 하루하루의 삶에 감사하며 사는 사람이 참된 신앙인이다. 그리스도인은 그야말로 예수 그리스도를 구주로 믿고 고백하고 살아가는 사람이다. 예수 그리스도께서 십자가에서 자신의 목숨을 내놓으시고 흘리신 피가 인류와 모든 피조물의 죄와 고통을 없애주셨다고 믿는 사람이 그리스도인이다. 피에는 생명이 있다.

그래서 하나님은 피를 흘리지 못하게 하셨고, 먹지 못하게 하셨다. 이런 법을 제정하신 하나님이 자신의 독생자의 피를 흘리게 하심으로써 사람을 죄와 고난에서 구원해 주셨다고 하는 것이 기독교의 역설적 신앙이자 신비이다. 예수 그리스도의 십자가의 보혈이 사람을 비롯한 모든 피조물에게 자유와 해방을 주신다.

제2장

근친상간법과 성윤리, 가정윤리
(레 18:1-6, 24-30)

레위기 18장은 성의 문제, 성윤리와 가정윤리를 다룬다. 본문의 흐름을 보면 본문의 짜임새가 주는 중요한 메시지를 알 수 있다. 본문은 먼저 여러 차원에서의 성 문제(18장)와 십계명을 비롯한 여러 종교적이고 사회적인 계명(19장)을 다룬 뒤, 특이하게도 다시 한 번 성 문제(20장)를 언급한다. 그런데 레위기 18장과 20장에서 다루는 성윤리의 내용은 거의 같아서 한 장이 불필요해 보이기까지 한다. 다만 두 장이 법을 진술하는 방식과 성관계에 연루된 사람들에 대한 처벌 여부를 자세하게 다루고 있는 점(20:9-16, 27)에 차이가 있을 뿐이다. 레위기의 저자는 성 문제를 다룰 때, 18장에서는 무조건적으로 근친상간을 금하는 정언법(apodictic law)의 형태로 법을 진술하지만, 20장에서는 근친상간이 일어날 경우를 고려하여 사례법(case law 또는 casuistic law)의 형태로 법을 진술한다.

한편 성윤리를 다루는 두 장 사이에 십계명의 가르침(19장)이 들어 있다는 점이 특이하다. 예수님이 말씀하신 하나님 사랑과 이웃 사랑의 계명 가운데 이웃 사랑의 계명이 이곳에 나타난다(19:18). 이러한 흐름은 두 장의 성윤리가 십계명을 둘러싸고 있는 형태를 띤다. 구약성경이 매우 중요하게 여기는 십계명의 앞뒤에 성윤리가 자리하는 것으로 보아, 사람의 은밀한 생활이 거룩함 안에서 매우 중요하다는 것을 알 수 있다. 기원후 1세기에 활동했던 유대인 랍비 아키바(Aqiba)는 구약성경의 지성소, 다시 말해 구약성경에서 가장 거룩한 책을 아가서로 꼽았다. 남녀의 은밀한 관계 안에서 거룩함을 지킬 수 있다면 다른 삶의 영역에서의 거룩함은 굳이 보지 않아도 된다는 뜻이다.[1] 이처럼 레위기의 성결법전이 말하는 거룩한 삶은 영적이고 종교적인 차원에서의 거룩함뿐 아니라, 사람의 가장 은밀한 영역인 성의 영역에서도 실현해야 한다는 가르침을 준다.

1. 근친상간 금지

먼저 1-5절은 레위기 18장의 서론에 해당한다. 야웨의 자기소개 양식('나는 너희의 하나님 여호와다')은 서론에서 세 번(18:2, 4, 5) 나오고, 6절과 21절 그리고 이 장을 맺는 30절에 몇 차례 반복되어 나타남으로써, 이것이 성에 관한 법과 밀접하게 관련되어 있음을 짐작할 수 있다. 법을 제정한 분은 다름 아니라 하나님 자신이라는 것을 강조하고, 법을 받은 백성은 반드시 그 법을 지켜야 한다는 것이다. 이 표현은 20장 26절에서 다시 한 번 나와서, 자기소개 양식이 십계명 전체를 감싸고 있는 듯한데, 성에 대한 가르침은 단지 사람의 윤리적인 가르침을 넘어선 하나님의 준엄한 명령이라는 사실을 강조한다.

---

[1] R. S. Hesse, *Song of Songs*, Baker commentary on the Old Testament wisdom and Psalms (Grand Rapids: Baker Academic, 2005), 20.

3절에서는 이스라엘 백성의 현재적 위치와 실존적 위치를 엿볼 수 있다. 현재 이스라엘 백성은 하나님이 약속해 주신 가나안 땅에 이르기 위해서 이집트에서 빠져나와 광야를 지나고 있다. 곧 이스라엘은 과거 이집트와 미래 가나안 사이의 중간 지대에 위치해 있다. 그런데 하나님은 과거에 있던 이집트의 풍습도, 앞으로 들어갈 가나안의 풍습도 따르지 말라고 말씀하신다. 여기에서 말하는 이집트와 가나안의 풍속은 정확하게 말해 6절 이하의 성에 대한 여러 규정들과 관련된다. 조금 더 깊게 생각해보면, 문화와 종교의 관계 또한 생각해 볼 수 있다. 하나님의 백성은 세상의 문화를 무비판적으로 수용하여 살면 안 된다는 것이다. 세상 문화를 하나님의 뜻에 따라 바꾸고, 세상을 변화시켜야 한다는 것이다.

5절은 사람(아담)이 하나님의 말씀을 지키면 살 것이라고 말한다. 이스라엘이 들어가게 될 가나안 땅에 살던 민족들이 하나님의 말씀을 지키지 않았기 때문에 그 땅에서 쫓겨났다고 말하는 것이다. 신명기 역사가 가나안에 대한 이스라엘의 정복 전쟁을 말한다면, 레위기는 비어 있는 땅에 이스라엘 백성이 들어가는 것처럼 묘사한다. 마치 가나안 백성이 하나님의 말씀에 따라 살았더라면, 쫓겨나지 않을 수도 있었다고 암시하는 것 같다. 이처럼 레위기는 매우 보편주의적인 사상을 담고 있다. 하나님은 이스라엘의 하나님일 뿐아니라, 온 누리의 하나님이시다. 모든 인류가 아담의 후손이기 때문이다. 인종과 피부색에 상관없이 그 누구라도 하나님의 말씀에 순종하면 생명을 누릴 수 있다.

바꾸어 말하면 모든 민족은 하나님의 말씀 안에서 살아갈 수 있다. 이 말씀은 신구약성경 여러 곳에서 다시 논의되고 있다(느 9:29; 겔 18:9; 20:11-13; 눅 10:28; 롬 10:5; 갈 3:12). 특별히 예수님은 누가복음 10장 28절에서 하나님 사랑과 이웃 사랑으로 대표되는 율법을 지키면 살리라고 말씀하신다. 여기서 사는 것은 단순히 사는 것이 아니라 영원히 사는 것과 관련이 있다. 그런데 특별히 레위기 18장에서는 성에 대한 가르침을 지켜야 한다고 강조하는 문맥에서 이 구절이 나온다.

6-23절은 여러 형태의 성윤리에 대한 가르침을 준다. 6-18절은 부부 이외의 가족끼리의 성관계, 곧 근친상간을 금지한다. 19절은 생리 중에 있어 부정한 상태에 있는 여자와의 성행위를 금지한다. 21절은 사람을 제물로 바치는 인신 제사를 금지하고, 22절은 동성애를 금지하며, 23절은 수간을 금지한다. 이러한 성윤리에 대한 엄격한 가르침은 사람의 육체적 쾌락의 범위를 하나님의 창조질서로 한정한다. 쾌락 자체가 목적이 되어서는 안 된다는 가르침을 주고, 쾌락이 목적이 될 때 발생할 수 있는 위험을 지적한다.

6-18절을 보면 근친상간의 금지 대상이 매우 자세하게 나열되어 있다. 당시에 율법을 받는 남자를 기준으로, 친할머니, 외할머니, 어머니, 의붓어머니, 의붓딸, 이모, 고모, 손녀, 외손녀 등과 관계를 맺지 말라고 명령한다. 이것은 일차적으로 근친상간을 금지하는 데 목적이 있다. 의학적으로도 근친 사이에 태어난 생명에는 많은 문제가 발생한다는 사실은 잘 알려져 있다. 하지만 근친 사이의 관계를 금지하는 것은 단지 성의 차원에서 윤리적 문제만을 말하는 것이 아니다.

레위기의 성관계 금지 목록에 언급되는 사람들은 모두 가족을 가리키는 것으로, 여기에 비추어 보면 당시 이스라엘은 3-4대로 한 가족을 이루고 있었던 것으로 짐작할 수 있다. 종들까지 포함해서 대략 60-70명이 대가족을 이루어 함께 살고 있었던 것으로 보인다. 당시 가족은 이스라엘 사회의 가장 중요한 기초 단위였다. 대가족의 수장인 가부장이 정치, 경제, 도덕의 모든 영역을 관할하였다. 그래서 구약 시대에는 이러한 가부장들이 성문에 모여 재판을 하였다(신 17:5; 21:19; 22:14 등).

오늘날 말로 하면 가족 안에서 어르신이 경제와 윤리와 삶의 모든 영역을 지도하는 역할을 하는 것이다. 이처럼 레위기의 근친상간 금지는 단지 성윤리를 지키기 위한 목적이 아니라, 이스라엘의 가장 기초적인 사회 단위인 가정을 보존하려는 목적이 있다. 가정의 질서를 유지하기 위한 것이다. 가족 사이의 관계가 무너지면 이스라엘의 근간이 무너진다. 예를 들어, 다윗의 아들 압살롬은 아버지의 후궁을 범했다(삼하 16:22). 또 사울의 부하 아브넬이 사울의 첩을 범하기도 했다(삼하 3:7). 압살롬과 아브넬은 각각 아버지와 상관의 자리를 차지하고자 이같이 행동했다. 그들은 성윤리를 지키지 않음으로써 가정의 질서를 무너뜨리고 전복시키려는 의도를 가지고 있었다. 한편 흥미로운 사실은 근친상간의 금지 목록에 친딸이 빠져 있다는 것이다. 이것은 단지 우연이 아니다. 성경은 아버지가 딸을 범하는 것은 도저히 입에 담을 수 없어서 언급조차 하지 않는 것으로 보인다.

다음으로 19-23절에서는 비정상적인 성관계에 대한 목록을 나열하고 있다. 같은 성끼리의 관계, 짐승과의 관계를 금지한다. 성경은 이것을 무질서로 여긴다. 창세기에 따르면 하나님의 창조행위는 나누어 떨어지게 하는 것이었고, 이것을 하나님의 창조질서로 보았다. 태초에 하나님이 땅과 하늘을 나누고, 빛과 어두움을 나누고, 물과 뭍을 나누셨다. 남자와 여자를 나누셨다. 이러한 차원에서 성경이 동성애를 금지하는 이유를 신학적으로 이해해야 한다. 분리하지 않고 혼합되는 것은 창조질서에 위배되는 것으로 보았던 것이다. 따라서 동성애와 성 소수자의 인권 문제는 별개의 문제로 다루어야 한다.

2. 역사해석

그 다음 24-30절은 이스라엘의 역사를 해석하는 기준을 보여준다. 레위기는 성의 타락이 땅을 더럽히고, 더럽혀진 땅은 거주민을 토해낸다고 가르친다(18:24-30; 20:22-26). 성의 영역에서 실패했기 때문에 가나안 백성이 실패했다는 것이다. 이것은 이스라엘도 마찬가지이다. 하나님의 말씀의 관점에서 이스라엘은 이집트, 가나안과 다를 바 없다. 이러한 하나님의 보편성은 구약의 이곳저곳에 나온다.

> 그날에 이스라엘이 애굽 및 앗수르와 더불어 셋이 세계 중에 복이 되리니 이는 만군의 여호와께서 복 주시며 이르시되 내 백성 애굽이여, 내 손으로 지은 앗수르여, 나의 기업 이스라엘이여, 복이 있을지어다 하실 것임이라(사 19:24-25).

이사야는 이스라엘 백성을 상대화하고 있다. 하나님께 선택된 백성, 선민도 하나님의 말씀을 어기면 약속의 땅에서 쫓겨난다. 그래서 더욱 거룩함을 지켜야 한다. 이집트와 앗수르도 아담의 후손으로 본래는 하나님의 백성이었다.

성경은 땅을 생명을 지닌 인격체로 묘사한다. 이것은 특별히 창세기와 레위기가 강조하는 신학이다. 창세기 1장을 보면 땅이 스스로 생명체를 내어 사람과 짐승을 먹인다. 레위기 18장과 20장을 보면 더럽혀진 땅은 자신을 정결하게 하기 위해 자기를 더럽힌 사람을 토해낸다. 현대인들은 땅이 생명을 지닌 인격체로서 사람을 토해낸다는 성경의 사상을 원시적인 사고라고 폄하할 수도 있다. 그런데 이러한 생각은 성경의 신학과 영성을 이해하지 못하는 데에서 오는 것이다. 오염된 땅이 사람을 쫓아낸다는 말 속에는 과연 사람이 만물의 영장이고, 모든 피조세계를 다스릴 수 있는가에 대한 의문을 제기하는 하나님의 질문이 담겨 있다.

실제로 오염된 땅이 사람을 쫓아낸 예가 많다. 2011년 3월에 일본에 쓰나미가 발생하여 후쿠시마 원자력발전소의 원자로에서 방사능이 유출되었다. 그래서 곧바로 일본 정부는 사고가 발생한 지역에서 반경 20km까지 출입을 막았다. 그 이전 1986년에도 러시아의 체르노빌 원자력발전소에서 사고가 발생하여, 사고가 난 이후에 수십만 명의 기형아 출산과 암 환자 등 후유증을 앓고 있다. 과학기술이 발전하면서 사람이 편리한 삶을 누리게 된 것이 사실이지만, 동시에 사람의 생명을 위협하게 된 것 또한 사실이다.

이처럼 성결법전은 인간 중심주의적인 세계관을 넘어, 모든 피조물 사이의 아름답고 조화로운 관계를 유지해야 한다는 하나님의 뜻을 밝힌다. 개혁적인 제사장들은 단지 성소 안에서의 거룩함에 머물지 않고, 성소 밖에서 사람과 피조물 사이의 평화로운 비전을 제시하였다. 그것은 사람이 삶의 모든 영역에서 하나님의 말씀 안에 살고, 하나님이 원하지 않는 풍습을 따르지 않음으로써 가능하다. 사람이 지나친 욕심을 부려 죄를 지을 때, 사람만이 아니라 하나님의 모든 창조세계가 파괴된다는 가르침을 준다. 사람을 모든 피조물에 대한 책임을 가진 존재로 보는 것이다.

그래서 참된 신앙인들은 소위 영적인 문제뿐 아니라 구체적인 삶의 문제에도 관심을 기울여야 한다. 자연이 파괴되는 현상에서 인간의 마음이 파괴되는 문제를 보아야 하는 것이다. 정희성(1945-)은 '후꾸시마'라는 시에서 지진이 일어나 땅이 흔들려도, 사람의 마음은 흔들리지 않을 정도로 완악하다고 말한다.[2]

---

[2] 정희성, "후꾸시마," 『그리운 나무』, 창비시선 368 (서울: 창비, 2013), 80.

큰 지진이 있었다.
땅이 그토록 심하게 흔들렸는데
사람들의 마음이 흔들리지 않으므로
사람 대신 성낸 물결이 벌떡 일어섰다.
후꾸시마는 후꾸시마에만 있는 것이 아니다.
해 뜨기 전 바다에서 불기둥이 솟더니
원자력발전소가 있는 뭍으로
고래들이 거대한 몸을 던져 익사하는 것이
지난밤 꿈에 보였다.

서울에 위치한 어떤 교회는 주보의 광고란에 지난주 식당의 잔반 상태를 기록하여 교우들에게 알릴 정도로 환경에 큰 관심을 기울인다. 한편 몇 년 전부터 학교가 무상급식을 실시하게 되면서 정부가 잔반을 처리하는 데 드는 비용 때문에 골머리를 앓고 있다. 이러한 상황 속에서 교회가 누구보다 먼저 세상의 빛과 세상이 되고, 하나님의 창조세계를 살리는 일에 앞장서야 한다.

3. 윤리적 가르침

레위기 18장이 주는 하나님의 가르침을 다음과 같이 정리할 수 있다.
첫째, 가족의 중요성과 가정윤리에 다시 한 번 관심을 기울여야 한다.
이러한 것은 가족을 파괴하는 근친상간을 금하는 데에서 알 수 있다. 가족은 하나님이 자신의 뜻을 일구어가는 가장 작은 기초 단위이다. 태초에 하나님이 아담과 하와를 개별적인 사람으로 따로 만드신 것이 아니라, 둘을 통해 한 가정을 이루는, 공동체적 존재로 만드셨다. 오늘날은 지나친 핵가족화를 겪고 있는데, 이러한 가족상은 하나님이 원하시는 모습이 아니다.

사람은 관계 안에서 살아가는 존재이기 때문에, 나라는 존재는 다른 사람과의 관계를 떠나서 규정할 수 없다. 한 남자가 아내에게는 남편이고, 부모에게는 아들이고, 자녀들에게는 아버지이다. 한 여자가 남편에게는 아내이고, 부모에게는 딸이고, 자녀들에게는 어머니인 것이다. 그래서 한 사람의 역할이 복합적일 수밖에 없다. 가정 안에서 자신이 가지고 있는 역할을 바르게 이해해서, 서로 존중하며 사랑하는 관계를 이루어야 한다. 교회 역시 가정에서의 신앙 교육에 관심을 기울여야 한다.

둘째, 땅으로 대표되는 피조물에 대한 관심을 기울여야 한다. 모든 생명의 가치를 다시 회복해야 한다.

하나님은 사람을 하나님을 대신해서 땅을 돌볼 대리자로 만들어 주셨다. 이것이 바로 창세기 1장에 나오는 '하나님의 형상'이 가지고 있는 여러 의미 가운데 하나이다. 그런데 오늘날 사람이 지구에서 가장 위험한 존재가 되었다. 기후 온난화, 생태계 파괴, 환경오염, 동물 학대 등은 사람의 욕망이 극에 달하고, 사람의 인간성이 파괴된 데에서 오는 현상이다. 참된 믿음은 육의 세계를 떠난 영의 세계에서만 이루어지지 않는다. 그야말로 참된 믿음은 육의 현실도 제어할 수 있는 능력을 가지고 있다. 하지만 사람이 땅을 비롯한 자연을 완벽하게 통제할 수 있을 것이라는 생각은 큰 착각에 불과하다. 일본의 쓰나미와 러시아의 체르노빌뿐 아니라, 국내의 포항 지진 등을 통해서 인간의 능력이 얼마나 많은 한계를 가지고 있는지 깨닫는다. 진정한 믿음의 사람과 교회는 하나님이 창조하신 모든 생명에 대해서 관심을 가지고, 창조세계의 보존을 실천하며 살아야 한다.

성결법전은 그리스도인에게 하나님의 성스러운 힘과 능력을 영과 육의 영역에서 통전적으로 발휘하라고 가르친다. 레위기 18장은 그리스도인을 하나님이 만드신 가정을 거룩하게 회복시키고, 창조세계의 보존을 위해 힘쓰며 실천하는 믿음의 사람으로 성장하도록 훈련시킨다.

제3장

십계명과 사회윤리
(레 19:1-10, 32-37)

1. 거룩함의 의미

레위기 19장 2절에서 "하나님은 내가 거룩하니 너희도 거룩하라"고 말씀하신다. 베드로전서 2장 9절은 출애굽기 19장 6절을 인용하여 그리스도인을 "택하신 족속이요 왕 같은 제사장들이요 거룩한 나라"라고 부르고 있다. 그리스도인이라면 누구나 거룩해야 한다. 하지만 어떻게 해야 거룩해지는 것인지 그 방법을 헤아려 알기 어렵고, 거룩함이라는 말의 뜻을 오해해서 제멋대로 이해하는 일이 매우 흔하다. 신앙공동체 안에서 '거룩함'이라는 말은 적지 않게 사용되고 있지만, 정작 그 의미를 곰곰이 생각해 보면 도대체 어떤 것을 의미하는지 깨닫기 어렵다.

표준국어대사전은 '거룩하다'는 말을 '뜻이 매우 높고 위대하다'로 정의한다. 그런데 이러한 정의는 성결법전이 정의하는 거룩함과는 거리가 멀다. 사람들이 거룩하다고 할 때, 막연히 신비로운 차원에서의 종교적인 의미를 떠올리기가 쉽다.[1] 왠지 모르지만 사람을 압

---

1 성스러움에 대한 종교학의 차원에서의 정의를 위해서는 루돌프 옷토, 『성스러움의 의

도하고 신령할 것 같은, 말로 표현하기 힘든 그 무엇을 생각하기도 한다. 가장 쉽게는, 기도하고 명상하는 종교적 행위를 떠올릴 것이다.

성경을 자세히 살펴보면 성경 안에도 거룩함에 대한 서로 다른 입장이 있는 것을 발견할 수 있다. 먼저 출애굽기 19장 6절을 보면 하나님이 이스라엘 백성을 이집트에서 빼내신 후 이스라엘을 '제사장 나라, 거룩한 백성'으로 만드시겠다고 말씀하고 있다. 이 구절에서 유추해 보면, 아마 거룩한 사람은 본래 제사장과 같이 하나님을 섬기는 사람을 지칭했던 것으로 보인다. 하나님의 성소에 불을 밝히고, 백성들에게 하나님의 율법을 가르쳐 지키게 하고, 제사를 집전하며, 백성들의 죄를 사하고 축복해 주며, 하나님의 뜻을 선포하는 사람처럼 모든 삶의 영역에서 하나님을 위하여 사는 자들이 하는 행실을 거룩한 행실이라고 생각했던 것 같다.[2]

하지만 거룩함이 본래 가지고 있던 긍정적인 지향점은 큰 도전을 받는다. 아무리 성전에서 기도를 열심히 해도, 아무리 제사를 정성스레 드려도, 아무리 하나님 편에만 선다고 할지라도, 이스라엘은 바벨론 포로라는 비극의 경험을 한다. 이스라엘 백성들은 절망적인 상황에 놓인 이유에 대해 곰곰이 생각한 후 결론을 얻게 되는데, 종교적인 거룩함만으로는 모든 것이 해결되지 않는다고 깨닫는다. 세상에서의 삶과 유리된 경건함, 곧 성전 안에만 존재하는 거룩함에는 더 이상 의존할 수 없었다. 세상과 떨어진 채 종교적인 삶만 살았던 제사장들은 일반 백성들로부터 비난을 받게 된다. 하나님의 그 거룩한 성소마저도 이 세상의 문제를 해결하지 못하는 '침묵의

미: 신관념에 있어서의 비합리적 요소 그리고 그것과 합리적 요소와의 관계에 대하여』 길희성 역 (왜관: 분도출판사, 1994)을 보라.
2 이영미, "구약의 제사장과 현대의 목회자," 「신학사상」 160 (2013), 9-42.

성소'라고 비난받게 된 것이다. 세상의 복잡한 문제에 대해서 어떠한 해결책도 내놓지 못하는, 아무 소리도 발하지 못하는 침묵의 성소가 되었다는 것이다.

크놀(Knohl)은 『침묵의 성소』(*The Sanctuary of Silence*)를 통하여, 이스라엘이 비극의 역사를 통과하면서 거룩함의 의미를 새롭게 발견하게 된 사실을 지적하고 있다.[3] 종교 행위에만 그치던 소극적인 의미의 거룩함을 레위기 19장에 나오는 거룩함으로 새롭게 확대한 것이다. 종교적인 행위만으로는 안 되었고, 종교적인 행위를 넘는 그 무언가가 있어야 했다. 레위기 19장은 거룩함에 대하여 종교적이고 철학적인 정의를 제시하는 것이 아니라, 거룩함을 지닌 삶을 통하여 간접적으로 거룩함의 뜻을 백성 스스로 깨닫게 한다. 레위기가 말하는 거룩함이란 하나님을 닮은 삶(imago dei), 곧 하나님의 형상대로 지음 받은 하나님의 백성이 하나님의 본질인 거룩함을 따라야 한다는 것이다. 하나님이 거룩하시니 백성도 거룩하게 살아야 한다.

하나님은 성소에만 계신 것이 아니라, 확장된 성소인 세상 전체에 계시는 온 누리의 하나님이다. 이것은 예수님 또한 정의하신 것으로 마태복음에서는 하나님이 온전하니 그리스도인도 온전해야 한다고 말씀하신다(마 5:48).

---

[3] I. Knohl, *The Sanctuary of Silence: the Priestly Torah and the Holiness School* (Winona Lake: Eisenbrauns, 2007).

2. 윤리적 가르침

이러한 차원에서 레위기가 말하는 거룩함의 의미는 참으로 혁명적이다. 레위기 19장에서 하나님은 백성에게 거룩하라고 명령하신 후, 거룩함에 이르는 구체적인 길을 알려주신다. 거룩해지는 방법을 모르는 사람들에게 자세한 지침을 가르쳐 주신다. 먼저 십계명의 내용이 나오는데, 부모를 경외하고 안식일을 지키는 것(3절), 신상들을 만들지 않는 것(4절), 화목제물을 드리는 것(5절), 도둑질을 금지하고(11절), 하나님의 이름으로 거짓 맹세하여 하나님의 이름을 욕되게 하지 않는 것(12절), 거짓 증거를 금지하는 것(15, 25절), 살인을 금지하는 것(16절), 간음을 금지하는 것(20절), 이웃의 소유에 손을 대지 말라는 것(13-14절)이 그러하다.

어느 정도 종교적인 차원에서의 거룩함을 말하고 있다. 한편 이 단락에는 눈여겨볼 만한 게 있는데, 3절의 '부모를 경외하라'는 말을 마소라 본문(MT)으로 살펴보면 '어머니와 아버지를 경외하라'에 해당하여, 어머니가 아버지보다 먼저 언급되는 점이다. 또한 하나님 이외에 사람에게 '경외하다'(יָרֵא, 야레)라는 동사를 성경에서 유일하게 사용하는 것은 이곳이 유일하다.[4]

그런데 이처럼 십계명의 내용과 함께 9절에는 땅에서 곡식을 거둘 때 밭모퉁이까지 다 거두지 말고 떨어진 이삭도 줍지 말며 포도원 열매를 다 따지 말라고 명령한다. 가난한 사람과 거류민이 지나가다가 곡식을 주워 먹도록 하기 위한 것이다. 땅은 하나님의 것이기 때문에, 사람이 독점해서는 안 되고, 모든 사람이 함께 누려야 한다는 사상을 담고 있다.

---

4 A. Marx, *Lévitique 17-27*, 82.

> 토지를 영구히 팔지 말 것은 토지는 다 내 것임이니라 너희는 거류민이요 동거하는 자로서 나와 함께 있느니라(레 25:23).

사람은 하나님의 땅을 이용하여 돈을 불리는 수단으로 삼아서는 안 된다. 하나님의 땅은 사람과 다른 피조물들이 잠시 살아가는 거처이다. 이러한 점에서 그리스도인과 교회는 부동산 문제에 대한 바른 신학과 신앙의 태도를 가져야 한다.

귀먹은 사람을 저주하지 말고 맹인 앞에 장애물을 놓지 않는 것(14절), 센 머리 앞에 일어서고 어르신의 얼굴을 공경하는 것(32절), 거류민을 내가 낳은 자처럼 사랑하는 것(33절), 이 모든 것이 거룩한 사람이 살아가는 모습에 해당한다. 거룩하신 하나님은 성소에서 사람이 드리는 경배만을 원하시는 것이 아니라, 성소 밖 세상에 살고 있는 모든 사람에게 관심을 갖고 계시다. 하나님의 거룩함은 가정과 사회 안에서의 인간관계, 곧 어르신, 장애인, 가난한 사람을 존중함으로써 발현된다. 더 나아가 이웃(רע)과 거류민(גר), 외국인까지도 자신과 같이 사랑하는 것을 이상적인 모습으로 보고 있다(19:18; 마 5:43; 19:19; 22:39; 막 12:31; 눅 10:27; 롬 13:9; 갈 5:14; 약 2:8).

이러한 이상적인 모습은 재판과 경제 활동과 같은 구체적인 삶의 자리에서도 구현해야 한다(35-37절). 성결법전의 하나님은 하나님을 아직 알지 못하는 사람들, 하나님을 믿지 않는 사람들이 하나님의 영역, 거룩한 영역으로 들어오기를 기대하시고, 또한 하나님의 거룩함이 사람의 구체적인 삶에까지 침투하기를 바라신다. 하나님의 형상을 따라 지음 받은 그리스도인은 당연히 이와 같은 하나님의 행동 양식을 거룩함의 기준으로 삼아야 한다. 이처럼 거룩함은 추상적이고 모호한 것이 아니라 도리어 매우 구체적이다. 하지만 여러 좋은 행위를 하는 것 자체에 거룩함이 있는 게 아니라, 하나님께 자유와 해방을 얻은 하나님의 백성, 곧 하나님의 형상을 따라 지음 받은 사람이 사는 동안 하나님의 성품을 닮아가면서 하나님의 거룩함을 반영하는 것이 거룩한 삶이다.

레위기 19장 2절과 37절의 "나는 야웨다"라는 야웨의 자기계시 양식은 이러한 모든 가르침을 감싸고 있는데, 이것을 통해 거룩한 삶이란 하나님의 백성이 자신의 창조주와 구속주의 삶의 방식에 따라 사는 것이라는 사실을 알 수 있다. 또한 야웨의 자기계시 양식은 19장의 처음과 끝에 나와서 그 사이에 있는 삶의 태도를 강조하는 것만이 아니라, 이 장 전체 39개의 구절에 16번이나 나타나 하나님께서 자신이 어떠한 분이신가를 백성에게 알려주시려고 애쓰시는 모습을 볼 수 있다. 결국 레위기 19장은 구체적인 삶의 행동 양식을 이해하고 수행하기 전에, 그러한 삶을 살기를 원하시는 하나님이 어떠한 분이신가를 아는 것에 무게를 둔다.

26-31절에서 하나님은 가나안의 미신과 점쟁이를 통하여 미래를 알기 원하는 백성을 경고하신다. 하나님의 백성이 미래를 알고자 하는 것을 원하시지 않는다는 것을 알 수 있다. 사람의 미래는 오직 하나님께만 달려 있다는 것이다. 사람은 자신의 내일조차 알 수 없는 불확실한 세상 속에 살아가지만, 하나님이 미래의 주인이라는 확신 위에 모든 것이 하나님의 손에 달려있다는 사실을 신뢰해야 한다.

거룩한 행위란 단순히 교회 안에서 기도를 많이 하고 뜨겁게 찬양하며 성경을 많이 읽는 것이 아니다. 그것을 넘어 밭모퉁이를 남겨두는 것도 참으로 거룩한 행동이다. 이러한 법이 우리나라의 풍습에는 까치밥의 형태로 나타난다. 우리 조상들도 성경에 나오는 성결법전의 정신을 이미 가지고 있었던 것이다. 조상들의 삶은 그리 풍요롭지 않았지만 타인을 생각하고 미물마저 사랑하는, 온 누리의 피조물과 더불어 사는 넓은 마음을 가지고 살았던 것이다. 극심한 빈부격차와 같은 경제적인 어려움으로 현대인의 삶이 힘들어지기는 했지만, 그보다 더 안타까운 것은 사람이 고결한 마음, 성스러움을 잃어버리고 살아가고 있다는 것이다. '나도 살기 힘든 마당에, 무슨 남이 먹을 것을 따져?'라고 생각하도록 만드는 현실이 씁쓸할 따름이다.

그리스도인이라면 '주어진 밭모퉁이를 어떻게 남길 것인가?'에 대해서 스스로에게 묻고 삶으로 답해야 한다. 이러한 점에서 레위기 19장이 제시하는 거룩함은 개인윤리와 사회윤리가 분리되지 않는다. 개인의 거룩함과 개인의 경건은 사회적인 차원으로 확장되어 삶 안에서 실현된다. 어떤 사람들은 자기 기준에 따라, 자기 생각에 빠져 거룩함의 척도를 스스로 만들어내고, 그로부터 거리가 있는 것들에 대해 세속적이라고 여기기도 하는데, 이것은 천박한 거룩함이다. 기도하고 찬양하며, 성경을 읽는 것이 사람들을 하나 되지 못하게 하는 판단의 척도가 되어서는 안 된다. 그 자체가 하나님을 만나는 과정이지 그 외의 어떤 무엇을 위한 수단이 되어서는 안 되기 때문이다. 예배당 안에서의 종교 행위는 세상에서의 거룩한 삶을 살 수 있게 하는 힘이지, 세상을 판단하고 정죄하는 힘이 아니다.

3. '생활에 밑줄을' 긋는 삶

거룩함은 무거운 개념이 아니다. 거룩함은 그 이름으로 일상생활을 무겁게 하고 얽매는 것이 아니다. 참된 거룩함은 작은 삶을 소중히 여기고 하찮고 보잘 것 없어 보이는 삶을 자유롭게 하며 해방시켜 주는 것이다. 이것이 바로 안식일 규정을 어기면서까지 사람을 살리기를 원하셨던 예수님의 거룩한 삶의 모습이었다. 예수님은 형식적인 율법 준수에 관심을 가졌던 바리새인들과 달리, 하나님 나라의 해방을 선포하셨다. 어떠한 율법 규정도 인간의 존귀함을 위한 예수 그리스도의 해방 행위를 방해하지 못했다.

예수님은 안식일에도 사람의 생명을 살리시고 병든 사람을 치유하시는 거룩한 행위를 하셨다. 만약에 예수님이 이 땅에 오셔서 병자를 고치지도, 하나님 나라의 기쁜 복음을 전하지도, 가난한 자들을 배불리 먹이지도 않은 채로, 오직 회당에서 기도만 하셨다면, 그분의 삶은 종교적인 삶이었을지는 몰라도, 진정한 의미에서 하나님의 거룩함을 실현하며 사는 거룩한 삶은 아니었을 것이다.

이 세상이 어디로 흘러가고 있는가를 알 수 있는 방법 가운데 하나는 맑은 정신을 가진 시인의 시 한 편을 읽는 것이다. 시는 이 세상의 정신이 가장 높이 승화된 정신의 표현이기 때문이다. 기형도 시인(1960-1989)은 '우리 동네 목사님'이라는 시에서 성결법전이 표방하는 거룩함의 의미를 바르게 표출한다.[5]

> 읍내에서 그를 본 것은 이번이 처음이었다.
> 철공소 앞에서 자전거를 세우고 그는

---

5 기형도, "우리 동네 목사님," 『입 속의 검은 잎』(서울: 문학과지성사, 2000), 129-130.

양철 홈통을 반듯하게 펴는 대장장이의
망치질을 조용히 보고 있었다.
자전거 짐틀 위에는 두껍고 딱딱해 보이는
성경책만한 송판들이 실려 있었다.
교인들은 교회당 꽃밭을 마구 밟고 다녔다. 일주일 전에
목사님은 폐렴으로 둘째 아이를 잃었다. 장마통에
교인들은 반으로 줄었다. 더구나 그는
큰 소리로 기도하거나 손뼉을 치며
찬송하는 법도 없이
교인들은 날마다 쑤군거렸다. 학생회 소년들과
목사관 뒤터에 푸성귀를 심다가
저녁 예배에 늦은 적도 있었다.
성경이 아니라 생활에 밑줄을 그어야 한다는
그의 말은 집사들 사이에서
맹렬한 분노를 자아냈다. 폐렴으로 아이를 잃자
마을 전체가 은밀히 눈빛을 주고받으며
고개를 끄떡였다. 다음 주에 그는 우리 마을을 떠나야 한다.
어두운 천막교회 천장에 늘어진 작은 전구처럼
하늘에는 어느덧 하나둘 맑은 별들이 켜지고
대장장이도 주섬주섬 공구를 챙겨들었다.
한참 동안 무엇인가 생각하던 목사님은 그제서야
동네를 향해 천천히 페달을 밟았다. 저녁 공기 속에서
그의 친숙한 얼굴은 어딘지 조금 쓸쓸해 보였다.

위의 시에서 '성경이 아니라 생활에 밑줄을 그어야 한다'는 시구가 이러한 성결법전의 정신을 나타낸다. 하나님의 백성은 성경뿐만 아니라 그의 생활에는 아름다운 밑줄을 얼마만큼 그으며 살았는지 돌아보아야 한다. 한편으로 성경에 밑줄 치지 않는 사람들이

때로는 외려 삶에 더 많은 밑줄을 그으며 살아가는 모습을 보기도 한다.

　동터오는 새벽녘에 별이 지는 것을 보며 이 아침까지 생명을 허락해주신 하나님이 내 곁에 계심을 감사할 수 있는 사람, 나로 말미암아 다른 피조물과 함께 나누는 이 세상의 공기가 혼탁해짐을 마음 아파하며 걸어 다니거나 대중교통을 이용하는 것을 즐겨하는 사람, 자신도 본래 죄인이었음과 지금도 죄인임을 알고 잘못을 저지른 사람들을 너그러이 용서할 수 있는 사람, 조금은 부족해 보이고 조금은 어수룩해 보이지만 어느 한 구석에 여백이 있어 언제라도 그를 찾아갈 수 있고 나를 받아들일 만한 여유가 있는 사람, 지름길을 알고 있어 나 혼자 빠른 길을 갈 수 있지만 하나님 안에서 한 가족이 된 사람들과 함께 갈 수 있는 사람, 이러한 사람들이 성결법전이 묘사하는 거룩한 사람이다.

제4장

몰렉 제사와 교육
(레 20:1-8)

그리스도인이 믿는 하나님은 생명의 하나님이다. 하나님은 백성을 살리기 원하시지, 죽음에 이르게 하기를 바라지 않으신다. 그리고 사람이 단지 목숨만을 가진 채 살아가는 것이 아니라, 참된 삶, 참된 생명, 풍성하고 행복한 삶을 살기 원하신다. 이에 성결법전은 일상에서의 거룩한 삶, 하나님을 닮은 삶에 대한 가르침을 준다.

레위기 20장의 대부분이 18장에 나오는 내용과 거의 같다. 얼핏 보면 같은 내용이 두 번 반복되는 것처럼 보인다. 다만 차이가 있다면, 20장은 금지된 성관계에 연루된 사람들에 대한 처벌을 자세히 다루고 있다. 법을 진술하는 방식 또한 18장은 정언법, 19장은 사례법으로 다르게 나타난다. 이것은 아마도 같은 법이 입으로 다르게 전해지다가, 레위기라는 하나의 책에 함께 기록된 데에 이유가 있는 것으로 보인다.

레위기 20장은 하나님이 싫어하시는 삶을 살았을 때, 사람이 얻게 될 엄중한 결과를 예고한다. 그러한 결과는 죽음을 당하거나 공동체에서 쫓겨나는 것으로 나타난다. 레위기 18장과 20장이 금지하는 성관계는 근친상간, 동성애, 수간 등이다. 이처럼 성결법전에서 성에 대한 관심을 보이는 이유는 하나님의 거룩함은 고차원적이고 영적인 차원뿐 아니라, 아주 구체적이고 은밀한 육의 차원에서도 이루어야 한다는 뜻이 있기 때문이다. 레위기 18장과 20장에 나오는 근친상간에 대한 금지가 성윤리를 가르치지만, 그 배후에는 가정을 보호하려는 목적이 있다. 가정은 하나님의 창조질서를 이루는 가장 기초적인 단위이다. 레위기 20장에서 몰렉 제사와 점을 금지하는 것도 가정에서의 삶과 관련이 있다.

1. 몰렉 제사

몰렉(מלך)은 고대 가나안 주민, 특별히 암몬 사람들이 섬기던 신 가운데 하나이다. 솔로몬 임금은 암몬족 출신의 아내를 위하여 몰렉에게 제사 드리는 산당을 세웠지만, 요시아 임금은 그곳을 헐었다(왕하 23:13). 몰렉의 원래 말은 '밀곰'으로, 임금이라는 뜻을 가지고 있다. 히브리인들은 여기에다 부끄러움을 뜻하는 '보셰트'의 모음을 붙여 밀곰을 몰렉으로 불렀다. 이처럼 서로 다른 두 개의 낱말을 결합하는 예가 구약에 많이 나타난다.[1]

몰렉 제사는 어린이를 희생 제물로 바치는 특징이 있다. 실제로 이스라엘 사람들은 가나안 종교의 영향을 받아 인신 제사를 드렸던 것으로 보인다(왕상 11:5, 7, 33; 왕하 16:3; 23:10; 렘 7:31; 32:35; 겔 16:20-22 등). 힌놈의 아들의 골짜기에서는 몰렉에게 제사지내는 도벳이라는 장소가 있었는데, 도벳의 어원은 '북'이라는 뜻을 가진 '토

---

[1] 더 많은 예를 위해서는 강승일, 『이스라엘과 고대 근동의 점술』(서울: CLC, 2015), 199-201을 보라.

프'(*toph*)이다. 이에 어떤 학자들은 어린이들을 희생 제물로 바칠 때, 들리는 울음소리를 북을 쳐서 막았다고 보기도 한다.[2]

이러한 일은 하나님이 경고하신 일이 벌어진 것을 보여준다. 하나님은 광야를 가는 이스라엘 백성들에게 과거 이집트의 풍속도, 미래 가나안의 풍속도 따르지 말라고 이미 경고하셨다(레 18:3). 하나님이 경고하셨지만, 이스라엘 사람들은 풍요를 약속하는 가나안의 신들을 섬기게 된 것이다. 후대의 사람들은 자신들이 하나님 이외에 다른 신들을 섬기고, 그들의 풍속을 따랐기 때문에 망하게 되었음을 깨닫는다.

오늘날의 관점에서 볼 때 자녀를 제물로 바치는 것을 이해하기 쉽지 않다. 하지만 고대 종교의 메커니즘을 알면, 사람들이 자녀를 자기가 믿는 신에게 바친 이유를 어느 정도 가늠할 수 있다. 당시 가나안 사람들은 어린아이의 죽음이 앞으로 태어날 다른 아이들의 생존을 보장한다고 생각했다. 신에게 첫 아이를 바치면 그 아이의 죽음으로 다른 많은 아이들을 낳고, 또한 그들이 행복하게 살 수 있을 것이라고 믿었던 것으로 보인다.

하나님은 이러한 잘못된 제사, 생명을 희생하여 다른 것을 얻고자 하는 제사를 철저히 금지하신다. 2절은 이러한 제사를 드리는 사람을 지방 사람이 돌로 쳐 죽여야 한다고 말한다. 4절에서는 이러한 관습을 보고도 지방 사람이 못 본 체하면 그 사람은 공동체에서 쫓겨나는 엄중한 처벌을 받아야 한다고 밝힌다. 여기에서 지방 사람이란 지역의 어른들로서 재판 회중을 이루는 성인 남자들을 가리킨다. 이것은 그리스도인도 잘못된 예배에 빠져있는 사람을 바른 길로 인도하기 위해 애써야 한다는 것을 뜻한다.

---

2 임미영, 『고고학으로 읽는 성경』 (서울: CLC, 2016), 91.

그런데 과연 오늘날에는 이러한 몰렉 제사가 없을까?

더 이상 자식을 불태워 신에게 바치지 않는다고 해서 몰렉 제사가 없어진 것은 아니다. 오늘날 몰렉 제사의 정신이 사람들의 삶을 지배하고 있다면, 과거와 모습은 다를지라도 몰렉 제사라고 말할 수 있다. 그리스도인이 하나님과 동시에 자본과 권력을 섬긴다면, 그리스도인이 무언가를 얻으려는 마음에서 예수를 따른다면, 몰렉 신이 오늘날까지 살아있다고 볼 수 있다. 겉으로는 하나님을 말하지만, 속으로는 돈과 힘을 바라는 것이 몰렉 제사이다.

한 예로 자녀 또한 신이 될 수 있다. 자녀의 성공을 위해서 모든 것을 투자하고, 하나님을 통해 자녀의 성공을 이루려는 속셈으로 하나님을 신앙하는 것은, 과거 몰렉 신이 사람들에게 주었던 메시지와 다르지 않다. 부모가 자녀를 키우며 보상 심리를 가지고 있다면, 그것 또한 부모의 미래를 위한 투자가 되는 것이다. 그리스도인의 가정에서는 자녀들이 하나님을 믿는 믿음 안에서 독립적이고 자율적인 삶을 살도록 기도해야 한다. 오직 하나님을 믿고 따르고 비전을 발견할 수 있도록 신앙교육을 해야 하는 것이다. 이것이 몰렉 제사를 금지하는 성경이 주는 가르침이다.

비록 몰렉 제사와 같은 형태는 아닐지라도, 야웨 종교에도 이러한 인신 제사의 모습이 나타난다. 아브라함이 하나님께 이삭을 바치려고 한 것과 입다가 이름 없는 자신의 딸을 하나님께 바친 제사가 그러하다.[3] 아브라함은 하나님께 아들에 대한 약속을 받은 지 25년 만에 아들을 낳았기 때문에 그에게 이삭은 우상이 될 수도 있었다. 하나님은 우상숭배의 가능성을 가진(?) 아브라함을 시험하시지만, 아브라함은 이삭을 바치라는 그 시험을 통과했다. '아케다'(결박)라고

---

[3] 두 이야기 사이의 비교를 위해서는 이윤경, "르네 지라르의 희생양 메커니즘으로 읽는 입다의 딸 이야기," 「구약논단」 49 (2013), 97을 보라.

렘브란트, 이삭의 헌신(1635)

불리는 이 이야기는 여러 예술가들의 창작 모티브가 되기도 했고, 예수 그리스도의 구속사의 원형으로 여겨지기도 했다.[4]

그러나 사건이 일어난 후에 아브라함의 가정이 얼마나 큰 아픔을 겪었을 것인가에 대한 심리학적인 상상 또한 가능하다. 청소년기를 지나고 있던 이삭의 반응은 나타나지 않고, 아케다 사건 이후 아브라함은 브엘세바에서, 사라는 헤브론에서 따로 떨어져 산다(창 23:2). 사라는 아브라함과 떨어져 죽음을 맞이하게 되고, 이삭은 어머니의 사망소식을 알지 못하는 곳에서 산다(창 25:11).[5] 하나님에 대한 참된 신앙과 절대적인 헌신은 때로는 가정의 해체를 요구하기도 하는데, 이것은 예수의 가르침에도 그대로 나타난다(마 8:21-22).

---

4 폴 코판, 『구약 윤리학』, 이신열 옮김 (서울: CLC, 2017), 104-106은 아케다를 부모의 아동학대로 보는 도킨스에 반대하여, 독생자를 통한 성부 하나님의 아픔으로 이해한다.

5 김상기, "이사야 63장 16절의 관점에서 본 아케다 이야기," 「신학연구」 57 (2010), 21.

2. 점쟁이

또한 하나님은 접신한 사람, 무당, 점치는 것 등의 종교행위를 금지하신다(신 18:11; 삼상 28:3-25; 왕하 23:24; 사 8:19-20). 이것 역시 가나안의 영향을 막으려는 것이었다.[6] 6절에서는 이러한 행위를 따르는 사람을 가리켜 음란하다고 표현한다. 호세아 등의 성경은 하나님과 백성을 부부 사이로 묘사하는데, 다른 신을 섬기는 사람은 부부 사이의 관계를 어긴 사람, 배우자 외에 다른 사람과 놀아난 사람으로 보고 있다. 이러한 사람을 부정하다고 묘사하고, 이들을 떠나 하나님을 섬기는 것, 그것이 바로 정결하고 거룩한 삶이라고 가르친다. 7-8절은 하나님의 백성이 스스로를 깨끗하고 거룩하게 하여, 백성을 거룩하게 하시는 거룩한 하나님의 성품을 닮아가야 한다고 말씀하고 있다.

하나님이 거룩하니 백성도 거룩해야 한다는 7-8절의 말씀이 마지막에서 두 번째 구절인 26절에서 다시 반복되어, 법 규정들을 감싸고 있다. 다른 신을 섬기는 것은 하나님의 성품을 닮아가는 일에 정면 도전하는, 잘못된 일이다. 접신한 자와 무당을 찾아가 점치는 일을 금지하는 것에 대해 조금 깊이 생각해보면, 사람의 운명과 관련해 중요한 가르침을 준다. 사람은 누구나 자기의 미래에 관심을 가지고 있다. 어린이나 어른이나 마찬가지이다. 학생은 자신이 어느 학교를 가게 될 것인지, 취업을 준비하는 사람들은 어느 직장에 들어가게 될 것인지, 결혼 적령기에 있는 사람들은 누구와 결혼하게 될 것인지, 자녀를 낳은 부모들은 자녀들이 어떻게 자라게 될

---

[6] 고대 이스라엘에서 시행된 점술에 대해서는, 강승일, 『이스라엘과 고대 근동의 점술』, 181-275를 보라.

것인지 등에 대해 궁금해 한다.

 그런데 머지않아 앞일에 대한 관심이 다 부질없는 일이라는 사실을 알게 된다. 사람이 오늘 아무 일도 하지 않고, 내일 어떻게 될 것인가 걱정하는 것은 참 한심한 일이기 때문이다. 이것이 바로 예수님이 산상수훈에서 주신 가르침이다. 예수님은 "그러므로 내일 일을 위하여 염려하지 말라. 내일 일은 내일이 염려할 것이요 한 날의 괴로움은 그 날로 족하니라."(마 6:34)라고 말씀하시고, 바로 그 앞에서 "그런즉 너희는 먼저 그의 나라와 그의 의를 구하라 그리하면 이 모든 것을 너희에게 더하시리라."고 가르치신다. 또한 그보다 더 앞서 "너희 중에 누가 염려함으로 그 키를 한 자라도 더할 수 있겠느냐?"라고 반문하신다. 오직 하나님이 맡겨주신 사명, 오늘의 일에 최선을 다하면, 나머지는 하나님이 다 책임져 주시겠다는 말씀이다.

 철학자 아리스토텔레스(Aristoteles, 기원전 384-322)도 현실태와 가능태라는 이론을 제시하며, 현실 안에 가능성이 들어 있다는 말을 한다. 어리석은 사람은 사과씨를 보고 쓸 데가 없다고 생각한다. 하지만 슬기로운 사람은 사과씨 안에 이미 큰 나무와 열매가 들어 있는 것을 아는 사람이다. 현재 안에 미래가 담겨 있는 것이다. 시인 박노해(1957-)는 『사람만이 희망이다』라는 책에 있는 '아직과 이미 사이'라는 시에서 다음과 같이 노래한다.

  '아직'에 절망할 때
  '이미'를 보아
  문제 속에 들어 있는 답안처럼
  겨울 속에 들어찬 햇봄처럼
  현실 속에 이미 와 있는 미래를.

> 아직 오지 않은 좋은 세상에 절망할 때
> 우리 속에 이미 와 있는 좋은 삶들을 보아
> 아직 피지 않은 꽃을 보기 위해선
> 먼저 허리 숙여 흙과 뿌리를 보살피듯
> 우리 곁의 이미를 품고 길러야 해.
>
> 저 아득하고 머언 아직과 이미 사이를
> 하루하루 성실하게 몸으로 생활로
> 내가 먼저 좋은 세상을 살아내는
> 정말 닮고 싶은 좋은 사람
> 푸른 희망의 사람이어야 해.

　슬기로운 사람은 오늘에 묵묵히 최선을 다한다. 겨울 안에 봄이 있다는 사실을 알고, 쉽게 좌절하지 않는다. 하루하루 성실하게 살아간다. 오늘이 쌓여 내일이 된다는 단순한 사실을 안다. 오늘 행복한 사람이 내일 행복하고, 일주일이 행복하고, 그러한 행복이 쌓여 삶 전체가 행복해진다. 미래의 행복을 위해 오늘을 다 희생한다고 해서 미래의 행복이 손에 잡히는 것도 아니다. 그래서 오늘 하루 행복하고 진실한 삶을 살아야 한다. 이것이 전도서의 가르침이다. 지나가는 헛된 날 가운데 오늘을 행복하게 살아야 한다.

> 너는 가서 기쁨으로 네 음식물을 먹고 즐거운 마음으로 네 포도주를 마실지어다 이는 하나님이 네가 하는 일들을 벌써 기쁘게 받으셨음이니라 네 의복을 항상 희게 하며 네 머리에 향 기름을 그치지 아니하도록 할지니라 네 헛된 평생의 모든 날 곧 하나님이 해 아래에서 네게 주신 모든 헛된 날에 네가 사랑하는 아내와 함께 즐겁게 살지어다 그것이 네가 평생에 해 아래에서 수고하고 얻은 네 몫이니라 네 손이

> 일을 얻는 대로 힘을 다하여 할지어다 네가 장차 들어갈 스올에는 일 도 없고 계획도 없고 지식도 없고 지혜도 없음이니라(전 9:7-10).

레위기가 성경 가운데 가장 종교적이고 어려운 책인 동시에, 성결법전을 통하여 가장 구체적으로 삶의 해법을 제시하듯이, 성경에서 가장 삶에 대하여 회의적인 태도를 보이는 전도서가 가장 구체적인 행복의 길을 제시하고 있다. 전도서에 따르면 사람은 살아 있는 것에 감사하며, 소소한 일상에 기뻐하며 살아야 한다. 레위기의 성결법전은 사람이 점을 치고, 접신한 사람에게 앞일을 묻는 것은 마치 복권에 당첨되기를 바라는 것과 같이 허망한 일이라고 가르친다.

교육의 방향도 마찬가지이다. 교육은 단지 미래를 위한 투자가 되어서는 안 된다. 그저 배움과 가르침 자체가 목적이 되어야 한다. 교육을 미래를 위한 투자로 생각하고 성장한 사람들이 국가와 사회를 망치는 일을 너무나 자주 보게 된다. 이처럼 하나님은 오늘의 삶을 강조하시기 때문에, 오늘 없는 미래에 관심을 갖는 것을 경고하신다. 이것은 더 나아가 기독교의 시간에 대한 철학을 알려준다.

누가 참된 신인가?

미래를 누가 주관하는가?

돈, 권력이 우리의 미래인가?

성결법전의 본문은 이러한 질문에 답을 알려준다. 사람은 자신과 세상의 미래를 알 수 없다. 학자들은 인공지능학과 합성생물학 등을 통해 정체성과 도덕성과 윤리의 차원에서 엄청난 변화를 일으키게 될 4차 산업혁명 시대에 심각한 윤리적, 종교적 문제가 야기

될 것으로 예측하고 있는데,[7] 신학과 윤리 역시 현재 주어진 상황 가운데 미래를 인도하실 하나님의 뜻을 발견하기 위해 최선을 다해야 한다. 다만 이처럼 불확실한 현실 가운데 한 가지 확실한 것이 있는데, 그것은 사람의 미래가 오직 하나님의 손에 달려 있다는 사실이다. 사람은 주어진 일에 최선을 다하여 현실을 마주하고, 미래는 하나님께 맡겨야 한다. 이것이 바른 신앙의 태도, 그리스도인이 지녀야 할 미래에 대한 관점이다.

3. 윤리적 가르침

하나님은 자신의 백성이 스스로 깨끗하고 거룩하게 하기를 원하신다(레 20:7-8). 하나님은 그분의 가르침을 통해서 백성을 거룩하게 하시는 하나님이시기 때문이다. 하나님의 백성이 자신을 만드시고 하나님의 대리인으로 세상에 보내주신 하나님을 닮아야 하는 것은 너무나 당연하다. 사람이 스스로 깨끗해지고, 하나님의 거룩한 백성이 되기 위해서는, 하나님의 행동 양식, 하나님이 세상을 만드시고, 세상을 구원하신, 사랑과 은혜의 방식에 따라 살아가야 한다. 이것을 이루기 위해서는 먼저 하나님 이외의 다른 신, 오늘날 다양한 모습으로 새롭게 나타난 몰렉 제사와 미신을 멀리하는 것에서 가능하다.

하나님만이 참된 신이다. 돈과 명예와 힘이 인류의 미래와 온 피조세계를 책임지지 않는다. 다른 어떤 것이 우상이 아니라, 하나님보다 위에 놓는 것, 그것이 돈이든 자녀이든 모두가 다 우상이다.

---

[7] 클라우스 슈밥, 『제4차 산업혁명』 송경진 옮김 (서울: 새로운현재, 2016), 156-159.

그리스도인은 마음 한편에 늘 자리 잡고 있는 우상, 교회와 사회를 다스리는 우상을 과감하게 떨쳐내야 한다. 또한 하나님의 사람들은 헛된 미래에 대한 지나친 관심을 버려야 한다. 이것은 도박과 같다. 참된 믿음의 사람은 철저히 오늘, 이 자리에서 하나님과 더불어 살아야 한다. 이것만이 참된 미래의 소망이다. 진정한 미래의 소망은 지금 이 자리에 있다.

제5장

제사장의 가정생활과 이혼의 문제
(레 21:1-8)

성결법전은 일상생활에서 거룩함을 이루는 방법을 알려준다. 참된 거룩함은 단지 성소 안에서 제사를 드림으로써가 아니라, 성소 밖, 곧 확장된 하나님의 성소인 세상 안에서 이루어야 한다. 레위기 17-20장을 살펴보면 이러한 거룩함은 제물을 드리는 장소, 성윤리, 외국인과 사회의 약자 등에 대한 내용을 포함하고, 이것은 이웃 사랑과 정치와 경제 안에서 하나님의 뜻으로 나타난다.

레위기 21장은 제사장과 대제사장의 가정생활, 그 중에서도 특히 상례와 혼례와 자녀교육에 대한 가르침을 준다. 그리고 마지막에는 제사장이 될 수 있는 사람들의 자격에 대해 알려준다. 오늘날 교회 안에는 구약이 묘사하는 제사장이 존재하지 않기 때문에, 제사장의 가족이 죽거나, 제사장이 결혼하거나, 제사장이 자녀를 교육하는 문제가 그리스도인의 삶과 직접적으로 관련이 없다. 하지만 모든 그리스도인이 거룩한 제사장의 삶을 살아야 한다면(벧전 2:5, 9), 하나님이 제사장들에게 특별한 지침을 주신 의미를 되새겨볼 필요가 있다.

1. 제사장과 대제사장의 상례

21장은 제사장의 규례(1-9절)와 대제사장의 규례(10-15절)를 차례로 다루는데, 제사장의 규례에서는 상례(1-4절)가 가장 먼저 나온다. 제사장은 가족을 제외한 죽은 사람과의 접촉을 피해 부정함을 방지해야 했다(참조, 민 19:11-19; 겔 24:15-24). 다시 말해, 가족들이 죽었을 경우에는 장례에 참여할 수 있었지만, 가족이 아닌 다른 사람들의 시체에 접근하는 것은 금지되었다. 부정함이란 물리적인 의미에서 더러움이 아니라, 죽음에 노출되는 위험을 뜻하기 때문에, 제사장의 상례에 대한 규정은 거룩한 제사장이 부정해지는 것을 막았다.

반면 대제사장의 상례는 제사장의 상례 규정보다 훨씬 엄격한 사실을 알 수 있다(11절). 대제사장은 가족을 포함한 모든 시체와의 접촉을 피해야 했기 때문이다. 예를 들어, 부모님이 돌아가셔도 부모님의 주검에 접촉하면 안 되었다.

오늘날 독자들이 생각하는 윤리 개념으로는 도저히 이해할 수 없다. 그런데 이것은 레위기의 종교상, 세계상과 함께, 제사장의 기능이 개인의 감정과 슬픔을 뛰어넘는 책임감을 부여하고 있다는 사실을 말한다. 하나님의 거룩함을 이 땅에 실현해야 하는 인물로서 제사장과 대제사장은 개인의 사생활을 철저하게 통제해야 한다. 그야말로 제사장의 삶은 자기를 희생하고 포기하는 고통스러운 삶임을 알 수 있다. 나중에 제사장 출신 예언자인 에스겔은 자기의 아내가 죽었는데도, 슬퍼하지 말라는 하나님의 말씀을 듣게 되는데, 이것 또한 제사장의 상례와 관련이 있다(겔 24:16-27).

2. 제사장과 대제사장의 혼례

다음으로 제사장의 혼례(7절)와 대제사장의 혼례(13-14절)를 살펴 보자. 먼저 제사장은 창녀나 이혼한 여자와는 결혼할 수 없었다. 대제사장의 경우에는 더 엄격했는데, 대제사장은 반드시 자기 백 성, 곧 이스라엘 사람 가운데 처녀와 결혼해야 했다. 이스라엘 사 람이라고 하더라도 과부나 이혼한 여자나 창녀와 결혼하는 것이 금지되었다. 한편으로 제사장의 딸이 행음하는 경우에는 불살라 죽 여야 한다고 기록하고 있는데(레 21:9), 문맥을 잘 모르면 이처럼 과 격한 표현을 이해하기가 쉽지 않다. 예를 들어, 오늘날 목회자가 창녀와 결혼한다든지, 목회자의 딸이 창녀가 된다든지 하는 경우는 매우 극단적이다.

레위기 19장 29절에서도 일반 이스라엘 백성에게 딸을 창녀로 만들지 말라고 말하는데, 여기에서 나오는 창녀는 일반 창녀가 아 니다. 이것은 가나안의 다산 종교의식의 측면에서 이해해야 한다.[1] 당시 가나안 종교는 바알이 다른 여신들과의 성관계를 통하여, 사 람들에게 풍요를 준다는 가르침을 주었다. 최근에 학자들 사이에서 많은 논란이 있기는 하지만, 이방 성소에 종교적인 창기, 신전 창 기가 있었다는 주장이 있다.[2]

이에 비추어 보면, 창녀와 관련된 언급은 가나안 종교의 문란한 종교의식을 차단하고 있는 것으로서, 제사장과 대제사장이 창녀와 결혼하면 안 된다는 말은 이방 종교의 풍요제의의 오염을 받으면

---

1 에른스트 뷔르트바인, 오토 메르크, 『책임』 황현숙 옮김 (서울: 대한기독교서회, 1991), 159.
2 K. van der Toorn, "Cultic Prostitution," ABD 5, 510-513은 고고학 자료에 근거하여 이에 반대한다.

안 된다는 것을 가리킨다. 제사장의 딸이 행음하면 안 된다는 말 역시 문자 그대로의 뜻과 함께, 당시 종교의 상황에서 이방 종교에 심취하게 만들어서는 안 된다는 것을 내포한다.³

제사장과 대제사장이 과부나 이혼한 여자와 결혼하면 안 된다는 규정을 오늘날 그리스도인들에게 곧바로 적용해서는 안 된다. 교회는 남편과 사별한 과부나 이러저런 이유로 이혼하게 된 분들의 상처를 보살피는 일을 맡아야 하지, 제사장과 대제사장의 결혼 규정을 남편을 잃은 여성이나 이혼한 사람들에게 재혼을 못하게 하는 근거로 사용해서는 안 된다.⁴ 또한 대제사장이 이방 여자와 결혼하면 안 된다는 가르침은 다문화 사회 안에서 일반인에게 문자적으로 적용해서는 안 된다. 에스라서에는 이방 여인과 결혼한 제사장들을 비난하는 본문이 나온다(스 10:18-19).

사실 대제사장들이 이스라엘 여자들과만 결혼해야 했지, 제사장은 큰 문제가 없었다. 모세 역시 이방 구스 여자와 결혼했다(민 12:1). 에스라와 느헤미야 당시는 바벨론에서 포로생활을 마치고 고국으로 돌아온 상태였다. 그렇기 때문에 민족주의가 널리 퍼졌고, 이방 여자와의 혼인이 죄악으로 여겨졌다. 이러한 생각이 제사장의 규정에까지 영향을 미친 것으로 보인다. 성경은 대제사장이 이방 여자와 결혼하는 것을 막았지, 이것을 모든 사람에게 절대적으로 적용하지 않았다. 당장 레위기 24장만 보아도, 이스라엘 여성이 이집트 남성과 결혼한 사례가 나온다. 오늘날 우리 사회는 다문화 사회로서, 특히 적지 않은 아시아의 여성들이 한국 남성들과 결혼

---

3 G. J. Wenham, *The Book of Leviticus*, 291. J. Milgrom, *Leviticus 17-22*, 1810은 딸의 행음은 결혼 이전의 성관계를 가리킨다고 본다.

4 신명기가 제시하는 이혼과 재혼에 대한 규정을 위해서는 배정훈, "신명기 24장 1-4절에 관한 주석: 결혼, 이혼, 그리고 재혼에 관한 규정," 「장신논단」 45 (2013), 41-65를 보라.

하고 있다. 교회는 이주민들의 결혼과 신앙생활에 어떠한 어려움이 있는지 분석하고 그들을 돌볼 필요가 있다.[5]

3. 제사장의 자녀교육

9절은 제사장의 자녀교육 문제를 다루는데, 제사장의 딸이 음행하면 불살라 죽여야 한다. 앞에서 살펴보았듯이 창녀가 일반 창녀를 가리키는 게 아닌 것처럼 음행은 단순한 음행이 아니다. 이것은 이스라엘의 종교 지도자가 자신의 자녀를 잘못 교육시켜 이방 종교의 지도자가 되는 경우 즉 가나안 풍요제의에서 섬기는 신전 창기로서 음행을 암시할 수 있다.

성경에 보면 위대한 종교 지도자의 자녀들이 타락하는 예가 자주 나타난다. 아론의 아들 나답과 아비후는 하나님의 규정을 무시한 채 하나님이 허락하지 않으신 다른 불로 제사를 드리다가 즉사했다(레 10:1-2). 여기에서 다른 불은 성소 밖에 있는 불을 가리키는 것으로 생각할 수 있다. 엘리 제사장의 아들들은 사람들이 성소에 제물을 가져오면 하나님께 제물을 드리기 전에 고기 제물을 먹기도 하고, 회막 어귀에서 일하는 여자들과 동침하기도 했다(삼상 2:12-36). 사무엘의 아들 요엘과 아비야도 사사 노릇을 하였는데, 아버지와 달리 그들은 백성에게 뇌물을 받아서 백성들의 원망을 샀다(삼상 8:1-3). 이것은 이스라엘 사람들이 임금을 요구하는 빌미를 제공했다.

---

5 김혜순, "결혼이민여성의 이혼과 '다문화정책': 관료적 확장에 따른 가족정책과 여성정책의 몰이민적·몰성적 결합,"「한국 사회학」48 (2014), 299-344.

부모의 신앙이 참되다고 해서 자녀의 신앙이 자연스럽게 부모의 신앙과 같지는 않다. 그리스도인은 자녀를 신뢰하고 기다리면서, 하나님께 간절히 기도할 수밖에 없다. 자녀를 키워주시는 분은 하나님이라는 사실을 믿어야 한다. 사무엘의 이야기가 이러한 사실을 보여준다. 제사장 아버지 밑에서 자란 엘리의 자식들은 타락했지만, 어린 시절부터 부모 엘가나와 한나의 곁을 떠나 엘리의 곁에서 자란 사무엘은 위대한 하나님의 사람으로 성장했다(삼상 2:12-26).

4. 제사장을 거룩하게 여겨야 하는 이유(6, 8절)

제사장은 상례와 혼례와 자녀교육을 비롯한 가정생활에서 순결하고 거룩한 삶을 살아야 했다. 공적인 삶뿐 아니라, 사적인 삶에서도 백성의 모범이 되어야 했다. 누구보다 엄격한 삶을 살아야 했던 것이다. 이런 사람들이 거룩한 제사장이 될 수 있다. 그런데 성경은 제사장이 의식적인 노력을 했기 때문에 거룩하게 되었다고 말하지 않는다. 제사장이 거룩한 이유를 성경은 매우 특이하게 들고 있다. 제사장이 거룩한 이유는 그들이 하나님께 음식을 드리는 사람이기 때문이다.

> 그들의 하나님께 대하여 거룩하고 그들의 하나님의 이름을 욕되게 하지 말 것이며 그들은 여호와의 화제 곧 그들의 **하나님의 음식을 드리는 자**인즉 거룩할 것이라(레 21:6).

> 너는 그를 거룩히 여기라 그는 네 **하나님의 음식을 드림이니라** 너는 그를 거룩히 여기라 너희를 거룩하게 하는 나 여호와는 거룩함이니라(레 21:8).

여기에서 하나님의 음식(21:6, 8, 17, 22; 22:25)은 하나님께 드리는 제물을 일컫는 말이다. 제사장은 제사를 집전하기 때문에 거룩하다. 오늘날로 바꾸어 말하자면, 목회자와 그리스도인은 윤리적, 도덕적으로 완전해서가 아니라, 하나님 앞에 나아와 하나님께 예배하는 사람이기 때문에 거룩하다.

성결법전이 일상생활에서의 거룩함을 강조한다고 해서, 제사의 중요성을 무시하는 것은 아니다. 제사 무용론, 제사 폐기론을 주장하지 않는다. 성결법전은 일상생활과 예배에서 삶의 일치를 주장한다. 교회론의 관점으로는, 모이는 교회와 흩어지는 교회의 균형을 말하는 것이다.[6] 그리스도인은 일단 교회에 모여서 예배하고 찬송하는 공동체가 되어 하나님께 영광을 돌리고, 하나님이 주시는 성령의 힘을 얻어야 한다. 하지만 교회 안에 머물러 있기만 해서는 안 된다. 교회는 결코 자신들만을 위한, 자기만족적인 공동체가 아니다. 성령의 힘을 얻은 후 세상으로 나가서 세상을 섬기며, 하나님의 복음을 전해야 한다.

사도행전에 나오는 초기 기독교 공동체가 그러했다. 초기 기독교인들은 성령강림의 체험을 한 다음, 유대교 안에 머물지 않았다. 예수 그리스도를 참 하나님으로 이방인에게 전했고, 이러한 복음 전파가 이곳에까지 전해졌다. 이것은 흩어지는 교회가 있기 때문에 가능한 일이다. 성결법전은 성소 안에서 참된 제사를 드린 사람들이 성소 밖으로 흩어져 일상생활에서 하나님의 거룩한 삶을 살아가야 한다고 가르친다.

그런데 몸에 흠 있는 사람, 곧 장애인이 제사장이 될 수 없음을 말한다(21:16-24). 제사장의 아들로 태어난다고 하더라도, 제사장이

6　J. C. 호켄다이크, 『흩어지는 교회』, 이계준 역 (서울: 대한기독교서회, 2000).

될 수 없었다. 이것은 하나님께 드리는 제물에 흠이 없어야 하듯, 제사를 집전하는 제사장도 흠이 있으면 안 된다는 것을 뜻하고, 이러한 규정 역시 고대 종교의 관점에서 이해해야 한다. 오늘날 장애를 가진 사람들은 보호를 받아야 하고, 장애인들을 섬기는 목회자들도 크게 존중을 받아야 한다. 또한 당연히 장애인들도 목회자가 될 수 있다. 세상의 외진 곳, 특수한 곳에서 목회하시는 분들이 삶의 어려움 없이 낮은 곳에서 섬길 수 있도록 형편이 있는 교회가 아낌없이 지원해야 하지, 장애를 가진 사람들이 목회자가 되면 안 된다는 주장으로 이 본문을 활용하면 안 된다.

레위기 21장은 마지막으로 23절에서 거룩하게 하시는 하나님 다시 언급함으로써, 제사장과 대제사장의 삶을 통해 거룩하게 하시는 하나님을 드러내려고 시도한다. 제사장, 또한 오늘날 그리스도인이 거룩한 삶을 살아야 하는 것이 하나님의 본래의 뜻이다.

5. 레위기 21장의 신학과 윤리

레위기 21장의 말씀을 통해 신학과 윤리의 측면에서 몇 가지 깨달음을 얻을 수 있다.

첫째, 제사장과 대제사장의 상례 규정을 통해서, 하나님 나라를 위해 삶과 죽음의 문제를 초탈해야 함을 깨달아야 한다. 아버지의 장례를 치루고 예수님을 따르겠다는 사람에게, 예수님은 죽은 사람의 일은 죽은 사람에게 맡기라고 말씀하신다(마 8:21-22). 그리스도인은 죽음 너머의 삶을 믿는 사람이다. 하나님 앞에서는 죽음이 절대적인 두려움이 되지 않는다는 확실한 믿음을 가지고 살아야 한다.

둘째, 제사장과 대제사장의 혼례를 통하여 오늘날 그리스도인들도 거룩한 믿음의 가정을 이루기 위해 노력해야 한다는 깨달음을 얻게 된다. 가정은 하나님의 창조질서를 이루는 가장 기초적인 단위이고, 가정의 주인은 하나님이다. 성부, 성자, 성령의 삼위일체 하나님이 서로를 사랑하는 관계를 이루고 계신 것처럼, 하나님을 주인으로 모시고 살아가는 가정 안에는 늘 사랑과 섬김과 평안이 넘쳐야 한다. 삼위일체 하나님의 신관이 민주적인 가정 질서의 모델이 된다.

셋째, 예배의 중요성을 다시 한 번 깨닫는다. 하나님은 그리스도인을 하나님께 속한 사람, 거룩한 사람으로 삼아주신다. 예배는 하나님과의 만남이다. 하지만 그리스도인은 하나님께 예배하기 전에, 스스로가 먼저 거룩한 산 제물이 되어야 한다(롬 12:1). 예배는 능동적인 행위이기보다는 하나님의 창조와 구원 행위에 대한 수동적인 반응이다. 하나님께 예배함과 우리 자신을 하나님께 제물로 드림을 통해서 그리스도인은 거룩한 삶을 살아야 한다. 온 누리에 흩어져 있는 그리스도인은 흩어지는 교회의 이상을 따라 일상에서 거룩함을 실현하며 살아가야 한다.

제6장

제사 공동체와 타자의 윤리
(레 22:10-16, 31-33)

레위기 21장은 제사장과 대제사장의 가정생활에 대한 가르침을 준다. 제사장들은 상례와 혼례와 자녀교육에서 일반인보다 엄격한 삶을 살도록 요구받았다. 또한 몸에 흠이 있는 사람은 제사장이 될 수 없었다. 시대의 변화에 따라 레위기의 모든 가르침을 문자적으로 지킬 수 없고, 때로는 문자적으로 적용하면 안 되는 경우도 있지만, 한 가지 분명한 사실은 그리스도인은 가정에서부터 거룩한 삶을 살아야 한다는 것이다.

레위기 22장은 앞장과 더불어 하나의 큰 단락을 이루고 있다. 21장은 제사장의 가정생활을, 22장은 가정을 중심으로 하는 제사장의 종교생활을 말하는데, 두 장 모두가 제사장들은 어떠한 상태에서 제물을 먹을 수 있는가, 제사에 참여할 수 있는 사람들은 어떤 사람들인가, 흠 있는 제물을 드리는 문제를 어떻게 처리해야 하는가의 주제를 다루고 있다. 레위기 22장은 먼저 부정한 상태에 있는 제사장이 제물을 먹을 수 없다고 말한다(레 22:1-9). 그런데 이것은 일반 이스라엘 백성도 당연히 지켜야 하는 내용으로, 여기에서는 제사장들을 다시금 주지시키기 위한 것으로 보인다.

1. 성물을 먹을 수 있는 사람

그래서 특별히 관심을 기울여야 하는 것은 10-16절에 나오는 내용이다. 이 단락은 누가 하나님의 거룩한 제물을 먹을 수 있는가의 문제를 다룬다. 제물을 먹을 수 없는 사람은 일반인(זר), 제사장 집에 머무는 객(תושב), 또한 품꾼(שכיר)이다. 여기에서 일반인이란 제사장이 아닌 사람을 가리키고, 나그네는 집 없이 떠돌아다니는 사람, 품꾼은 오늘날 말로 일용직이나 1년 계약직 노동자에 해당한다. 이러한 표현을 통해, 이 단락에 나타나는 제물을 먹을 수 있는 구성원은 제사장의 가족을 말하는 것으로 볼 수 있다.

레위기에는 고대 이스라엘의 가족 구성원에 대해 암시하는 본문들이 있다. 레위기 18장과 20장의 근친상간법은 성윤리를 다루고 있지만, 한편으로는 가족 구성원에 대한 정보를 제공한다는 사실을 앞에서 살펴보았다. 가족 안에서는 부부를 제외한 모든 성관계가 금지되기 때문이다. 레위기 21장도 제사장과 대제사장이 어떤 여자들과 결혼해야 하는가의 문제를 다루고 있다. 이들은 이방 종교에 깊이 빠져있는 신전 창기, 남편을 잃은 과부, 이혼한 여자와 혼인할 수 없었는데, 대제사장의 경우에는 이방 여자까지도 아내로 삼아서는 안 되었다. 그런데 이것은 제사장과 대제사장의 아내에 대한 규정이었지, 제사장의 가족을 어떤 사람들이 이루고 있는가에 대해서는 말하지 않는다.

레위기 22장 10-16절에도 가족 구성원이 어느 정도 암시되어 있다. 제사장의 가족만이 제사장과 함께 제물을 먹을 수 있기 때문이다. 일반인과 제사장의 객과 품꾼은 제물을 먹을 수 없는 사람들로서, 이들은 당연히 제사장의 가족이 아니었다. 반면에 제사장의 종과 그의 자녀는 제사장의 가족으로서 어느 정도 보호를 받았고,

제사장의 딸 가운데 이혼한 사람이나 과부가 된 사람은 아버지의 집으로 돌아와 다시 제사장의 가족으로 여겨질 수 있었다. 21장은 종교 지도자들의 자녀가 타락했을 경우에 그를 강하게 처벌하도록 하지만, 22장은 과부가 되거나 이혼한 딸을 가족이 다시 품는 모습을 보여준다.

구약성경, 특히 신명기는 이스라엘 사회에서 가장 힘이 없는 사람 셋을 나열한다. 그들은 나그네, 고아, 과부이다.[1] 이들이 가장 힘이 없는 이유는 삶의 방편을 갖지 못한 사람들이기 때문이다. 나그네는 자기들이 살 땅과 집이 없는 사람이다. 고아는 부모가 없는 사람이지만, 이스라엘에서는 아버지만 없어도 고아로 여겼다. 오늘날과 마찬가지로, 수천 년 전에 남편이 없이 사는 여자 즉 살아갈 방법이 없는 사람을 어머니로 모시고 사는 자녀는 고아의 삶과 다를 바가 없었기 때문이다. 과부는 남편 없이 사는 사람이다. 그래서 아내가 남편을 잃게 되었을 때, 남편의 형제가 그 아내를 돌보아야 한다고 규정한다(신 25:5-10). 이를 수혼제 또는 계대법이라고 한다. 이처럼 성경은 과부와 이혼한 여자를 돌보는 데에 관심을 기울이고 있다.

레위기 22장에서 특별한 관심을 끄는 대상은 종이다. 제사장이 돈을 주고 산 종도 제사장의 가족이 제물을 먹을 때 함께 먹을 수 있었다. 그런데 레위기 25장의 희년법에 따르면 이스라엘 사람은 기본적으로 다른 사람의 종이나 노예가 되면 안 되었다. 왜냐하면 이미 하나님께서 그들을 노예로 살았던 이집트 땅에서 해방시켰기 때문이다(레 25:38). 그리스도의 십자가 사건이 영원한 것처럼, 단 한 번뿐인 해방 사건은 당시의 해방뿐만 아니라 그 이후의 모든 해

---

1 강은희, "아버지 없는 아이, 과부, 거류인을 위한 신명기의 유산법," 「Canon&Culture」 9 (2015), 157-184.

방을 내포한다.

　이스라엘 백성은 가난해져서 더는 살아갈 수 없는 그의 동족을 사게 되는 경우에 그를 종으로 삼지 말아야 하고, 그를 돈을 주고 일을 맡기는 품꾼으로 혹은 동거인으로 여겨야 했다(레 25:39-40). '동거인'의 히브리말은 22장 10절에 나오는 '객'과 같다. 가난해진 이스라엘 사람은 상업적인 목적을 가지고 이스라엘에 와서 경제 활동을 하는 이방인과 같이 최소한의 대우를 받아야 한다는 것이다. 이러한 점을 미루어 볼 때, 22장에 나오는 종은 이방 사람이다. 만약에 이스라엘 사람이 외국인을 종으로 샀다면, 그 사람은 제사장의 가족이 되고, 그래서 하나님의 성물을 함께 먹을 수 있었던 것이다.

　구약성경은 유대인 위주의 매우 편협한 책으로 알려져 있지만, 살펴보았듯이 유대인이 아닌 이방인의 삶과 생존에 대해서 큰 관심을 가지고 있다. 레위기 19장 18절은 "이웃을 네 자신과 같이 사랑하라."고 말한다. 곧이어 34절은 "거류민과 이방인을 네 자신처럼 사랑하라."고 명령한다. 사랑의 대상이 이웃에서 거류민과 이방인까지로 넓어진다.

　이처럼 확대된 대상은 이웃의 범위를 뛰어 넘고, 한편으로는 이웃의 정의를 새롭게 한다. 하나님은 이방인을 사랑해야 하는 이유에 대해서, 이스라엘 백성이 이집트에서 살 때 이집트 사람들에게는 그들이 이방인이었기 때문이라고 말씀하신다. 더구나 이스라엘 백성이 이집트에서 나올 때, 수많은 잡족, 곧 여러 민족들이 그들과 함께 했다(출 12:38). 이처럼 하나님의 백성으로서의 이스라엘 안에는 수많은 이방인들도 함께 있었다. 레위기에 나타나는 이스라엘은 혈통으로 맺어진 공동체가 아니라, 야웨 하나님을 하나님으로 고백하는 사람들이 모인 제사 공동체, 신앙 공동체이다.

레위기 22장 10-16절은 제사장 가족의 범위를 알려준다. 가장 기본적인 제사 공동체, 예배 공동체, 신앙 공동체는 가족이다. 이것은 오늘날 교회에 매우 중요한 가르침을 준다. 교회 이전에 가족이 예배 공동체가 되어야 한다. 그리고 예배 공동체로서의 여러 가족이 모여 더 큰 가족, 교회라는 신앙 공동체, 그리스도의 몸을 이루는 것이다. 그런데 여기에서 잊지 말아야 하는 사실은 제사장의 가족에는 종, 노예도 있었다는 것이다. 배우자와 혈통뿐만 아니라 다른 사람, 즉 사회적 약자까지 가족으로 여기는, 그야말로 모든 의미에서의 대가족이 신앙 공동체의 모체였다.

이에 교회는 종으로 대표되는 가난한 사람들에게 관심을 쏟아야 한다. 하나님의 사랑이 특별하게 필요한 사람은 바로 가정과 사회에서 버림받은 사람들이다. 사회적이고 종교적인 약자를 돕고 보호해야 하는 이유는 단지 그들이 불쌍해서가 아니다. 더 가진 사람이 덜 가진 사람에게 베푸는 그런 차원이 아니다. 이것은 약자들 또한 하나님의 형상을 따라 지음 받은 거룩한 사람들이기 때문이다. 여기에서 창세기와 레위기의 제사장 신학에 담겨 있는 보편주의의 위대함이 드러난다.

바울도 "누구든지 그리스도와 합하기 위하여 세례를 받은 자는 그리스도로 옷 입었느니라. 너희는 유대인이나 헬라인이나 종이나 자유인이나 남자나 여자나 다 그리스도 예수 안에서 하나이니라."(갈 3:27-28)라고 선언한다. 사람을 혈통이나 피부색이나 능력으로 판단하는 것이 아니라, 사람 자체로 볼 수 있는 것이 위대한 일이다. 나와 다른 타자에게서 하나님의 형상을 발견하는 것이 바로 위대한 신앙이다.[2]

---

2 구약에 나타나는 노예 제도에 대한 현대적 해석과 적용을 위해서는 폴 코판, 『구약 윤리학』, 256-313을 보라.

2. 흠 있는 제물을 드리는 문제

다음으로 17-25절은 흠 있는 제물을 드리는 문제를 지적한다. 이것은 이스라엘 사회에서 하나님께 제물을 드릴 때, 좋은 짐승은 자기가 갖고, 병들고 좋지 않은 짐승을 제물로 드렸던 사람들이 있었음을 반증한다. 실제로 말라기 1장 6-14절은 병든 짐승들을 하나님께 드렸던 타락한 이스라엘의 제사를 고발하고 있다. 이처럼 성경은 믿음의 이상과 삶의 현실을 함께 보여준다. 이방 출신의 노예도 제사장의 가족에 포함될 수 있었고, 가진 사람과 가지지 않은 사람이 함께 예배할 수 있었던 점은 삶의 지향점을 보여준다. 그런데 현실에서는 흠 있는 제물을 드리는 사람들이 존재했다는 것이다.

이 말씀은 그리스도인이 예물을 드리고, 교회와 사회를 위해 헌신할 때, 과연 어떠한 마음으로 하는가의 문제를 생각하게 한다. 우리에게 주신 하나님의 은총에 감사하며 예물을 드리고 헌신할 것인가, 아니면 어쩔 수 없이 드리는가 생각해 보아야 한다. 신앙이 참인가 그렇지 않은가를 여러 가지로 판별할 수 있지만, 그 중에서도 재물에 대한 태도, 돈에서 자유로운가, 돈의 노예인가 혹은 하나님의 종인가 하는 것들은 매우 중요한 판단 기준이다. 그래서 예수님도 사람이 두 주인을 섬기지 못한다고 말씀하시면서, 하나님과 재물 가운데 하나를 선택하라고 말씀하셨던 것이다(마 6:24).

게오르그 짐멜(Georg Simmel, 1858-1918)이라는 사회학자는 1900년에 『돈의 철학』이라는 책을 썼다.[3] 그는 돈이 자기 확장의 특성을 가지고 있어서, 어떤 사람도 일정한 돈에 만족할 수 없다는 단순

---

3   게오르그 짐멜, 『돈의 철학』, 김덕영 옮김 (서울: 길, 2016).

한 사실을 밝힌다. 그래서 돈이 마치 신의 자리까지 차지하게 된다는 것이 그의 분석이다. 성경은 욕망을 절제하고 포기하는 것이 참된 신앙의 모습이라고 가르친다. 돈과 권력을 포기하고 절제할 능력이 있을 때, 참된 자유와 능력을 얻을 수 있다는 것이 성경의 가르침이다. 자족하고 감사하며 사는 것이 참된 그리스도인의 삶, 주님 안에서 평안한 삶이다.

3. 출애굽의 목적

레위기 22장은 제사장이 어떠한 상태에서 제물을 먹을 수 있는지, 제사장의 가족은 누구인지에 대해서 다루고, 흠 있는 제물을 드려서는 안 된다고 가르친다. 그 다음에는 이러한 규정들을 자세하게 베푼 이유를 분명하게 밝힌다(레 22:31-33). 이스라엘 백성이 위와 같은 계명들을 지켜야 하는 이유는 하나님이 바로 이스라엘의 하나님이 되시기 위함이다. 이것이 바로 출애굽의 목적이다.

하나님이 이스라엘 백성을 이집트에서 이끌어내신 이유는 단순히 이스라엘 백성을 이집트의 노예에서 해방시켜 자유를 주기 위함이 아니다. 이것은 출애굽에 대한 매우 단편적인 목적에 불과하다. 출애굽기와 민수기는 광야에서 40년간 이스라엘의 삶을 불만의 역사, 반역의 역사라고 규정한다.[4] 왜냐하면 이스라엘 백성들이 400년간 이집트에서 노예의 삶을 마무리하고 광야로 나온 뒤, 오히려 하나님께 반역했기 때문이다. 이스라엘 백성은 길고 길었던 노예 생활에서

---

4 David Frankel, *The Murmuring Stories of the Priestly School: A Retrieval of Ancient Sacerdotal Lore*, VTS 89 (Leiden: Brill, 2002).

벗어났지만, 광야에서 왜 자신들을 이집트에서 나오게 해서 죽게 하였느냐고 따지기도 하고, 물과 고기를 달라고 불평한다.

이스라엘 백성은 이집트로부터의 자유를 얻었음에도 자유를 누리지 못하는 모습을 보여준다. 이처럼 종과 노예에게 자유가 주어진다고 해서 그들이 참된 자유자가 되는 것은 아니다. 자유를 누릴 수 없는 사람에게 자유가 주어지면, 오히려 방종에 빠져 혼란을 가져올 수 있다. 출애굽의 진짜 목적은 하나님이 이스라엘을 하나님의 백성, 하나님의 소유, 하나님의 거룩한 백성으로 만들어 주시기 위함이다. 이것이 바로 레위기에 제사법(1-7장), 정결법(11-15장), 성결법(17-26장) 등을 규정한 이유이다. 이집트에서 해방된 이스라엘은 제사와 정결한 삶을 통해 하나님께 속한 백성으로 성결해지는데, 이것이 바로 출애굽이 가지고 있는 최종 목적이다.

4. 타자와 공존하는 공동체 윤리

레위기 21장은 제사장이 거룩한 이유를 하나님께 제물을 드리는 사람, 제사하는 사람이기 때문이라고 밝혔다. 오늘 그리스도인이 거룩한 이유도 주님께 예배하는 사람이기 때문이다. 그런데 중요한 사실은 나 혼자서만 하나님께 예배하는 게 아니라는 것이다. 레위기 22장을 보면 제사장은 가족과 함께 제사를 드렸다. 오늘날 우리 사회에는 극단적인 개인주의가 깊게 뿌리박혀 있다. 나만 잘 산다면 다른 사람이야 어찌 되든 상관없다는 의식, 다른 가정이 파괴되어도 내 가정만 행복하면 된다는 생각이 만연해 있다. 이러한 현상은 개신교 안에서 개교회주의로 나타난다.

다른 교회는 잘못돼도 내 교회만 잘되면 문제없다는 것이다. 그런데 성경은 신앙 공동체를 말하지, 결코 개인의 믿음만을 강조하지 않는다. 실제로 한국 교회 가운데 어떤 교회들이 세계적으로 엄청난 개교회로 성장했음에도, 정작 세상 속에서 힘을 잃어가고 있다. 교회는 신앙의 공동체성을 회복해야 한다. 이것은 나와 다른 타자를 인정하고 품는 것에서부터 시작한다.

이스라엘의 하나님은 백성에게 하나님이 되고자 사랑과 은총을 끊임없이 베푸신다. 백성이 광야를 거닐 때, 하나님은 그들과 함께 하셨다. 백성에게 하나님이 되기를 원하셨다. 이를 계약신학, 언약신학이라고 부른다. 하나님이 백성에게 하나님이 되시고, 이스라엘은 하나님에게 백성이 될 것이라고 약속하신다. 서술 안에 당위가 있다. 하나님이기 때문에 백성을 보호하셔야 하고, 백성이기 때문에 하나님께 순종해야 한다. 사실 하나님은 굳이 사람에게 약속하실 필요가 없다. 명령하시면 된다. 약속한다는 것은 지켜야 한다는 것을 포함하고, 이것은 자유를 어느 정도 제한해야 함을 뜻한다. 하나님이 백성에게 하나님이 되셔서 백성을 보호해 주시겠다는 약속은 하나님 스스로의 자유를 제한한다. 그리스도인은 모두 죄와 고난의 땅인 이집트에서 하나님의 구원을 입은 사람이다. 사람에게 자유와 해방을 주시기 위해 자신의 자유를 제한하신 하나님의 은총을 맛본 사람이다.

하나님은 백성에게 하나님이 되어 주시려고 이스라엘을 이집트에서 해방시켜 주셨다. 또한 인류와 모든 피조물을 죄와 고통에서 해방시키기 위하여 예수 그리스도를 보내셨다. 그리스도인은 더 이상 죄의 노예가 아니라, 참된 자유를 누리는 하나님 나라의 시민이다. 또한 개인으로서 자유와 해방을 누리는 것이 아니라, 타자와 함께 삶을 누리는 공동체적 존재이다.

제7장

야웨의 명절과 호모 라보란스
(레 23:23-25, 33-44)

  레위기 17-26장의 성결법전은 삶의 모든 영역에서의 거룩함을 규정한다. 성결법전을 여는 17장은 제물을 도살하는 장소를 다룸으로써 공간의 차원에서 거룩함을 논하고, 23장은 야웨의 여러 절기들(מוֹעֲדֵי יְהוָה, חַג־יְהוָה, 23:2, 4, 37, 39, 41, 44)을 규정함으로써 시간의 차원에서 거룩함을 말한다. 이를 통해 사람과 짐승과 시간과 공간의 차원에서 거룩함의 단계를 구분하는 성결법전의 세계상을 엿볼 수 있다.

1. 명절의 종류

  레위기 23장은 먼저 유월절(5절)/무교절(6-8절), 맥추절(15-21절), 초막절(33-43절)을 소개한다. 이들은 이스라엘의 삼대 절기로서, 이때에는 이스라엘의 모든 성인 남자들이 예루살렘에 올라가야 했다 (신 16:16-17). 뒤이어 안식일(3절), 첫 곡식단을 드리는 명절(9-14절),

나팔절(23-25절), 속죄일(26-32절)에 대해서 말한다. 일곱 개의 명절 가운데 이스라엘 달력으로 7월 1일, 곧 보리로 첫 곡식을 드리는 명절을 제외한 나머지 명절에는 일과 노동이 금지되었다. 노동은 직업적인 일에 해당하는 것으로 보이는데, 새번역과 공동번역은 이를 '생업'으로 번역한다. 첫 곡식을 드리는 명절에는 당연히 곡식을 거두어야 했기 때문에 어느 정도의 노동을 허락한 것으로 보인다. 야웨의 절기들은 하나님과 백성이 거룩한 만남을 하는 시간이기 때문에 명절 또는 잔치로 표현할 수 있다.

5-8절에 나오는 유월절과 무교절은 원래 서로 다른 명절이었는데, 나중에 하나로 합쳐진 것으로 보인다.[1] 이것은 오늘날 3월 중순에서 4월 중순에 해당하는 니산월/아빕월에 지켰는데, 이집트에서 종살이하던 히브리인들이 해방된 사건을 기념하는 명절로서 이스라엘의 명절에서 가장 중요한 명절이다. 하나님이 이집트의 맏이를 죽이는 재앙을 내리실 때, 피를 바른 이스라엘의 집을 넘어가신다는 이름에서 '유월절'이라고 이름을 붙였고(출 12:13), 우리말로 '넘는 명절'이라고 부를 수 있다. 또한 이집트에서 도망친 이스라엘 백성들이 빵을 만들 때 누룩을 넣고 발효시킬 시간이 없었기 때문에 무교절에는 누룩 없는 빵을 먹는 절기로 지켰다.

출애굽기 14장 43-51절에는 유월절 음식을 먹는 규정이 나오는데, 레위기 22장의 제사장 가정의 성물을 먹는 규정과 비슷하다. 유월절에는 이방 사람과 거류민과 타국 품꾼은 음식을 먹을 수 없고, 이스라엘 백성이 돈을 주고 산 종은 할례를 받은 후에 먹을 수 있었다. 제사장 가정뿐 아니라, 이스라엘의 일반 가정도 종을 가족으로 여겼던 것을 알 수 있다.

---

[1] 자세한 내용을 위해서는 이은우, "구약 축전의 발전 과정 연구: 유월절과 무교절의 관계," 「구약논단」 39 (2011), 155-178을 보라.

9-14절은 첫 곡식을 거두어 드리는 명절을 규정하는데, 하나님이 백성에게 주시는 가나안 땅에 들어가서 해마다 백성이 거둔 첫 곡식을 믿음의 행위로 하나님께 바치는 명절이다. 이 명절에는 다 태워 드리는 번제와 곡식 제물, 또한 포도주를 바치는 전제를 드렸다. 여기에서 주목할 점은 처음으로 거둔 곡식은 하나님께만 드려야 하고, 사람이 먹는 용도로는 사용될 수 없다는 것이다.

15-21절에 나오는 칠칠절(출 34:22; 신 16:9-12)은 5월에서 6월 사이에 지켰는데, 맥추절 또는 오순절이라고도 부르는 명절이다. 칠칠절이라고 부르는 이유는 첫 곡식을 하나님께 드린 뒤 일곱 주를 지난 이튿날 지키는 명절이기 때문이다. 날수로는 50일을 가리키기 때문에 오순절이라고도 불렀다. 나중에 레위기 25장에서 안식년을 일곱 번 보내고 그 다음해에 희년을 맞이하는 희년법의 원리가 되기도 한다. 또한 맥추절이라고 일컫는 이유는 우리말로는 보릿가을이라고 해서, 익은 보리를 거두어들이는 때이기 때문이다. 이 명절에는 누룩을 넣은 곡식 제물을 번제물과 전제와 함께 드렸다. 칠칠절 규정에서 중요한 것은 곡식을 베고 거두어들일 때 밭 모퉁이까지 다 베지 말고, 떨어진 것은 가난한 사람과 거류민을 위해 남겨두라는 명령이다.

이것은 이미 19장 9-10절에서 명령한 바 있다. 그리고 제물 가운데 일부는 제사장의 몫이 된다(20절). 가난한 사람을 위한 음식 규정들(19:9-10; 23:22)이 하나님의 음식(21:6, 8, 17, 22; 22:25)이라는 표현을 감싸는 짜임새는 가난한 사람들을 위해 음식을 남겨놓는 일의 가치를 생각하게 한다. 명절에 나누는 기쁨과 즐거움은 이스라엘의 가정만 누린 것이 아니라, 사회의 변두리에서 소외되어 살아가는 사람들과 함께 나누는 것으로서, 모든 사람의 기쁨과 즐거움이었다.

23-25절에 나오는 나팔절(민 29:1-6)은 오늘날에는 9월, 당시 이스라엘 달력으로는 7월 1일에 지내는데, 신년 축제, 곧 우리나라의 설날에 해당한다. 나팔을 불어 새해 첫날을 알렸기 때문에 나팔절이라고 불렀다. 특이한 점은 이스라엘의 한 해가 가을에 시작하는 것인데, 이것은 아마도 곡식을 거두어 들여놓고 식물이 자라날 한 해를 내다보던 가을을 새해의 시작으로 여긴 것으로 보인다. 이날에 이스라엘 백성은 아무 일도 하지 않고, 하나님께 예배해야 했다.

26-32절에는 7월 10일에 거행하는 속죄일(민 29:7-11)에 대한 규정이 나온다. 속죄일은 이미 레위기 전반부를 마무리하는 16장에서 규정한 바 있다. 속죄일에는 실수로 지은 죄뿐만 아니라 고의로 지은 죄도 용서받을 수 있었다. 사람의 부정함과 죄로 오염된 지성소에 대제사장이 1년에 단 한 번 들어가 정화하는 날이 속죄일이었다. 하나님은 백성에게 속죄일을 주심으로써 다시 한 번 모든 죄에서 돌이켜 새롭게 살아갈 기회를 주시는 것이다.

7월 1일을 해의 첫날로 보내고, 열흘째인 7월 10일에 속죄일을 지내는 것은 지난해의 묵은 때를 씻어내고 새로이 한 해를 시작하기로 다짐하는 것을 암시한다. 가와시마(Kawashima)는 속죄일이 하나님이 처음 창조하신 본래의 상태로 우주의 정결함을 회복하는 기능을 가지고 있다고 주장한다. 희년을 맞이하는 해에, 잃은 땅과 집을 찾고 종으로 팔린 신분을 본래의 상태로 회복하는 것과 원리가 같기 때문이다.[2]

레위기의 전반부와 후반부의 마지막 부분에 속죄일과 희년을 규정함으로써, 더럽혀진 사람과 온 누리에 본래의 상태를 회복시켜

---

2 R. S. Kawashima, "The Jubilee Year and the Return of Cosmic Purity," *CBQ* 65 (2003), 370-389.

주시려는 하나님의 뜻과 의도를 발견할 수 있다. 27절과 29절에는 "스스로 괴롭게 하다"라는 표현이 나오는데, 이것은 금식을 가리킨다. 또한 하나님은 28절과 30절과 31절에 걸쳐 '어떤 일도 하지 말라'고 명령하신다. 절제하는 삶을 통하여 사람의 공의와 노력을 철저히 금지하고, 오직 하나님의 창조와 구원의 은총을 묵상하며 하루를 보내는 날이 속죄일이다.

마지막으로 33-43절은 초막절(민 29:12-38; 신 16:13-17)에 대해 설명한다. 초막절은 7월 15일부터 일주일 동안 초막에서 지내면서 화제, 번제, 소제, 희생제물과 전제를 드린다. 새해에 들어선 이스라엘은 이처럼 첫째 날을 나팔절, 열흘째 날을 속죄일 그리고 열다섯째 날을 7일 동안 초막절로 지키는 흐름을 이어간다. 35절과 36절은 초막절을 여는 날과 닫는 날에는 아무 노동도 하지 말라고 명령하는데, 이것은 39절에서 첫날과 마지막 날에 안식하라는 말로 바꾸어 표현된다. 첫날에는 종려나무 가지와 버들을 꺾어 일주일 동안 즐겁게 보내야 한다. 사진에서 볼 수 있듯이, 오늘날까지도 정통 유대교인들은 사는 곳에 상관없이 초막을 만들어 초막절을 기념할 정도로, 이 명절을 중요하게 여긴다.

초막절

이스라엘 백성들이 해마다 일주일 동안 초막에서 지내는 특별한 이유가 있다. 하나님이 이스라엘 백성을 이집트에서 이끌어 내시던 때에, 그들이 초막을 짓고 살았던 일을 잊지 않고 기억하기 위함이다(43절).

> 이는 내가 이스라엘 자손을 애굽 땅에서 인도하여 내던 때에 초막에 거주하게 한 줄을 너희 대대로 알게 함이라 나는 너희의 하나님 여호와이니라(레 23:43).

자유와 해방을 얻었다고 해서, 과거에 고난당했던 사실을 없었던 일로 여기지 말라는 가르침을 준다. 그래서 신명기 31장 9-13절은 면제년(안식년)의 초막절에 하나님의 율법을 이스라엘 사람과 이방인 앞에서 낭독하여 하나님 야웨를 경외하기를 배우도록 해야 한다고 말한다. 요한복음을 보면 예수님도 초막절에 예루살렘에 순례 여행을 하신 것이 기록되어 있고(요 7:14), 바울과 베드로는 그리스도인의 실존을 육신의 장막 안에 사는 존재로 비유하기도 한다(고후 5:1; 벧후 1:13-14). 참된 그리스도인은 늘 들판의 초막을 생각하며 하나님과 사람 앞에 있는 연약한 자신의 실존을 인정하며 살아간다.

2. 시간과 노동의 가치

레위기 23장의 절기법은 현대를 살아가는 그리스도인들에게 시간과 노동의 가치에 대한 가르침을 준다. 시간과 노동은 불가분의 관계에 있다.

먼저 시간에 대해 생각해 보자. 성결법전은 시간과 역사에 대한 관점을 제공한다. 하나님의 시각에서 시간은 일상의 시간과 거룩한 시간으로 구분된다. 두 시간은 물리적으로는 같지만, 시간 속에서 특별하게 하나님께 속한 시간, 거룩한 시간을 따로 떼어낸다. 이것은 온 누리를 지으신 하나님이 시간의 주인이기도 하시다는 사실을 알려준다.

현대인들은 시간과 다툰다. 시간을 잘 활용해야 성공할 수 있다. 게으름은 좋지 않은 것이고, 한시도 게으름을 피우지 않는 근면과 성실은 좋은 것이다. 바쁜 삶은 현대인의 삶의 특징 가운데 하나이다. 그러나 이러한 삶은 허상과 허구의 삶에 불과하다. 레위기 23장이 강조하는 것은 쉼과 안식과 노동 중지이다. 일을 멈추는 것이다. 시간을 다스리고자 하는 사람에게 하나님은 시간을 포기하라고 말씀하신다. 바쁨이라는 우상을 물리치고, 천천히 느리게 살아가며 하나님을 묵상하며 살라고 명하신다. 파스칼(Pascal, 1623-1662)은 사람에게 가장 불행한 것은 고요한 방에 들어앉아 고요하게 휴식할 줄 모르는 데에 있다고 말하는데, 이것은 매우 적절한 지적이다.[3]

사람이 시간을 스스로 포기하고 하나님께 바치는 것은 곧 일과 노동을 중지하는 것으로 이어진다. 하나님의 창조질서를 따르면, 노동은 사람의 본질이다. 하나님이 천지를 창조하실 때 아담을 에덴동산에서 밭을 가는 사람, 노동하는 사람으로 창조하셨기 때문이다. 생산과 풍요를 낳는 노동은 자아를 실현하기 위한 절대적인 조건에 해당한다. 하지만 타락 이후, 노동이 괴로움으로 바뀌었다. 한편 동시에 생각해 볼 점은, 하나님이 창조하실 때 6일 동안 일하

---

3 피에르 쌍소, 『느리게 산다는 것의 의미』, 김주경 역 (서울: 동문선, 2000).

시고 7일째 날에 쉬셨다는 사실이다(출 20:11).

이처럼 사람도 6일 동안 노동하고 7일째 날, 안식일에는 어떠한 일도 하지 말고 쉬라고 명하신다. '안식일'은 히브리 동사 '쉬다'(שׁבת, 샤바트)에 뿌리를 두고 있는데, 이것은 단순히 쉬는 것을 나타내지 않고 더 강한 의미로 '멈추다'라는 뜻을 가지고 있다.[4] 쉬고 휴식하는 것이 아니라, 의지적으로 또한 의도적으로 멈추는 것이다. 일을 멈추는 것은 자신의 공의와 공로를 부인하는 행위이다. 일에 중독된 사람은 일을 멈출 수 없다. 멈춤은 포기와 잃음을 뜻하기 때문이다. 그러나 참된 신앙인은 멈추고, 가만히 하나님이 하시는 일을 볼 용기를 가지고 있다.

이집트를 나와 홍해를 건널 때 이스라엘 백성이 바로와 이집트 군대가 뒤쫓는 것을 보고 두려워하자, 모세는 말한다.

> 모세가 백성에게 이르되 너희는 두려워하지 말고 **가만히 서서** 여호와께서 오늘 너희를 위하여 행하시는 구원을 보라 너희가 오늘 본 애굽 사람을 영원히 다시 보지 아니하리라 여호와께서 너희를 위하여 싸우시리니 너희는 **가만히 있을지니라**(출 14:13-14).

자신의 힘으로 살기 위해 일하고 노동하지 말고, 오히려 가만히 하나님이 하시는 일과 역사를 바라보라는 것이다. 구원은 하나님께로부터 오기 때문이다. 시간과 노동의 영역에서 사람이 주인이 되면, 하나님이 삶에 개입하실 수 없다. 시간과 노동에 하나님의 개입을 위한 여지를 남겨 놓아야 한다. 그렇기 때문에 성결법전은 일상 속에 하나님을 위한 하나님의 명절을 정하여, 노동을 멈추고 하나님의 창조와 구원 행위를 묵상하라고 명령한다. 이것이 바로 성

---

[4] HALOT IV, 1407.

결법전의 절기법이 시간과 노동에 대해 가지는 태도이다.

3. 노동의 소외에서 노동하는 인간으로

성결법전은 종교와 세속, 믿음과 현실의 삶을 분리하지 않는다. 일상 가운데 거룩한 시간을 구분하는 것은 일상의 시간을 부정하는 것이 아니다. 성결법전의 절기법이 야웨의 명절과 민중의 농사 절기를 하나로 결합시키는 데에서 알 수 있다.[5] 종교와 일상적 삶이 결합되어 있는 것이다. 성결법전은 일상이 종교이고, 종교가 일상이 되기를 요구한다. 이것이 야웨 종교와 가나안 종교의 다른 점이다. 가나안 종교의 풍요와 곤핍함은 끊임없이 반복되는 우기와 건기, 곧 기계적인 자연 주기에 따르는 것으로서 피할 수 없는 운명이자 현상이었다. 그러나 구약성경은 자연에서 얻는 풍요로움 역시 하나님의 개입에 의한 것이라는 가르침을 준다.

시편 가운데 많은 시가 노동하면서 부르는 노래였다. 성결법전이 일러주는 명절 역시 땅을 갈고 열매를 거두는 농사와 관련된 노동 절기였다. 천박한 자본주의가 노동이 사람을 지배하게 하고 사람을 노동의 노예로 살게 한다면, 성결법전은 쉼을 포함한 참된 노동의 가치를 회복하기를 요구한다. 성경은 마르크스(Marx)가 주장하는 것처럼 소외된 노동에서 인간을 해방시키는 것을 이상으로 삼지 않고, 노동을 즐기고 노동하는 인간, 곧 호모 라보란스(Homo laborans)의 이상을 회복하는 것을 목표로 한다.[6] 노동 시간 감축과 최저 임

---

5 I. Knohl, *The Sanctuary of Silence*, 8–55.
6 더 깊은 논의를 위해서는 손철성, "노동의 종말과 호모 라보란스의 위기,"「시대와 철

금 문제는 단지 경제적 차원의 문제가 아니다. 문제 해결은 노동의 회복, 곧 참된 인간성의 회복을 통해 가능하다. 성결법전이 말하는 쉼과 노동은 오늘날 여가와 노동이 갖는 관계에 원형(archetype)을 제공한다.[7]

학」 21 (2010), 233-266을 보라.
[7] 노동과 여가의 개념과 이들의 상관관계를 위해서는 이훈, "노동과 여가," 「철학연구」 22 (1987), 83-96을 보라.

제8장

눈에는 눈, 이에는 이: 복수의 윤리학
(레 24:15-23)

많은 사람들이 구약성경에 나타나는 '눈에는 눈, 이에는 이'라는 표현이 마치 복수를 지지한다고 생각한다. 구약은 복수를 허용하는 원시적인 사고에 머물러 있는 것에 비해, 신약에서는 오른뺨을 때리고자 하면 왼뺨도 내어주라(마 5:39)는 사랑의 윤리가 나타난다고 여긴다.

1. 복수법의 취지와 발전

이러한 식으로 복수법을 받아들이는 것은 성경의 본뜻을 제대로 이해하지 못한 데에서 온다. 오경의 세 법전에 모두 나오는 복수동태법(lex talionis, 출 21:18-25; 레 24:10-23; 신 19:16-21)은 법이 제정될 당시의 배경이 서로 다르기 때문에, 처벌과 복수의 강도에서 그 뉘앙스가 다르다. 처벌과 복수의 강도의 측면에서 그 뉘앙스가 다르고, 복수법이 나오게 된 배경이 다른 것이 사실이다. 예를 들어 신명기의 복수법은 사회의 범죄를 억제하기 위해서, 복수와 처벌을 사람들 앞에서 엄중하게 실시할 것을 적극적으로 명한다. 그리하여 결론부에 '눈에는 눈으로, 이에는 이로'라는 표현이 나온다(신 19:21).

그러나 신명기의 명령은 공동체의 범죄에 대한 억제책에서 나온 것이지, 보복이나 앙갚음을 적극적으로 인정하거나 권장하는 것은 아니다. 세 법전의 복수법은 무차별적이고 무분별한 복수를 제어하려는 데에 목적을 둔다. 어떤 개인이나 공동체가 피해를 당했을 때 받은 피해 이상으로 앙갚음할 수 있는데, 이런 경우를 막고자 그 피해만큼만 처벌하도록 하는 것이다. 이처럼 개인적 보복에 법이 개입해 만일의 상황을 예방한다(창 4:23-24).

다시 말해, 복수동태법은 복수를 지지하거나 권장하거나 암묵적으로 허락하는 것이 아니라, 죄를 지은 범위 안에서 처벌하라는 복수의 한계를 명시한다. 결국 복수법은 보복과 복수와 앙갚음이 사회를 무너뜨리는 것을 차단하는 기능을 한다. 르네 지라르(R. Girard)는 법에 의해 규제되는 연쇄적이고 사적인 복수를 일종의 공적인 복수로 보는데, 이러한 공적인 복수를 종교와 신학으로 설명할 때 더욱 효과적이라고 주장한다.[1] 원수를 갚지 말라는 명령(레 19:18)은 오경의 복수동태법이 결코 복수를 허락하지 않는다는 사실을 뒷받침한다.

오경의 율법만이 범죄와 피해에 대한 처벌과 복수를 말하는 것이 아니다. 이러한 사상은 예언서에서 백성의 죄에 대한 지적과 심판 선언의 양식으로 나타난다. 이것은 일종의 행위화복관계(Tun-Ergehen-Zusammenhang), 인과응보 사상으로서, 사람이 죄를 지으면 반드시 그에 맞는 벌을 받아야 한다는 생각이다. 죄 지적과 그에 뒤따

---

[1] 르네 지라르, 『폭력과 성스러움』, 김진식, 박무호 역 (서울: 민음사, 1995). 30-41.

르는 심판 선언은 양식사의 전형적인 흐름으로, 이 둘은 결과를 나타내는 '그러므로'라는 접속사로 연결된다.

> 네 고관들은 패역하여 도둑과 짝하며 다 뇌물을 사랑하며 예물을 구하며 고아를 위하여 신원하지 아니하며 과부의 송사를 수리하지 아니하는도다 **그러므로** 주 만군의 여호와 이스라엘의 전능자가 말씀하시되 슬프다 내가 장차 내 대적에게 보응하여 내 마음을 편하게 하겠고 **내 원수에게 보복**하리라(사 1:23-24).

이 양식은 하나님이 백성을 꾸짖으실 때, 마음대로 심판하시는 것이 아니라 그에 합당한 이유가 있음을 보여준다. 하나님의 심판에는 반드시 마땅한 근거가 있다는 것이다. 그러나 하나님이 백성에게 복을 내리실 때에는 '그러므로'라는 접속사가 없다. 사람이 여러 가지 착한 일을 했기 때문에 하나님이 구원해 주신다는 사상, 공로주의가 없다. 하나님의 구원과 은총과 축복과 자비에는 백성의 행위라는 전제가 없다는 것이다.[2] 또한 시편의 기도에도 심판과 보복에 대한 사상이 나타난다. 이른바 저주 시편이 그러하다.

> 여호와여 **복수하시는 하나님**이여 **복수하시는 하나님**이여 빛을 비추어 주소서(시 94:1).

시인은 야웨를 복수하시는 하나님으로 부르며, 자신의 원수에게 벌을 내려달라고 저주의 기도를 드리고 있다. 복수는 구약과 구약 주변 세계뿐 아니라 모든 인류가 가지고 있는 본성이다.

---

2 클라우스 베스터만, 『구약신학 입문』, 박문재 옮김 (서울: 크리스챤 다이제스트, 1999), 184-185.

여러 기도들이 한데 모여 있는 시편에 저주의 기도가 들어 있다면, 오늘날 그리스도인과 교회 역시 원수나 적을 무찔러 달라고 기도할 수 있을까?

한 마디로 그렇지 않다. 이것은 저주의 기도의 목적이 앙갚음에 있지 않고, 그것을 일차적으로 자신이 아닌 하나님의 심판에 맡기기 때문이다.[3] 하나님의 복수 또한 심판의 의미만을 가지고 있는 것이 아니기 때문에, 이것은 세상에 사랑과 정의를 세우시려는 맥락에서 이해해야 한다.[4] 더 나아가 이러한 저주와 복수와 앙갚음은 예수 그리스도의 윤리에서 사랑으로 극복되고 있다.

2. 복수에 대한 예수의 윤리

마태복음 5-7장 산상수훈의 첫 장에서는 복수법에 대한 예수님의 해석을 볼 수 있다.

> 또 눈은 눈으로, 이는 이로 갚으라 하였다는 것을 너희가 들었으나 나는 너희에게 이르노니 악한 자를 대적하지 말라 누구든지 네 오른편 뺨을 치거든 왼편도 돌려 대며 또 너를 고발하여 속옷을 가지고자 하는 자에게 겉옷까지도 가지게 하며 또 누구든지 너로 억지로 오 리를 가게 하거든 그 사람과 십 리를 동행하고 네게 구하는 자에게 주며

---

3 에리히 쨍어, 『복수의 하나님?: 원수 시편 이해』, 이일례 옮김 (서울: 대한기독교회서회, 2014).

4 H. G. L. Peels, *The Vengeance of God: the Meaning of the Root NQM and the Function of the NQM-Texts in the Context of Divine Revelation in the Old Testament* (Leiden: E. J. Brill, 1995), 292-295.

> 네게 꾸고자 하는 자에게 거절하지 말라(마 5:38-42).

예수님은 '눈에는 눈, 이에는 이'라는 구약의 복수법에 대하여, 그리스도인은 악한 사람을 대적하지 말고, 그 사람에게 당한 것보다 더 내어 주라고 가르치신다. 이것은 오경의 세 율법 가운데 특별하게 성결법전의 복수법에 대한 주석인 것을 알 수 있는데, 이것은 뒤이은 43절이 레위기 19장 18절을 인용하고 있고, 마지막 절인 48절은 레위기 19장 2절을 암시하기 때문이다.

> 또 네 이웃을 사랑하고 네 원수를 미워하라 하였다는 것을 너희가 들었으나(마 5:43).

> 원수를 갚지 말며 동포를 원망하지 말며 네 이웃 사랑하기를 네 자신과 같이 사랑하라 나는 여호와이니라(레 19:18).

> 그러므로 하늘에 계신 너희 아버지의 온전하심과 같이 너희도 온전하라(마 5:48).

> 너는 이스라엘 자손의 온 회중에게 말하여 이르라 너희는 거룩하라 이는 나 여호와 너희 하나님이 거룩함이니라(레 19:2).

그런데 마태복음에 있는 위의 두 구절을 주의 깊게 살펴볼 필요가 있다. 먼저 마태복음 5장 43절의 구약 인용문에서 '네 원수를 미워하라'라는 말은 레위기 19장 18절을 비롯한 구약성경 어느 곳에도 나오지 않는다. 이 표현은 하나님을 적대하는 이방인에 대해 백성이 가져야 하는 태도에서 유추된 것으로 보인다(시 26:5;

139:21-22 등).[5] 원수를 미워하라는 계명은 쿰란 문서에 명확하게 나오고(『독일성서공회판 해설·관주 성경전서』, 13), 집회서 등에 반영되어 있다.

> 하느님을 공경하는 사람만을 도와주고 죄인은 도와주지 말아라 겸손한 사람에게 선심을 베풀고 교만한 자는 돕지 말아라 그런 자에게는 빵도 주지 말고 남이 주는 것도 막아라 그가 너보다 힘이 더 강해질까 두렵다 그리고 네가 그에게 선을 베푼 대가로 그는 너에게 두 배의 악으로 갚을 것이다 지극히 높으신 분부터 죄인들을 미워하시고 악인들에게 응분의 벌을 내리시니 너는 착한 사람만을 도와주고 죄인은 내버려두어라(집회서 12:4-7, 공동개정).

다음으로 마태복음 5장 48절은 '거룩하다'를 뜻하는 '하기오스'(ἅγιος)를 사용하지 않고 신명기 18장 13절에서 '온전하라'를 뜻하는 '텔레이오스'(τέλειος)를 사용하지만, 이것은 레위기 19장 2절에서 "너희는 거룩하라(קְדֹשִׁים, ἅγιοι)이는 나 여호와 너희 하나님이 거룩함이니라(קָדוֹשׁ, ἅγιος)"와 다름 아니다.[6] 이러한 점에서 마태복음 5장의 복수에 대한 해석은 특별히 성결법전을 염두에 두고 있는 것으로 보인다. 비록 원수도 사랑하라는 계명이 이미 구약성경에도 여러 번 나타나지만, 이를 사람에 대한 보편적인 태도로 확정시킨 것은 예수님이라고 말할 수 있다. 예수님의 가르침은 복수에 대한 수동적인 가르침이 아니라, 비폭력에 대한 적극적인 운동으로 여겨야 한다.

5　D. A. Hagner, *Matthew 1-13*, WBC 33A (Dallas: Word Books, 1993), 134.
6　D. A. Hagner, *Matthew 1-13*, 135.

3. 복수의 윤리학: 정당 전쟁론, 평화주의

복수에 대한 가르침은 단지 개인 윤리의 차원에서 끝나지 않고, 공동체 윤리, 국가 윤리의 차원으로 확대된다. 곧 갈등과 전쟁에 대한 윤리적 해답을 요구한다. 윤리학자들은 전쟁에 대하여 피할 수 없는 방어적인 정당한 전쟁론(justice war)과 무조건적인 평화주의(pacifism) 사이에서 격렬한 논쟁을 벌이고 있다.[7] 전쟁이라는 거대 담론은 구체적으로 양심병역 거부, 집총 거부의 문제로 연결된다. 또한 오늘날 핵무기 감축과 폐기에 대한 문제와 관련이 있다.

그런데 이러한 논쟁은 매우 복잡하다. 도덕적이지 않은 국가를 상대로 전쟁을 수행하면, 전쟁을 수행하는 국가는 도덕적인 국가가 된다. 하지만 아무리 도덕적인 전쟁이라 할지라도 무고한 사람이 희생될 수밖에 없고, 무고한 사람을 살해하는 것은 비도덕적이다. 또한 이러한 전쟁은 단지 힘과 권력의 문제가 아니라, 경제의 문제로서 러스킨(J. Ruskin)이 말했듯이, "전쟁으로 양육되고, 평화로 황폐해진다."[8]

이러한 상황 가운데 그리스도인은 어떠한 태도를 가져야 하는가? 매우 안타깝게도 성경은 너무나 소박하고 천진난만한 답을 준다. "원수를 사랑하라!"(마 5:44)

성경은 매우 비현실적인 요구로 가득 차 있다. 지킬 수 없는 법으로 가득하다. 그러나 성경의 법, 성경의 윤리가 제시하는 것은 단지 현실 윤리뿐 아니라, 낙원에서의 대안적 삶의 가치이다. '눈에는 눈, 이에는 이'라는 복수법 앞에 그리스도인은 폭력에 대한 완전한 포기와 함께 그 자리를 평화와 사랑으로 물들인다.

---

[7] 다양한 논의를 위해서는 제임스 레이첼즈 편, 『사회윤리의 제문제』, 황경식 등 옮김 (서울: 서광사, 1988)에 있는 여러 논문을 보라.
[8] 제임스 레이첼즈 편, 『사회윤리의 제문제』, 353에서 재인용.

제9장

희년과 경제 · 사회윤리
(레 25:8-55)

레위기 25장 8-55절은 희년을 말한다. 희년에는 노예의 신분으로 전락한 사람들이 다시금 신분을 회복하고 자유와 해방을 맛본다. 그러므로 이 단락을 통해 가난 때문에 노예가 되는 문제를 신학적으로 진단하고, 다시 해방을 얻는 해법을 얻으려고 시도한다.

1. 희년의 뜻과 본문 구분

희년은 안식년을 일곱 번 보낸 해 또는 일곱 번 보낸 다음해에 맞이한다. 따라서 만약 사람이 희년을 보내자마자 땅을 잃고 종으로 팔렸다면, 그로부터 49년 또는 50년째 해가 희년이다(레 25:8, 10). 이스라엘의 한 해는 7월 1일에 시작하는데, 희년에는 그 해가 시작한지 열흘째 되는 날, 곧 속죄일을 희년의 시작으로 본다. 기쁨의 해를 뜻하는 희년은 히브리말 '요벨'(יוֹבֵל)에서 왔는데, 요벨은 숫양의 뿔을 가리킨다. 이처럼 숫양의 뿔을 희년의 이름으로 사용한 이유는, 이 해에 숫양의 뿔로 만든 나팔을 크게 불어 자유와 해방을 알렸기 때문인 것으로 보인다. 희년은 땅에 대한 문제와 가난 때문에 노예로 팔린 사람들의 해방 문제에 관심을 기울인다.

가난해지는 단계를 나타내는 '네 형제가 가난해져서'라는 어구를 통해서, 레위기의 희년 본문을 나누어 볼 수 있다. 이 표현은 희년 본문에 네 번 나오는데(25:25, 35, 39, 47), 먼저 이스라엘 백성은 가난해지면 땅을 판다(참조, 느 5:1-13). 이 경우에는 고엘법에 따라, 가난해진 사람의 가까운 살붙이가 잃어버린 땅을 사서, 그 사람에게 그것을 다시 돌려줄 수 있다. 그런데 집과 땅을 팔아도 빚 문제가 해결 안 되면, 다음으로 이스라엘 백성은 동족에게 나그네나 더부살이처럼 살아야 한다. 이스라엘 백성은 가난해진 백성에게 이자를 받으면 안 되었다(25:35-38; 출 22:24).[1] 동족에게 빌붙어 살아도 가난의 문제가 해결되지 않으면, 그 다음으로 자기 자신을 종으로 판다. 그러나 이들은 나그네나 더부살이처럼 대우받아야 한다. 그래도 가난이 더 심해지면 마지막으로 이스라엘 백성은 이방인의 종이 되기도 한다. 이러한 경우에 살붙이는 종이 된 형제를 다시 사올 수 있다. 물론 종이 된 사람이 형편이 나아지면 자기 스스로를 해방시킬 수도 있다.

사람이 가난해지는 단계는 사람의 비참함, 곧 돈이 없어 빚을 지게 되고 자신의 인격이 파괴되는 안타까운 모습을 보여준다. 성경은 가장 큰 가난에 처한 사람을 이방인에게 종으로 팔리는 사람이라고 말하지만, 오늘날에는 돈 때문에 스스로 삶을 매듭 짓는 사람

---

1 R. Maloney, "Usury and Restrictions in Interest-Taking in the Ancient Near East," *CBQ* 36 (1974), 1-20에 따르면, 구약 주변 세계에서 돈에 대한 이자율은 20%, 곡물에 대한 이자는 33.3%에 이르렀다.

들이 있을 정도로 가난함의 단계가 매우 극심하다. 이에 희년법은 사람이 가난 때문에 땅을 잃고, 자유의 신분을 잃어 노예로 전락하는 문제와 그에 대한 해결을 다룬다.

2. 사람의 노예에서 하나님의 종으로

희년법은 가난의 대물림을 끊는 방법을 제시한다.[2] 빚 때문에 잃었던 땅을 적어도 50년 뒤에는 아무 이유 없이 본래의 주인에게 돌려주라는 것이다. 물론 50년이 되기 전에 가난해진 사람은 품꾼으로 일하면서 스스로 빚을 갚아서 땅을 되살 수 있다. 아니면 고엘법에 따라 친척 가운데 가까운 사람이 대신 땅을 되사줄 수 있다(레 25:25). 이것은 한 형제와 자매로서의 가족의 연대성(solidarity)을 보여준다. 저당 잡힌 땅으로 빚을 조금씩 갚아 나가면서 나중에 땅을 찾을 기회를 주는 것이다. 그런데 이러한 방법으로도 사람이 잃어버린 땅을 되사지 못할 때, 마지막 방법으로 50년째 되는 해에 땅을 원래 주인에게 무조건 돌려주라고 희년법은 명령한다. 희년법은 단지 가난한 사람들의 권리에 대해서만 가르치지 않는다. 더 나아가 땅과 종을 소유한 사람에게 포기에 대한 의무를 가르친다는 점에서 획기적이다.[3]

사람의 힘으로 안 될 때, 하나님이 개입하셔서 사람의 죄와 욕심과 부정함으로 깨어진 하나님과 백성, 백성과 백성의 관계를 회복시키시는 것이다. 이러한 점에서 희년이 속죄일에 시작하는 것은

---

2 폴 코판, 『구약 윤리학』, 305.
3 에른스트 뷔르트바인, 오토 메르크, 『책임』, 144.

의미심장하다.[4] 사람을 죄와 부정함에서 본래의 창조로 회복시키는 속죄일의 사상과 땅과 자유를 잃은 사람을 본래의 상태로 회복하는 희년법의 사상은 동전의 양면과 같다. 그렇기 때문에 레위기의 전반부를 마무리하는 16장과 후반부를 마무리하는 25장은 서로 상응한다고 볼 수 있다.

이처럼 희년법은 이론적으로 매우 이상적인 법처럼 보이지만, 현대인의 사고방식으로는 매우 불합리하다. 낙원에서나 가능한 법으로 보인다. 만일 어떤 사람이 여유가 있어서 합법적으로 필요에 따라 가난해진 사람의 집을 샀는데, 50년 뒤에 집을 판 사람에게 다시 집을 돌려주라고 하면 그 누구도 쉽게 받아들일 수 없을 것이다. 만약 게으름과 불성실함 때문에 가난해진 사람에게도 무조건적으로 땅을 돌려주라고 하면, 그 요구 또한 납득하기 어렵다. 그런데 이것이 바로 성경의 요구이다. 땅을 돌려주고 신분을 회복시키는 데에는 어떠한 이유도, 어떠한 조건도 붙지 않는다. 이러한 하나님의 명령을 이해하기 위해서는 성경이 땅에 대해 가지고 있는 기본적인 사상을 알아야 한다. 그것은 땅은 사람의 것이 아니라, 본래 하나님이 주인이라는 사상이다.

> 토지를 영구히 팔지 말 것은 토지는 다 내 것임이니라 너희는 거류민이요 동거하는 자로서 나와 함께 있느니라(레 25:23).

온 누리의 주인은 하나님이다. 땅에서 살아가는 사람은 땅을 잠시 빌려서 이용할 뿐이다. 더부살이하는 정도에 불과하다. 그래서 성경은 땅을 사고파는 행위가 부를 획득하는 수단이 되어서는 안

---

[4] 월터 카이저, 『구약성경윤리』, 홍용표 역 (서울: 생명의 말씀사), 248.

된다고 말한다. 매매는 소유관계의 일시적인 변화일 뿐이다. 이처럼 성경은 부동산을 이용한 부의 축적을 용인하지 않는다. 재산에 대한 급진적인 가르침은 구약의 율법에만 나오는 것이 아니다. 예수님도 마가복음 10장 17-22절에서 말씀하신다.

> 예수께서 길에 나가실새 한 사람이 달려와서 꿇어 앉아 묻자오되 선한 선생님이여 내가 무엇을 하여야 영생을 얻으리이까 [...] 네가 계명을 아나니 살인하지 말라, 간음하지 말라, 도둑질하지 말라, 거짓 증언 하지 말라, 속여 빼앗지 말라, 네 부모를 공경하라 하였느니라 그가 여짜오되 선생님이여 이것은 내가 어려서부터 다 지켰나이다 예수께서 그를 보시고 사랑하사 이르시되 네게 아직도 한 가지 부족한 것이 있으니 가서 네게 있는 것을 다 팔아 가난한 자들에게 주라 그리하면 하늘에서 보화가 네게 있으리라 그리고 와서 나를 따르라 하시니 그 사람은 재물이 많은 고로 이 말씀으로 인하여 슬픈 기색을 띠고 근심하며 가니라(막 10:17-22).

이러한 말씀을 보면, 사실 기독교 신앙을 갖기가 쉽지 않다. 십계명을 철저히 지킨다고 그리스도의 제자가 되는 것이 아니다. 예수님은 십계명으로 대표되는 율법을 지키는 것 외에 재산을 다 팔고 자신을 따르라고 말씀하셨던 것이다. 레위기의 희년 사상과 예수님의 말씀은 문자적으로 지켜야 한다기보다, 신앙과 재산의 관계에서 신앙인의 지녀야 할 태도에 대한 가르침을 준다. 신앙을 위한 재산 포기의 신앙을 제시한다. 급진적(radical)으로 보이는 사상은 사실 그 정신이 뿌리(radix)에 밑바탕을 이루고 있음을 말하지, 사상의 과격함을 말하지 않는다.

실제로 레위기의 희년법에 나타나는 이스라엘의 땅에 대한 사상 때문에 죽임을 당한 사람에 대한 이야기가 열왕기상 21장에 나온다. 바로 나봇의 포도원 사건이다. 기원전 9세기 북이스라엘에 아합이라는 임금이 있었다. 정치적으로는 강력한 왕조를 일구었지만, 종교적으로는 매우 타락했다. 왕궁 앞에 경치 좋은 포도원이 있었는데, 이것은 나봇의 소유였다. 아합과 페니키아 출신인 그의 아내 이세벨은 이 포도원을 왕실 정원으로 만들고 싶어 했다. 그래서 그들은 나봇에게 자신들에게 포도원을 주면 더 넓은 포도원을 주고, 그렇지 않으면 돈을 주고 사겠다고 제안한다.

그런데 레위기에 나오는 이스라엘의 토지법에 따르면 땅은 사고팔 수 없는 것이었다. 이에 나봇은 하나님이 주신 기업을 마음대로 팔 수 없다고 대답한다. 이방에서 온 이세벨은 권력으로 땅을 빼앗겠다는 것도 아니고, 돈을 주고 사겠다는데 거부하는 나봇을 도저히 이해할 수 없었다. 그래서 이세벨은 위증하는 사람들을 동원하여 나봇이 임금을 저주했다는 죄로 누명을 씌운 다음, 나봇을 살해한다. 이처럼 나봇의 포도원 사건은 자기 마음에 드는 정원 하나를 위하여 다른 사람의 목숨을 빼앗은 이야기이다. 나봇은 하나님의 계명을 지키며 불의한 권력에 희생한 의로운 사람이었다. 이 이야기는 권력 남용과 거짓 증언으로 가득 찬 부패한 법 공동체에 맞서는 신앙의 모습을 보여준다.[5]

희년법을 바르게 이해하기 위해서는 단지 땅에 대한 성경의 사상만이 아니라 사람에 대한 사상도 알아야 한다. 땅이 하나님의 것이라는 가르침은 이스라엘 백성이 하나님의 종이라는 가르침과 긴밀하게 관련되어 있다.

---

5 에른스트 뷔르트바인, 오토 메르크, 『책임』, 117.

> 너와 함께 있는 네 형제가 가난하게 되어 네게 몸이 팔리거든 너는 그를 종으로 부리지 말고 품꾼이나 동거인과 같이 함께 있게 하여 희년까지 너를 섬기게 하라 그때에는 그와 그의 자녀가 함께 네게서 떠나 그의 가족과 그의 조상의 기업으로 돌아가게 하라 그들은 내가 애굽 땅에서 인도하여 낸 내 종들이니 종으로 팔지 말 것이라(레 25:39-42).

이러한 점에서 땅의 반환과 노예 해방은 신학적인 관점에서는 하나로 연결되어 있다.[6] 레위기 25장의 희년법에 따르면 이스라엘 백성은 모두 형제와 자매관계였다. 이러한 사상은 창세기 4장 9절에 가인을 향한 하나님의 물음에 나타나 있기도 하다.

"네 아우 아벨이 어디에 있느냐?"[7]

사람은 자신의 형제와 자매가 어디에 있는지 늘 살펴보고 그들을 돌봐야 한다. 하나님과의 수직적인 관계만 이루면 되는 것이 아니라, 이와 함께 반드시 사람 사이의 수평적인 관계를 유지해야 한다. 돈이 없어 가난해지더라도 종으로 삼으면 안 되고, 나그네나 임시 거주자처럼 대해야 했다. 곧 이스라엘 백성끼리는 노예 제도를 부정했다(25:39-42). 이것은 성경의 경제윤리와 사회윤리의 틀을 이룬다. 그래서 최악의 경우에 사람이 매우 가난해져서 종으로 50년 동안 지내면, 희년에는 반드시 이 사람에게 자유와 해방을 선포해야 했다. 이것이 바로 희년 사상, 해방의 정신이다.

---

6 J. A. Berman, *Created Equal: How the Bible Broke with Ancient Political Thought* (Oxford: Oxford University Press, 2008), 103.
7 김선종, "어디 있느냐?", 「말씀과 함께」 2 (2016), 124-136.

3. 경제 · 사회윤리

희년법은 개인의 차원에서만 해석되고 적용되지 않았다. 이스라엘이라는 한 국가의 차원으로 이해되었다. 한 사람이 땅을 잃은 것으로 끝나지 않았다. 이스라엘 백성은 나라를 잃고 땅을 바벨론에게 빼앗긴다. 이때 포로가 된 이스라엘 백성은 희년 사상 안에서, 바벨론으로부터 해방을 얻고 자유를 되찾으며 땅을 다시 회복하리라는 뜻을 발견한다.

이러한 희년 사상은 단지 레위기와 구약에만 국한되지 않는다. 예수님이 첫 설교 주제가 바로 희년이었다. 누가복음에서 예수님은 가난한 사람에게 자유를, 억눌린 사람에게 해방을 선포하신다. 이것은 이사야 61장 말씀을 직접적으로 인용한 것인데, 이사야 61장 역시 레위기 25장의 희년 사상에 기초하고 있다. 누가복음이 그리는 예수님이 가난한 사람과 소외된 사람을 해방시키시는 사역 전체를 희년 사역으로 볼 수 있다.[8]

> 예수께서 그 자라나신 곳 나사렛에 이르사 안식일에 늘 하시던 대로 회당에 들어가사 성경을 읽으려고 서시매 선지자 이사야의 글을 드리거늘 책을 펴서 이렇게 기록된 데를 찾으시니 곧 주의 성령이 내게 임하셨으니 이는 가난한 자에게 복음을 전하게 하시려고 내게 기름을 부으시고 나를 보내사 포로 된 자에게 자유를, 눈 먼 자에게 다시 보게 함을 전파하며 눌린 자를 자유롭게 하고 주의 은혜의 해를 전파하게 하려 하심이라 하였더라(눅 4:18-19).

---

[8] 존 하워드 요더, 『예수의 정치학』, 신원하, 권연경 공역 (서울: IVP, 2007)의 3장 "희년의 윤리"를 보라.

이 땅에 오신 예수님은 구원의 사역을 이루셨다. 그런데 구원은 죄에서의 구원만을 뜻하는 것이 아니다. 예수 그리스도의 구원은 죄와 더불어 고난에서의 해방이었다. 사람의 고난이 사람 사이에서 일어나는 죄에서 비롯하기 때문이다. 다시 말해 죄는 형제 사이의 관계가 깨어지는 불평등에 기인하기 때문에, 죄의 문제는 고난을 포함하고 있다. 예수님의 구원 사역은 단지 종교적이고 영적인 차원에 머무르지 않고, 경제 정의와 사회 정의의 차원을 아우르고 있다.

자본주의경제에서는 소비 주체로서의 가정과 생산 주체로서의 노동이 분리된다.[9] 이 말은 삶의 주체로서의 가정이 생산 주체로서의 노동으로부터 분리되고 소외될 위험성이 필연적으로 내재되어 있다는 것을 뜻한다. 반면 희년법의 신학은 가족 공동체를 통한 경제를 실생활에 구현한다. 가족은 레위기가 규정하는 법과 정치와 경제의 기초 단위로서 자족적이다. 생산 주체와 소비 주체가 하나이다.

따라서 하나의 가정이 다른 가정의 희생을 요구하지 않는다. 레위기의 토지법에 따르면, 국가, 임금, 성전, 제사장, 그 어느 누구도 토지를 마음대로 소유할 수 없다. 땅은 하나님의 것이기 때문이다. 오늘날 경제제도의 구조적 위험성을 제어하고 극복할 이상이 고대의 희년 사상, 즉 가까운 살붙이가 나약해진 가족을 경제적으로 도와야 한다는 가장 단순한 가족의 연대성에 있다.

---

9   J. A. Berman, *Created Equal*, 86–91.

참고문헌

강사문, "희년법의 성서적 의미," 한국성서학연구소편, 『한국적 신학의 모색』. 서울: 한국성서학연구소, 1992, 11-35.
강성열, "구약성서의 경제 윤리와 사회정의," 「신학이해」 17 (1999), 9-65.
강성열 편, 『구약성서와 생태신앙』, 서울: 땅에쓰신글씨, 2005.
강승일, "야훼 하나님의 아내?," 「구약논단」 40 (2011), 123-144.
_____, "고대 이스라엘 종교에서 피의 다양한 기능 및 종교사회적 배경," 「한국기독교신학논총」 82 (2012), 27-48.
_____, 『이스라엘과 고대 근동의 점술』, 서울: CLC, 2015.
강은희, "아버지 없는 아이, 과부, 거류인을 위한 신명기의 유산법," 「Canon&Culture」 9 (2015), 157-184.
게오르그 짐멜, 『돈의 철학』, 김덕영 옮김, 서울: 길, 2016.
기형도, "우리 동네 목사님," 『입 속의 검은 잎』, 서울: 문학과지성사, 2000, 129-130.
김균진, 『생태학의 위기와 신학』, 서울: 대한기독교서회, 1991.
김근주, 『이사야가 본 환상』, 서울: 비블리카 아카데미아, 2010.
김병하, 『희년사상의 영성화』, 서울: 대한기독교서회, 2005.
김상기, "이사야 63장 16절의 관점에서 본 아케다 이야기", 「신학연구」 57 (2010), 8-32.
김선종, "성결법전의 땅," 「Canon&Culture」 5 (2011), 117-144.
_____, "토라! 율법인가, 이야기인가?: 레위기 25장의 안식년 규정을 중심으로," 「신학논단」 64 (2011), 7-22.

_____, "성결법전의 민간신앙," 「구약논단」 41 (2011), 158-180.
_____, "레위기 25장의 형성: 안식년과 희년의 연속성과 불연속성," 「장신논단」 40 (2011), 96-117.
_____, "면제년의 땅(신 15:1-11)," 「장신논단」 44 (2012), 13-32.
_____, "레위기의 가족 구조," 「신학이해」 43 (2012), 7-26.
_____, "칠십인역 잠언 18:8; 19:15의 안드로귀노스: 헤브라이즘과 헬레니즘의 인간이해," 「성경원문연구」 31 (2012), 47-65.
_____, "성결법전의 계약신학," 「Canon&Culture」 8 (2014), 195-222.
_____, "〈서평〉 ZeBible," 「성경원문연구」 35 (2014), 351-369.
_____, "깊은 잠(타르데마)의 신학적, 상징적 의미," 「성경원문연구」 36 (2015), 99-115.
_____, "성, 자본, 권력: 성(sexuality)의 메타신학," 「구약논단」 64 (2016), 101-127.
_____, "어디 있느냐?", 「말씀과 함께」 2 (2016), 124-136.
김영진, 『율법과 법전: 율법과 고대근동의 법 연구』, 서울: 한들, 2005.
_____, 『너희는 거룩하라』, 서울: 이레서원, 2009.
김용환, 『리바이어던: 국가라는 이름의 괴물』, 파주: 살림출판사, 2008.
김중은, "창조질서 보존을 위한 성서신학적 접근," 『구약의 말씀과 현실』 서울: 한국성서학연구소, 1996, 330-335.
_____, 『거룩한 길 다니리: 설교를 위한 레위기 연구』, 서울: 한국성서학연구소, 2001.
김진석, 『동물의 권리와 복지』, 서울: 건국대학교 출판부, 2005.
김형민, "그리스도교의 신학적 동물윤리," 박상언 엮음, 『종교와 동물 그리고 윤리적 성찰』, 서울: 모시는 사람들, 2014, 125-169.
김혜순, "결혼이민여성의 이혼과 '다문화정책': 관료적 확장에 따른 가족정책과 여성정책의 몰이민적·몰성적 결합," 「한국 사회학」 48 (2014), 299-344.
노세영, "레위기의 제의적 및 윤리적 거룩," 「구약논단」 38 (2010), 10-32.

_____, "끊어짐(Kareth)의 형벌의 의미 - 제사장 전승을 중심으로 -,"「구약논단」 21 (2015), 9-32.

노영상, "희년법의 기독교 사회윤리적 의미와 희년정신의 목회적 실천에 대한 연구,"「장신논단」 36 (2009), 148-178.

노희원, "구약의 계약(ברית)에 대한 어의론적 연구,"「신학논단」 12 (1995), 5-35.

데즈먼드 모리스, 『털 없는 원숭이: 동물학적 인간론』, 서울: 문예춘추사, 2011.

도미니크 레스텔, 『동물도 지능이 있을까?』, 김성희 옮김, 서울: 민음인, 2006.

라이너 알베르츠, 『이스라엘 종교사 I, II』, 강성열 역, 서울: 크리스챤 다이제스트, 2003-2004.

로버트 알터, 『성서의 이야기 기술』, 황규홍/박영희/정미현 옮김, 서울: 아모르문디, 2015.

루돌프 옷토, 『성스러움의 의미: 신관념에 있어서의 비합리적 요소 그리고 그것과 합리적 요소와의 관계에 대하여』, 길희성 역, 왜관: 분도출판사, 1994.

르네 지라르, 『폭력과 성스러움』, 김진식, 박무호 역, 서울: 민음사, 1995.

마크 롤랜즈, 『동물의 역습』, 윤영삼 옮김, 서울: 달팽이, 2004.

마크 베코프, 『동물 권리 선언: 우리가 동물의 소리에 귀 기울여야 하는 여섯 가지 이유』, 윤성호 옮김, 서울: 미래의창, 2011.

멀치아 엘리아데, 『성과 속: 종교의 본질』, 이동하 역, 서울: 학민사, 1993.

미셸 끌레브노, 『새로운 성서읽기』, 김명수 옮김, 서울: 한국기독교장로회 신학연구소, 1997.

민경진, 『선구자들의 하나님: 설교자를 위한 에스라-느헤미야서 연구』, 서울: 한국성서학연구소, 2005.

민영진, 『평화·통일·희년』, 서울: 대한기독교서회, 1995.

밀러&헤이스, 『고대 이스라엘 역사』, 박문재 역, 서울: 크리스챤 다이제스트, 1998.

박동현, "처음 땅에 대한 첫 번째 이야기: 하나님 보시기에 좋은 땅은?(창 1:11-12),"『예언과 목회 [I]』, 서울: 한국장로교출판사, 1993, 324-331.

_____, "그 땅이 안식하도록 하라!"『예언과 목회 IV』, 서울: 한국장로교출판사, 1996, 287-297.

_____, "네 형제가 가난해져서(레 25장 다시 읽기),"『예언과 목회 IV』, 서울: 한국장로교출판사, 1996, 323-381.

_____, "구약의 경제윤리(I),"「구약논단」 6 (1999), 5-26.

_____, "구약의 경제윤리(II),"「구약논단」 7 (1999), 139-164.

_____,『구약성경개관』, 서울: 장로회신학대학교출판부, 2010.

_____,『구약학개관 개정증보판』, 서울: 장로회신학대학교출판부, 2010.

박선진, "신명기의 생축 도살 규정에 관한 전승사적 연구,"「구약논단」 6 (1999), 27-52.

박신배, "계약신학의 새로운 모색,"「신학사상」 149 (2010), 65-92.

박준서, 김영진, "고대 근동의 국제 관계와 국제 조약에 관한 비판적 연구,"「구약논단」 12 (2002), 171-211.

박형대,『헤렘을 찾아서?: 헤렘의 빛으로 본 누가행전 연구』, 서울: 도서출판 그리심, 2011.

배정훈, "신명기 24장 1-4절에 관한 주석: 결혼, 이혼, 그리고 재혼에 관한 규정,"「장신논단」 45 (2013), 41-65.

배희숙, "에스라-느헤미야에 나타난 유다 재건 정책,"「장신논단」 30 (2007), 45-77.

_____, "이사야 56장 1-8절의 재건공동체,"「장신논단」 39 (2010), 11-34.

벨하우젠, J.,『이스라엘 역사 서설』, 원진희 옮김, 서울: 한우리, 2007.

손철성, "노동의 종말과 호모 라보란스의 위기,"「시대와 철학」 21 (2010), 233-266.

아리스토텔레스,『수사학 1, 2, 3』, 이종오 옮김, 서울: 리젠, 2007.

왕대일, "레위기 18장의 가족법 재고," 「구약논단」 11 (2001), 27-48.
_____, "아사셀 염소와 속죄의 날(레 16: 6-10) - 그 해석학적 재고," 「구약논단」 19 (2005), 10-30.
에른스트 뷔르트바인, 오토 메르크, 『책임』, 황현숙 옮김, 서울: 대한기독교서회, 1991.
월터 카이저, 『구약성경윤리』, 홍용표 역, 서울: 생명의 말씀사, 1990.
에리히 쳉어, 『구약성경 개론』, 이종한 옮김, 왜관: 분도출판사, 2012.
_____, 『복수의 하나님?: 원수 시편 이해』, 이일례 옮김, 서울: 대한기독교회서회, 2014.
위르겐 몰트만, 『창조 안에 계신 하느님』, 김균진 역, 서울: 한국신학연구소, 1999.
유승도, "봄의 끝에서," 『작은 침묵들을 위하여』, 창비시선 188, 서울: 창작과 비평사, 1999, 38.
이미숙, "신 10장 12절 - 11장 32절에 나타난 땅 표현 양식과 땅 사상," 「구약논단」 15 (2009), 51-68.
이상란/정중호, "대족죄일과 아사셀," 「구약논단」 3 (1997), 5-24.
이영미, "구약의 토라와 신약의 율법2 - 동물과 육식에 대한 구약 신학적 성찰," 「Canon&Culture」 5 (2011), 217-250.
_____, "구약의 제사장과 현대의 목회자," 「신학사상」 160 (2013), 9-42.
이윤경, "르네 지라르의 희생양 메커니즘으로 읽는 입다의 딸 이야기," 「구약논단」 49 (2013), 96-122.
이은애, "레위기 18장의 성관계 금지 조항들," 「구약논단」 19 (2005), 53-73.
이은우, "구약 축전의 발전 과정 연구: 유월절과 무교절의 관계," 「구약논단」 39 (2011), 155-178.
임미영, 『고고학으로 읽는 성경』, 서울: CLC, 2016.
이종근, "히타이트 법의 도덕성에 관한 연구," 「한국기독교신학논총」 67 (2010), 27-52.

_____, "히브리 성서의 희년과 메소포타미아의 미샤룸 제도," 「구약논단」 1 (1995), 75-90.

이훈, "노동과 여가," 「철학연구」 22 (1987), 83-96.

임태수, "희년의 의미와 그 현대적 적용," 「기독교사상」 395 (1991), 105-124.

장미자, "에살하돈 조약(VTE) 저주와 신명기 언약 저주(28장) 비교 연구에 대한 새로운 제언," 「Canon & Culture」 3 (2009), 5-36.

장석정, "신명기 1-3장에 나타난 땅의 개념 연구," 「한국기독교신학논총」 32 (2004), 5-24.

_____, "포로사건 경고와 땅의 개념," 「구약논단」 30 (2008), 167-184.

정중호, "고대 이스라엘의 민간종교 연구," 「구약논단」 8 (2000), 151-174.

정희성, 『그리운 나무』, 창비시선 368, 서울: 창비, 2013.

제임스 레이첼즈 편, 『사회윤리의 제문제』, 황경식 등 옮김, 서울: 서광사, 1988.

조미형, "레위기 18장의 성행위 금령 연구 -'벗은 몸(에르바트)에 관한 10계명' (레 18: 7-16) -," 「구약논단」 23 (2007), 120-146.

_____, "레 18장과 고대 서아시아 법전의 성 금령 비교 연구: 혈족과 인척 안에서의 성행위에 대한 금령," 「구약논단」 32 (2009), 167-191.

조상열, "우가릿 문헌과 구약성서의 관계: 최근 연구 동향," 「구약논단」 14 (2008), 128-141.

조현철, "구제역(口蹄疫)의 회상과 공장식 축산 – 인간과 동물의 관계에 대한 신학적 성찰," 「신학사상」 163 (2013), 85-123.

존 H. 월튼, 『고대 근동 사상과 구약성경』, 신득일, 김백석 옮김, 서울: CLC, 2017.

채홍식, "성결법전(레 17-26)의 형성에 관한 고찰 – 레 19:3-18절을 중심으로 -," 「구약논단」 8 (2000), 59-82.

채홍식 역주, 『고대 근동 법전과 구약성경의 법』, 의정부: 한님성서연구소, 2008.

최종원, "북서 셈어에 나타난 계약 본문 안에서의 '쉐바'(lbv) – 스피르(Sefire) 비문을 중심으로 –," 「Canon & Culture」6 (2011), 123-151.

_____, "레위기 26장 14-33절에 나타난 숫자 칠의 의미에 대한 연구," 「구약논단」 47 (2013), 12-42.

크리스토퍼 라이트, 『현대를 위한 구약윤리』, 정옥배 역, 서울: 한국기독학생회출판부, 1995.

클라우스 베스터만, 『구약신학 입문』, 박문재 옮김, 서울: 크리스챤 다이제스트, 1999.

클라우스 슈밥, 『제4차 산업혁명』, 송경진 옮김, 서울: 새로운현재, 2016.

키케로, 『수사학』, 안재원 편역, 서울: 길, 2006.

토를라이프 보만, 『히브리적 사유와 그리스적 사유의 비교』, 허혁 옮김, 왜관: 분도출판사, 1998.

트론베이트, 마크 A., 차종순 역, 『에스라-느헤미야』, 현대성서주석/목회자와 설교자를 위한 주석, 서울: 한국장로교출판사, 2001.

폴 코판, 『구약 윤리학』, 이신열 옮김, 서울: CLC, 2017.

피에르 쌍소, 『느리게 산다는 것의 의미』, 김주경 역, 서울: 동문선, 2000.

피터 싱어, 『동물 해방』, 김성한 옮김, 고양: 인간사랑, 2002.

필리스 트리블, 『수사비평: 역사, 방법론, 요나서』, 유연희 옮김, 고양: 한국기독교연구소, 2007.

하경택, "'창조와 종말' 주제를 위한 동물의 신학적 의의," 「구약논단」 30 (2008), 126-146.

_____, "야훼 유일신 신앙의 형성 과정에 관한 소고," 「Canon & Culture」 4 (2010), 159-187.

허요환, "신학과 수사학의 만남으로 바라본 설교: 설득을 중심으로," 「장신논단」 45 (2013), 329-354.

허호익, "동성애에 관한 핵심 쟁점-범죄인가, 질병인가, 소수의 성지향인가?," 「장신논단」 38 (2010), 237-260.

헤이코 A. 오버만, 『루터: 하나님과 악마 사이의 인간』, 이양호 역, 서울: 한국신학연구소, 1995.

호켄다이크, J. C., 『흩어지는 교회』, 이계준 역, 서울: 대한기독교서회, 2000.
홍성찬, 『법학개론』, 서울: 박영사, 2000.

Ackerman, S., *Under Every Green Tree: Popular Religion in Sixth-Century Judah*, HSM 46, Atlanta: Scholars Press, 1992.

Alon, G., *Jews, Judaism and the Classical World*, Jerusalem: Magnes Press, 1977.

Alström, G. W., *The History of Ancient Palestine*, Minneapolis: Fortress Press, 1993.

Alter, R., *The Art of Biblical Narrative*, New York: Basic Books, 1981.

Amit, Y., "The Jubilee Law - An Attempt at Instituting Social Justice," in H. Graf Reventlow and Y. Hoffman eds., *Justice and Righteousness: Biblical Themes and their Influence*, JSOTS 137, Sheffield: JSOT Press, 1992, 47-59.

Amsler, S., "קום *qūm* austehen," THAT 2, 635-641.

Anderson, B. W., *Contours of Old Testament Theology*, Minneapolis: Fortress Press, 1999.

Anderson, G. A., "Sacrifice and Sacrificial Offerings (OT)," ABD V (1992), 870-886.

_____, "From Israel's Burden to Israel's Debt: Towards a Theology of Sin in Biblical and Early Second Temple Sources," E. G. Chazon, D. Dimant and R. A. Clements eds., *Reworking the Bible: Apocryphal and Related Texts at Qumran*, STDJ 58, Leiden: Brill, 2005, 19-24.

Anderson, G. A., *Sin: A History*, New Heaven - London: Yale University Press, 2009.

Anderson, J. S., "The Social function of Curses in the Hebrew Bible," *ZAW* 110 (1998), 223-237.

Balentine, S. E. *Leviticus*, Interpretation. A Bible Commentary for Teaching and Preaching, Louisville: John Knox Press, 2002.

Bergsma, J. S., *The Jubilee from Leviticus to Qumran: A History of Interpretation*, SVT 115, Leiden/Boston: Brill, 2007.

Berman, J. A., *Created Equal: How the Bible Broke with Ancient Political Thought*, Oxford: Oxford University Press, 2008.

Bianchi, F., "Das Jobeljahr in der hebraïschen Bibel und in der nachkanonischen jüdischen Texten," in G. Scheuermann ed., *Das Jobeljahr im Wandel: Untersuchungen zu Erlaßjahr- und Jobeljahrtexen aus vier Jahrtausenden*, Forschung zur Bibel 94, Würzburg: Echter, 2000, 55-104.

Blenkinsopp, J., *Ezra-Nehemiah*, OTL, Philadelphia: The Westminster Press, 1988.

_____, *The Pentateuch: an Introduction to the First Five Books of the Bible*, New York: Doubleday, 1992.

Boismard, M.-É., "« Notre pain quotidien » (Mt 6,11)," *RB* 102 (1995), 371-378.

Balentine, S. E., *Leviticus*, Interpretation: A Bible Commentary for Teaching and Preaching, Louisville: John Knox Press, 2002.

Barthes, R., "L'ancienne rhétorique: Aide-mémoire," *L'aventure sémiologique*, Paris: Seuil, 1985, 85-165.

Begrich, J., "Das priesterliche Heilsorakel," *ZAW* 52 (1934), 81-92.

Blenkinsopp, J., *Isaiah 40-55*, AB 19A, New York: Doubleday, 2000.

Brenner, A., *The Israelite Woman: Social Role and Literary Type in Biblical Narrative*, The Biblical Seminar 2, Sheffield: JSOT Press, 1985.

Buis, P., *La notion d'alliance dans l'Ancien Testament*, LD 88, Paris: Cerf, 1976.

Burnside, J. P., "Exodus and Asylum: Uncovering the Relationship between Biblical Law and Narrative," *JSOT* 34 (2010), 243-266.

Carmichael, C. M., *Law and Narrative in the Bible: The Evidence of the Deuteronomic Laws and the Decalogue*, Ithaca - London: Cornell University Press, 1985.

_____, *The Origins of Biblical Law: The Decalogues and the Book of the Covenant*, Ithaca: Cornell University Press, 1992.

_____, "Laws of Leviticus 19," *HAR* 9 (1995), 239-256.

_____, "Forbidden Mixtures in Deuteronomy XXII 9-11 and Leviticus XIX 19,"

_____, *VT* 45 (1995), 433-448.
_____, *The Spirit of Biblical Law*, Georgia: Georgia University Press, 1996.
_____, *Law, Legend, and Incest in the Bible: Leviticus 18-20*, Ithaca: Cornell University Press, 1997.
_____, "The Sabbatical/Jubilee Cycle and the Seven-Year Famine in Egypt," *Bib* 80 (1999), 224-239.
_____, "The Origin of the Scapegoat Ritual," *VT* 50 (2000), 167-182.
_____, *Illuminating Leviticus: A Study of Its Laws and Institutions in the Light of Biblical Narratives*, Baltimore: The John Hopkins University Press, 2006.
Cazelles, E., *Le Lévitique*, La Sainte Bible 3, Paris: Cerf, 1958.
Childs, B. S., *Exodus*, OTL, Philadelphia: Westminster Press, 1974.
Cholewiński, A., *Heiligkeitsgesetz und Deuteronomium: Eine vergleichende Studie*, AnBib 66, Rome: Pontifical Biblical Institute, 1976.
Clements, R. E., *Isaiah 1-39*, NCBC, Michigan: Eerdmans, 1982.
Clévenot, M., *Approches matérialistes de la Bible*, Paris: Cerf, 1976.
Clines, D. J. A., *Ezra, Nehemiah, Esther*, NCBC, Grand Rapids: Eerdmans, 1984.
Crüsemann, F. *Die Tora: Theologie und Sozialgeschichte des alttestamentlichen Gesetzes*. München: Chr. Kaiser, 1997.
_____, "Der Exodus als Heiligung. Zur rechtsgeschichtlichen Bedeutung des Heiligkeitsgesetzes," E. Blum, C. Macholz, E. W. Stegemann(eds.), *Die Hebräische Bibel und ihre zweifache Nachgeschichte, FS für R. Rendtorff zum 65. Geburtstag*, Neukirchen-Vluyn: Neukirchener Verlag, 1990, 117-129.
Curtis, E. L., and Madsen, A. A., *A Critical and Exegetical Commentary on the Books of Chronicles*, ICC, New York: Charles Scribner, 1910.
Daube, D., *The Exodus Pattern in the Bible*, All Souls Series, London: Faber and Faber, 1963.
Davies, D., "An Interpretation of Sacrifice in Leviticus," *ZAW* 89 (1976), 387-399.
Dever, W., "How to Tell a Canaanite from an Israelite," in H. Shanks ed., *The Rise of*

Ancient Israel, Washington: Biblical Archaeology Society, 1993, 26-56.

Diepold, W. D., *Israels Land*, BWANT 95, Stuttgart: Kohlhammer, 1972.

Dietrich, A., *Mutter Erde: Ein Versuch über Volksreligion*, Berlin: Teubner, 1925.

Dilmann, A., *Die Bücher Numeri, Deuteronomium und Josua*, KeH, Leipzig: S. Hirzel, 18862.

Douglas, M., *Purity and Danger*, London: Routledge & Kegan Paul, 1966.

_____, "The Forbidden Animals in Leviticus," *JSOT* 59 (1993), 3-23.

_____, "The Stranger in the Bible," *Archives européennes de sociologie* 15 (1994), 283-209.

_____, "Justice as the Cornerstone: An Interpretation of Leviticus 18-20," *Int* 53 (1999), 341-350.

_____, *In the Wilderness: The Doctrine of Defilement in the Book of Numbers*, Oxford: Oxford University Press, 2001.

Dupont-Sommer A., and Starcky, J., "Une inscription araméennes de Sfiré (stèles I et II)," *BMB* 13(1958), 1-125.

Durham, J. I., *Exodus*, WBC 3, Waco: Word Books, 1987.

van Dyk, P. J., "The Function of So-Called Etiological Elements in Narratives," *ZAW* 102 (1990), 19-33.

Eichrodt, W., *Theologie des Alten Testaments*, Teil 1-3, Leipzig: J. C. Hinrichs, 1933-1939.

Eichrodt, W., *Der Prophet Hesekiel*, ATD 22/1, Göttingen: Vandenhoeck & Ruprecht, 1959.

Eilberg-Schwartz, H., "Creation and Classification in Judaism: From Priestly to Rabbinic Concepts," *HR* 26 (1987), 357-381.

Eerdmans, B. D., *Das Buch Leviticus*, Alttestamentliche Studien 4, Giessen: A. Töpelmann, 1912.

Elliger, K., *Leviticus*, HAT 4, Tübingen: J. C. B. Mohr, 1966.

Fackenheim, E. L., *God's Presence in History: Jewish Affirmation and Philosophical*

Reflections, New York: Harper & Row, 1970.
Fensham, F. C., "Widow, Orphan and the Poor in Ancient Near Eastern Legal and Wisdom Literature," *JNES* 21 (1962), 129-139.
Firmage, E., "Genesis 1 and the Priestly Agenda," *JSOT* 82 (1999), 97-114.
Fishbane, M., *Biblical Interpretation in Ancient Israel*, Oxford: Oxford University Press, 1985.
Fitzmyer, J. A., *The Aramaic Inscriptions of Sefire*, Biblica et Orientalia 19/A, Rome: Pontificio Instituto Biblico, 1995.
Fogarty, D. J., *Roots for a New Rhetoric*, New York: Columbia University Press, 1959.
Fokkelman, J., *Reading Biblical Narrative: A Practical Guide*, Leiden: Deo Publishing, 1999.
Fox, M. V., "Wisdom in the Joseph Story," *VT* 51 (2001), 26-41.
Frankel, D., *The Murmuring Stories of the Priestly School: A Retrieval of Ancient Sacerdotal Lore*, VTS 89, Leiden: Brill, 2002.
Frankena, R., "The Vassal-Treaties of Esarhaddon and the Dating of Deuteronomy," *OTS* 14(1965), 122-154.
Garr, W. R., *In His Own Image and Likeness: Humanity, Divinity, and Monotheism*, Culture and History of the Ancient Near East 15, Leiden/Boston: Brill, 2003.
Gerstenberger, E. S., *Das dritte Buch Mose: Leviticus*, ATD 6, Göttingen: Vandenhoeck & Ruprecht, 1993.
Ginsberg, H. L., *The Israelian Heritage of Judaism*, Texts and Studies of the Jewish Theological Seminary of America 24. New York: JTS, 1982.
Gordon, C. H., "Parallèles nouziens aux lois et coutumes de l'Ancien Testament," *RB* 44(1935), 34-41.
_____, *Ugaritic Literature. A Comprehensive Translation of the Poetic and Prose Texts*, Scripta Pontificii Instituti Biblici 98, Rome: Pontificium Institutum Biblicum, 1949.

_____, "Sabbatical Cycle or Seasonal Pattern?," *Or* 22(1953), 79-81.

Görg, M., "ישב jāšab̲," TWAT III, 1012-1037.

Gitay, Y., "A Study of Amos's Art of Speech: A Rhetorical Analysis of Amos 3:1-15," *CBQ* 42 (1980), 293-309.

Gowan, D. E., *Eschatology in the Old Testament*, Philadelphia: Fortress Press, 1986.

Gray, G. B., *Numbers*, ICC, Edinburgh: Varda Books, 1903.

Grappe, Ch., et Marx, A., *Sacrifice scandaleux ? : Sacrifice humains, martyre et mort du Christ*, Labor et Fides, Paris: Cerf, 2008.

Grayson, A., "Akkadian Treaties of the Seventh Century B. C.," *JCS* 39(1987), 127-160.

Greenberg, M., "Biblical Attitudes toward Power: Ideal and reality in Law and Prophets," E. B. Firmage, B. G. Weiss and J. W. Welch eds, *Religion and Law: Biblical-Judaic and Islamic Perspectives*, Winona Lake: Eisenbrauns, 1990, 101-112.

Grünwaldt, K., *Das Heiligkeitsgesetz Leviticus 17-26: Ursprüngliche Gestalt, Tradition und Theologie*, BZAW 271, Berlin: de Gruyter, 1999.

Gunkel, H., *Genesis*, Göttingen: Vandenhoeck & Ruprecht, 1964.

Hagner, D. A., *Matthew 1-13*, WBC 33A, Dallas: Word Books, 1993.

Hamel, É., *Les dix paroles*, Perspectives bibliques, Bruxelles - Paris - Monréal: Bellarmin, 1969.

Hamilton, J. M., "Hā'Āres in the Shemitta Law," *VT* 42 (1992), 214-222.

Hartley, J. E., *Leviticus*, WBC 4, Nashville: Nelson Reference, 1992.

Hayes, C. E., *Gentile Impurities and Jewish Identities: Intermarriage and Conversion from the Bible to the Talmud*, Oxford: Oxford University Press, 2002.

Hempel, J., *Das Ethos des Alten Testaments*, Berlin: Alfred Tòpelmann, 1938.

Heintz, J.-G., "Alliance humaine - Alliance divine: documents d'époque babylonienne ancienne & Bible hébraïque - Une esquisse -," *BN* 86 (1997), 69-94.

Hepner, G., *Legal Friction: Law, Narrative, and Identity Politics in Biblical Israel*,

Studies in Biblical Literature 78, New York: Peter Lang, 2010.

Hesse, R. S., *Song of Songs*, Baker commentary on the Old Testament wisdom and Psalms, Grand Rapids: Baker Academic, 2005.

Hiebert, T., *The Yahwist's Landscape: Nature and Religion in Early Israel*, New York - Oxford: Oxford University Press, 1996.

Hill, A. E., "Malachi, Book of," ABD 4, 478-485.

Hillers, D. R., *Treaty-Curses and the Old Testament Prophets*, Biblica et Orientalia 16, Rome: Pontifical Biblical Institute, 1964.

Houston, W., *Purity and Monotheism: Clean and Unclean Animals in Biblical Law*, JSOTS 140, Sheffield: JSOT Press, 1993.

van Houten, C., *The Alien in Israelite Law*, JSOTS 107, Sheffield: JSOT Press, 1991.

Houtman, C., "Ezra and the Law: Observations on the Supposed Relation between Ezra and the Pentateuch," *OsTs* 21 (1981), 91-115.

Hurvitz, A., *A Linguistic Study of the Relationship between the Priestly Source and the Book of Ezekiel*, Cahiers de la Revue biblique 20, Paris: J. Gabalda, 1982.

Jacob, E., *Théologie de l'Ancien Testament*, Paris/Neuchâtel: Delachaux & Niestlé, 1968².

_____, "Les trois racines d'une théologie de la 'Terre' dans l'Ancien Testament," *RHPR* 55 (1975), 469-480.

Janowski, B., "Auch die Tiere gehören zum Gottesbund," B. Janowski, U. Neumann-Gorsolke, and U. Glessmer eds., *Gefährten und Feinde des Menschen. Das Tier in der Lebenswelt des alten Israel*. Neukirchen-Vluyn: Neukirchener Verlag, 1993, 1-14.

Japhet, S., *I & II Chronicles: A Commentary*, OTL, Louisville: Westminster John Knox Press, 1993.

Jenson, P. P., *Graded Holiness: a Key to the Priestly Conception of the World*, JSOTS 106, Sheffield: JSOT, 1992.

Johnstone, W., *1 and 2 Chronicles, vol.2, 2 Chronicles 10-36. Guilt and Atonement*,

JSOTS 254, Sheffield: Sheffield Academic Press, 1997.

Joosten, J., *People and Land in the Holiness Code: An Exegetical Study of the Ideational Framework of the Law in Leviticus 17-26*, SVT 67, Leiden: Brill, 1996.

_____, "Moïse a-t-il recelé le Code de Sainteté?," *BN* 84 (1996), 75-86.

_____, "« Tu » et « vous » dans le Code de Sainteté (Lév. 17-26)," *RevSR* 71 (1997), 3-8.

_____, "Covenant Theology in the Holiness Code," *ZABR* 4(1998), 145-164.

_____, "The *Numeruswechsel* in the Holiness Code (Lev XVII-XXVI)," K.-D. Schunk/M. Augustin(eds.), "*Lasset uns Brücken bauen...*" BEATAJ 42, Frankfurt a. M.: Peter Lang, 1998, 67-71.

_____, "La non-mention de la fille en Lévitique 18. Exercice sur la rhétorique du Code de Sainteté," *ETR* 75 (2000), 415-420.

_____, "L'imbrication des codes législatifs dans le récit du Pentateuque: le cas du 'Code de Sainteté' (Lévitique 17-26)," in Ed. Lévy ed., *La codification des lois dans l'antiquité: Actes du Colloque de Strasbourg 27-29 novembre 1997*, Paris: De Boccard, 2000, 124-140.

_____, "'Fais cela et tu vivras'. Un motif vétérotestamentaire et ses échos néotestamentaires," *RSR* 82 (2008), 331-341.

_____, "La persuasion coopérative dans le discours sur la loi: Pour une analyse de la rhétorique du code de sainteté," A. Lemaire ed., *Congress Volume Ljubljana*, SVT 133, Leiden - Boston: Brill, 2010, 381-398.

_____, "A note on the anomalous jussive in Exodus 22:4," *Textus* 25 (2010), 9–16.

_____, "Moïse, l'assemblée et les fils d'Israël: La structure du pouvoir dans le Code de Sainteté," D. Luciani et A. Wénin(eds.), *Le Pouvoir: Enquêtes dans l'un et l'autre Testament*, Lectio Divina 248, Paris: Cerf, 2012, 23-41.

Kaiser, O., *Isaiah 1-12*, OTL, trans. J. Bowden, Philadelphia: The Westminster Press, 1983.

_____ (ed.), *Texte aus der Umwelt des Alten Testaments*, Band 2, Gütersloh: G. Mohn, 1986-1991.

Kaufman, G., "A Problem for Theology: The Concept of Nature," *HTR* 65(1972), 337-366.

Kaufmann, Y., *The Religion of Israel*, trans. and abridged by M. Greenberg, Chicago: University of Chicago Press, 1960.

Kawashima, R. S., "The Jubilee Year and the Return of Cosmic Purity," *CBQ* 65 (2003), 370-389.

Kellermann, U., "Erwägungen zum Esragesetz," *ZAW* 80 (1968), 373-385.

Kim, S.-J., "Les enjeux théologiques des bénéficiaires de l'année sabbatique (Lev 25,6-7)," *ZAW* 122 (2010), 33-43.

_____, "Lecture de la parabole du fils retrouvé à la lumière du Jubilé," *NT* 53 (2011), 211-221.

_____, "The Group Identity of the Human Beneficiaries in the Sabbatical Year (Lev 25:6)," *VT* 61 (2011), 71-81.

_____, *Se reposer pour la terre, se reposer pour Dieu: l'année sabbatique en Lv 25,1-7*, BZAW 430, Boston - New York: Walter de Gruyter, 2012.

Kiuchi, N., *Leviticus*, AOTC 3, Nottingham: Apollos; Downers Grove, InterVarsity Press, 2007.

Klawans, J., *Impurity and Sin in Ancient Judaism*, Oxford: Oxford University Press, 2000.

Klostermann, A., "Beitrage zur Entstehungsgeschichte des Pentateuch," *ZLThK* 38 (1877), 401-445.

Knohl, I., *The Sanctuary of Silence: The Priestly Torah and the Holiness School*, Minneapolis: Augsburg Fortress, 1995.

Koch, K., "Ezra and the Origins of Judaism," *JSS* 19 (1974), 173-197.

König, F. E., *Historische-kritisches Lehrgebäude der Hebräischen Sprache*, Bd II, Leipzig: J. C. Hinrichs, 1895.

Kraus, F. R., "Ein zentrales Problem des altmesopotamischen Rechts: was ist der Codex Hammurabi?," *Genava* 8 (1960), 283-296.

Kutsch, E., "ברית obligation," TLOT I, 256-266.

Lasserre, G., *Synopse des lois du Pentateuque*, SVT 59, Leiden: Brill, 1994.

Lefebvre, J.-F., *Le jubilé biblique. Lv 25 - exégèse et théologie*, OBO 194, Fribourg: Editions Universitaires, 2003.

Lefebvre, J. F., "Circoncire les arbres? La portée symbolique d'un précepte. A propos de Lv 19,23-25," D. Döhler (ed.), *L'Ecrit et l'Esprit. Etudes d'histoire du texte et de théologique biblique en hommage à Adrian Schenker*, OBO 214; Fribourg : Academic Press, Göttingen : Vandenhoeck & Ruprecht, 2005, 183-197.

Lemche, N. P., *Early Israel: Anthopological and Historical Studies on the Israelite Society before the Monarchy*, VTS 37, Leiden: Brill, 1985.

Levine, B. A., *Leviticus*, JPS Torah Commentary, Philadelphia: Jewish Publication Society, 1989.

Levinson, B. M., 『신명기와 법 혁신의 해석학』, 이영미 옮김, 오산: 한신대학교 출판부, 2008.

_____, *"The Right Chorale": Studies in Biblical Law and Interpretation*, FAT 54, Tübingen: Mohr Siebeck, 2008.

_____, *Legal Revision and Religious Renewal in Ancient Israel*, Cambridge: Cambridge University Press, 2008.

Lewy, J., "The Biblical Institution of Derôr in the Light of Akkadian Documents," *EI* 5 (1958), 21-31.

Linzey, A., *Animal Theology*, Urbana: University of Illinois Press, 1994.

Lohfink, N., "Die Abänderung der Theologie des priesterlichen Geschichtswerks im Segen des Hekligkeitsgesetzes. Zu Lev. 26,9.11-13," in H. Gese und H. P. Rüger (Hg.), *Wort und Geschichte*, FS K. Elliger, AOAT 18, Neukirchen-Vluyn: Neukirchener, 1973, 129-136.

_____, "Die Priesterschrift und die Geschichte," in J. A. Emerton et al., eds., *Congress Volume. Göttingen 1977*, SVT 29, Leiden: Brill, 1978, 189-191.

_____, *Theology of the Pentateuch: Themes of the Priestly Narrative and Deuteronomy*, Minneapolis: Fortress Press, 1994.

Luciani, D., "Le jubilé dans Lévitique," *RTL* 30 (1999), 456-486.

_____, "La fille perdue et retrouvée de Lévitique 18," *ETR* 76 (2001), 103-112.

_____, *Sainteté et pardon, vol. 1 : Structure littéraire du Lévitique*, BETL 185A; Leuven – Paris – Dudley: Peeters, 2005.

_____, *Sainteté et pardon, vol. 2: Guide technique*, BETL 185B, Leuven – Paris – Dudley: Peeters, 2005.

Luyster, R., "Wind and Water: Cosmogonic Symbolism in the Old Testament," *ZAW* 93 (1981), 1-10.

Maccoby, H., "Holiness and Purity: The Holy People in Leviticus and Ezra-Nehemiah," in J. F. A. Sawyer ed., *Reading Leviticus: A Conversation with Mary Douglas*, JSOTS 227, Sheffield: Sheffield Academic Press, 1996, 153-170.

Maloney, R., "Usury and Restrictions in Interest-Taking in the Ancient Near East," *CBQ* 36 (1974), 1-20.

Marx, A., "Familiarité et transcendance: La fonction du sacrifice d'après l'Ancien Testament," A. Schenker(ed.), *Studien zu Opfer und Kult im Alten Testament*, FAT 3, Tübingen: JCB Mohr, 1992, 1-14.

_____, "L'impureté selon P. Une lecture théologique," *Bib* 82 (2001), 363-384.

_____, "The Theology of the Sacrifice According to Leviticus 1-7," R. Rendtorff/R. A. Kugler(eds.), *The Book of Leviticus: Composition and Reception*, VTS 93, Leiden: Brill, 2003, 103-120.

_____, "Le système sacrificiel de P et la formation du Pentateuque," T. Römer (ed.), *The Books of Leviticus and Numbers*, BETL 215, Leuven –Paris –Dudley, 2008, 285-303.

_____, *Lévitique 17-27*, CAT III b, Genève: Labor et Fides, 2011.

Mayes, A. D. H., *Deuteronomy*, NCBC, Grand Rapids: Eerdmans, 1987.

Mazzinghi, L., *Histoire d'Israël : des origines à la période romaine*, Bruxelles: Lumen Vitae, 2007.

McCarthy, D. J., "berît in Old Testament History and Theology," *Bib* 52(1972), 110-121.

McConville, J. G., *Deuteronomy*, AOTC 5, Leicester: InterVarsity Press, 2002.

Meeks, M. D., *God the Economist: the Doctrine of God and Political Economy*, Minneapolis: Fortress Press, 1989.

Mein, A., *Ezekiel and the Ethics of Exile*, Oxford Theological Monographs, Oxford: Oxford University Press, 2001.

Mendenhall, G. E., "Covenant Forms in Israelite Tradition," *BA* 17(1954), 50-76.

Mendenhall, G. E., and Herion, G. A., "Covenant," ABD 1, 1179-1202.

Milgrom, J., *Leviticus 1-16*, AB 3, New York: Doubleday, 1991.

_____, *Numbers*, JPS Torah Commentary, Philadelphia - New York: Jewish Publication Society, 1990.

_____, *Leviticus 17-22*, AB 3A, New York: Doubleday, 2000.

_____, *Leviticus 23-27*, AB 3B, New York: Doubleday, 2001.

_____, "H_R in Leviticus and Elsewhere in the Torah," in R. Rendtorff and R. A. Kugler eds., *The Book of Leviticus: Composition and Reception*, SVT 93, Leiden: Brill, 2003, 24-40.

_____, *Leviticus: A Continental Commentary*, Minneapolis: Fortress Press, 2004.

Miller, P. D., "The Gift of God. The Deuteronomic Theology of the Land," *Int* 23 (1969), 451-465.

Moran, W. L., "The Conclusion of the Decalogue (Ex 20,17 = Dt 5,21)," *CBQ* 29 (1967), 543-554.

Morgenstern, J., "Sabbatical Year," IDB 4, 141-144.

Mowinckel, S., *Religion und Kultus*, Göttingen: Vandenhoeck & Ruprecht, 1953.

Muilenburg, J., "Form Criticism and Beyond," *JBL* 88 (1969), 1-18.

Murray, R., *The Cosmic Covenant: Biblical Themes of Justice, Peace and the Integrity of Creation*, London: Gorgias Press, 2007.

Noth, M., *Das dritte Buch Mose, Leviticus*, ATD 6, Göttingen: Vandenhoeck & Ruprecht, 1962.

Nougayrol, J., *Le Palais royal d'Ugarit III*, Mission de Ras Shamra VI, Paris: A. Schaeffer, 1955.

Otto, E., *Theologische Ethik des Alten Testaments*, Stuttgart - Berlin - Köln: Kohlhammer, 1994.

──────, "Innerbiblische Exegese im Heiligkeitsgesetz Levitikus 17-26," H.-J. Fabry and H.-W. Jüngling(eds.), *Levitikus als Buch*, BBB 119, Berlin: Philo, 1999, 125-196.

Paran, M., *Forms of the Priestly Style in the Pentateuch: Patterns, Linguistic Usages, Syntactic Structures*, Jerusalem: Magnes, 1989.

Parpola, S., "Neo-Assyrian Treaties from the Royal Archives of Nineveh," *JCS* 39 (1987), 161-189.

Pastor, J., "The Famine in 1 Maccabees: History or Apology?," in G. G. Xeravits and J. Zsengellér eds., *The Books of the Maccabees: History, Theology, Ideology, Papers of the Second International Conference on the Deuterocanonical Books, Pápa, Hungary, 9-11 June, 2005*, SJSJ 118, Leiden – Boston: Brill, 2007, 31-43.

Patrick, D., *Old Testament Law*, London: SCM Press, 1986.

Peels, H. G. L., *The Vengeance of God: the Meaning of the Root NQM and the Function of the NQM - Texts in the Context of Divine Revelation in the Old Testament*, OTS 31, Leiden - New York - Köln: Brill, 1995.

Perlitt, L., "Motive und Schichten der Landtheologie im Deuteronomium," G. Strecker ed., *Das Land Israeil in biblischer Zeit*, GTA 25, Göttingen: Vandenhoeck & Ruprecht, 1983, 46-58.

van der Ploeg, J. P. M., "Studies in Hebrew Law," *CBQ* 12 (1951), 248-259.

Plöger, J. G., *Literarkritische, formgeschichtliche und stilkritische Untersuchungen zum Deuteronomium*, BBB 26, Bonn: Hanstein, 1967.

de Pury, A., *Homme et animal Dieu les créa. Les animaux et l'Ancien Testament*, Essais bibliques 25, Genève: Labor et Fides, 1993.

von Rad, G., *Studies in Deuteronomy*, Chicago: H. Regnery, 1953.

_____, "Josephgeschichte und ältere Chokma," in *Congress Volume. Copenhagen 1952*, VTS 1, Leiden: Brill, 1953, 120-127.

_____, *The Problem of the Hexateuch and Other Essays*, trans. E. W. T. Dicken, Edinburgh: Oliver & Boyd, 1966.

Ramírez Kidd, J. E., *Alterity and Identity in the Bible: The גר in the Old Testament*, BZAW 283, Berlin - New York: de Gruyter, 1999.

Rendtorff, R., *Leviticus*, BKAT 3/1, Neukirchen-Vluyn: Neukirchener Verlag, 1985.

Rinngren, H., "חָיָה chāyāh," TDOT IV, 324-344.

Ruwe, A., *"Heiligkeitsgesetz" und "Priesterschrift": Literaturgeschichtliche und rechtssystematische Untersuchungen zu Leviticus 17,1-26,2*, FAT 26, Tübingen: Mohr Siebeck, 1999.

Römer, T., "La construction du Pentateuque, de l'Hexateuque et de l'Ennéateuque: Investigations préliminaires sur la formation des grands ensembles littéraires de la Bible hébraïque," T. Römer et K. Schmid ed., *Les dernières rédactions du Pentateuque, de l'Hexateuque et de l'Ennéateuque*, BETL 203, Leuven: Peeters, 2007, 9-34.

_____, "De la périphérie au centre: Les livres du Lévitique et des Nombres dans le débat actuel sur le Pentateuque," T. Römer ed., *The Books of Leviticus and Numbers*, BETL 215, Leuven - Paris - Dudley: Peeters, 2008, 3-34.

van Rooy, H. F., "The Structure of the Aramaic Treaties of Sefire," *JSem* 1 (1989), 133-139.

Sanders, J. A., *Torah and Canon*, Philadelphia: Fortress Press, 1972.

Schnebel, M., *Die Landwirtschaft im hellenistischen Ägypten*, München: Beck, 1925.

Schniedewind, W. M., *How the Bible Became a Book: The Textualization of Ancient Israel*, New York: Cambridge University Press, 2004.

Schroer, S., "The Forgotten Divinity of Creation: Suggestions for a Revision of Old Testament Theology in the 21th Century," A. Lemaire ed., *Congress Volume Ljubljana*, SVT 133, Leiden - Boston: Brill, 2010, 321-337.

Schwartz, B. J., "The Priestly Account of the Theophany and Lawgiving at Sinai," in M. V. Fox et al., eds., *Texts, Temples and Traditions: A Tribute to Menahem Haran*, Winona Lake: Eisenbrauns, 1996, 103-134.

Segal, J. B., "Popular Religion in Ancient Israel," *JJS* 27 (1976), 1-22.

Van Seters, J., "Cultic Laws in the Covenant Code and their Relationship to Deuteronomy and the Holiness Code," in M. Vervenne ed., *Studies in the Book of Exodus: Redaction – Reception – Interpretation*, BETL 126, Leuven: Peeters, 1996, 319-346.

_____, "The Law of Hebrew Slave," *ZAW* 108 (1996), 534-546.

Silva, M., *Biblical Words and their Meaning: An Introduction to Lexical Semantics*, Grand Rapids: Zondervan, 1983.

Smith, C. R. "The Literary Structure of Leviticus," *JSOT* 70 (1996), 17-32.

Stern, P. D., *The Biblical Herem: A Window on Israel's Religious Experience*, BJS 211, Atlanta: Scholars Press, 1991.

Sternberg, M., *The Poetics of Biblical Narrative: Ideological Literature and the Drama of Reading*, Bloomington: Indiana University Press, 1985.

Stipp, H. J., "Alles Fleisch hatte seinen Wandel auf der Erde verdorben(Gen 6,12). Die Mitverantwortung der Tierwelt an der Sintflut nach der Priesterschrift," *ZAW* 111 (1999), 167-186.

Steymans, H. U., *Deuteronomium 28 und die adê zur Thronfolgeregelung Asarhaddons: Segen und Fluch im Alten Orient und in Israel*, OBO 145, Freiburg Schw: Universitätsverlag, Göttingen: Vandenhoeck & Ruprecht, 1995.

Tigay, J. H., *Deuteronomy*, JPSTC, Philadelphia: Jewish Publication Society, 1996.

de Tillesse, G.-M., "Sections 'tu' et sections 'vous' dans le Deutéronome," *VT* 12 (1962), 29-87.

van der Toorn, K., *Family Religion in Babylonia, Syria and Israel: Continuity and Change in the Forms of Religious Life*, SHCANE 7, Leiden: Brill, 1996.

＿＿＿, "Cultic Prostitution," ABD 5, 510-513.

Towner, W. S., "The Future of Nature," *Interpretation* 50 (1996), 27-35.

Trevaskis, L. M., "The Purpose of Leviticus 24 within its Literary Context," *VT* 59 (2009), 295-312.

De Vries, S. J., *1 and 2 Chronicles*, FOTL 11, Grand Rapids: Eerdmans, 1989.

Wagner, V., "Zur Existenz des sogennanten 'Heiligkeitsgesetzes'," *ZAW* 86 (1974), 307-316.

Walton, J. H., *Ancient Israelite Literature in its Cultural Context: A Survey of Parallels between Biblical and Ancient Near Eastern Texts*, Grand Rapids: Zondervan, 1989.

Watts, J. W., "Rhetorical Strategy in the Composition of the Pentateuch," *JSOT* 68 (1995), 3-22.

＿＿＿, *Reading Law: The Rhetorical Shaping of the Pentateuch*, The Biblical Seminar 59, Sheffield: Sheffield Academic Press, 1999.

＿＿＿. "The Rhetoric of Ritual Instruction in Leviticus 1-7," in R. Rendtorff and R. A. Kugler eds., *The Book of Leviticus: Composition and Reception*, SVT 93, Leiden: Brill, 2003, 79-100.

＿＿＿, "The Torah as the Rhetoric of Priesthood," G. N. Knoppers/B. M. Levinson (eds.), *The Pentateuch as Torah: New Models for Understanding Its Promulgation and Acceptance*, Winona Lake: Eisenbrauns, 2007, 319-331.

＿＿＿, "Ritual Rhetoric in the Pentateuch: The Case of Leviticus 1-16," T. Römer (ed.), *The Books of Leviticus and Numbers* (BETL 215), Leuven/Paris/Dudley, MA: Peeters, 2008, 305-318.

Weinfeld, M., "ברית berîth," TDOT II, 253-279.

_____, *Deuteronomy and the Deuteronomic School*, Oxford: Clarendon Press, 1972.

_____, "The Loyalty Oath in the Ancient Near East," *UF* 8 (1976), 397-414.

_____, "Sabbatical Year and Jubilee in the Pentateuchal Laws and their Ancient Near Eastern Background," in T. Veijola ed., *The Law in the Bible and its Environment*, Göttingen: Vandenhoeck & Ruprecht, 1990, 39-62.

_____, *Deuteronomy 1-11*, AB 5, New York: Doubleday, 1991.

_____, *The Place of the Law in the Religion of Ancient Israel*, SVT 100, Leiden/ Boson: Brill, 2004.

Weingreen, J., "The case of the blasphemer (Leviticus xxiv 10ff.)," *VT* 22 (1972), 118-123.

Wellhausen, J., *Prolegomena to the History of Israel*, New York: Meridian Books, 1957.

Werman, C., "The Concept of Holiness and the Requirements of Purity in Second Temple and Tannaic Literature," M. J. H. M. Poorthuis/J. Schwartz (eds.), *Purity and Holiness: The Heritage of Leviticus*, Jewish and Christian Perspectives Series II, Leiden/Boston/Köln: Brill, 2000, 163-179.

Westermann, C., *Genesis 1-11*, BK 1-1, Neukirchen-Vluyn: Neukirchener Verlag, 1974.

_____, *Das Buch Jesaia, Kapitel 40-66*, ATD 19, Göttingen: Vandenhoeck & Ruprecht, 19814.

Wheelock, B. M., *Latin: An Introduction Course Based on Ancient Authors*, New York: Barnes & Nobles, 1963.

Wildberger, H., *Isaiah 1-12: a Commentary*, trans. Th. H. Trapp, Minneapolis: Fortress, 1991.

Williamson, H. G. M., *1 and 2 Chronicles*, NCBC, Grand Rapids: Eerdmans, 1982.

_____, *Ezra, Nehemiah*, WBC 16, Waco, Texas: Word Books, 1985.

Willi-Plein, Ina, *Opfer und Kult im alttestamentlichen Israel: textbefragungen und*

Zwischenergebnisse, SLS 153, Stuttgart: Verlag Katholischen Bibelwerk, 1993.

Wright, C. J. H., *God's People in God's Land. Family, Land and Property in the Old Testament*, Grand Rapids: Eerdmans, 1990.

Wright, D. P., "The Spectrum of Priestly Impurity," G. A. Anderson/S. Olyan (eds.), *Priesthood and Cult in Ancient Israel*, JSOTS 12, Sheffield: JSOT Press, 1991, 150-181.

Zimmerli, W., "Sinaibund und Abrahambund. Ein Beitrag zum Verständnis der Priesterschrift," *ThZ* 16 (1960), 268-280.

_____, *Ezekiel 2: A Commentary on the Book of the Prophet Ezekiel Chapters 25-48*, Hermeneia, Philadelphia: Fortress Press, 1983.

레위기 성결법전의 신학과 윤리

Theology and Ethics of the Holiness Code in Leviticus

2018년 04월 15일 초판 발행

지 은 이 | 김선종

편 집 | 정희연, 곽진수
디 자 인 | 박인미, 전지혜
펴 낸 곳 | 사)기독교문서선교회
등 록 | 제16-25호(1980. 1. 18)
주 소 | 서울시 서초구 방배로 68
전 화 | 02) 586-8761~3(본사) 031) 942-8761(영업부)
팩 스 | 02) 523-0131(본사) 031) 942-8763(영업부)
홈페이지 | www.clcbook.com
이 메 일 | clckor@gmail.com
온 라 인 | 기업은행 073-000308-04-020, 국민은행 043-01-0379-646
         예금주: 사)기독교문서선교회

ISBN 978-89-341-1803-9 (93230)

* 낙장 · 파본은 교환해 드립니다.

이 도서의 국립중앙도서관 출판시 도서목록(CIP)은 서지정보유통지원시스템 홈페이지(http://seoji.nl.go.kr)와 국가자료공동목록시스템(http://www.nl.go.kr/kolisnet)에서 이용하실 수 있습니다.
(CIP제어번호: CIP2018008985)